Joe H. Slate, Ph. D.

Handbuch der Aura-Energie

Joe H. Slate, Ph. D.

Handbuch
der
Aura-Energie

Verlag Hermann Bauer
Freiburg im Breisgau

Die Deutsche Bibliothek – CIP-Einheitsaufnahme

Slate, Joe H.:
Handbuch der Aura-Energie / Joe H. Slate.
[Aus dem Amerikan. von Ute Hempen]. –
1. Aufl. – Freiburg im Breisgau : Bauer, 1999
  Einheitssacht.: Aura energy 〈dt.〉
  ISBN 3-7626-0733-8

Die amerikanische Originalausgabe erschien 1999 bei
Llewellyn Publications, St. Paul, MN 55164, USA,
unter dem Titel *AURA ENERGY*
© 1998 by Joe Slate, Ph. D.

Aus dem Amerikanischen von Dr. Ute Hempen
Lektorat: Dr. Sonja Klug

1. Auflage 1999
ISBN 3-7626-0733-8
© für die deutsche Ausgabe 1999 by
Verlag Hermann Bauer, Freiburg im Breisgau
Umschlag: Spirit of Arts – Ananda Kurt Pilz, Stolberg
Satz: CSF · ComputerSatz, Freiburg im Breisgau
Druck und Bindung: Wiener Verlag, Himberg
Printed in Austria

Inhalt

Zu diesem Buch

VOR EINIGEN JAHREN wurde ich Studienberater einer Gruppe von Studenten an der *Athens State University* (früher *Athens State College*), die sich eingehend mit medialen Erscheinungen beschäftigen wollte. Kurz darauf wurde die *International Parapsychology Research Foundation* (Internationale Stiftung für die Erforschung der Parapsychologie) gegründet. Im Rahmen ihres satzungsgemäßen Auftrags, das wissenschaftliche Studium medialer Erscheinungen zu fördern, initiierte die Organisation eine Werbekampagne für die Stiftung, führte Parapsychologie in das Unterrichtsprogramm des Colleges ein, schrieb Stipendien aus und förderte Dutzende von Laborforschungsprojekten.

Hiermit möchte ich der Stiftung, die inzwischen eine private Organisation ist, meine höchste Anerkennung für ihr Engagement bei der Suche nach neuen Kenntnissen sowie für ihre begeisterte Unterstützung meiner Forschungsbemühungen aussprechen. Sie bilden die Grundlage für viele Gedanken und Methoden, die in diesem Buch dargestellt werden.

Mein herzlicher Dank gilt auch den vielen Studenten, die weder Zeit noch Mühe gescheut haben, sich intensiv für meine Forschungen einzusetzen. Ich bin mir darüber im klaren, daß es mir ohne ihre Hilfe nicht möglich gewesen wäre, dieses Unternehmen zu einem Abschluß zu bringen.

Besondere Anerkennung schulde ich meinen Forschungskollegen, technischen Assistenten und akademischen Kollegen, die alle in hohem Maße zu diesem Buch beigetragen haben. Wie dankbar ich ihnen bin, läßt sich in Worten nicht ausdrücken. Auch den Zuhörern von Vorträgen, in denen ich Teile des Buches vorgestellt habe, möchte ich für ihre Ideen und Vorschläge danken.

Bei den Mitarbeiterinnen und Mitarbeitern des Verlags Llewellyn Publications möchte ich mich herzlich dafür bedanken, daß sie die

Ziele, die ich mit diesem Buch erreichen wollte, von Anfang an intuitiv erfaßt haben.

Dieses Buch zu schreiben war eine der dankbarsten Aufgaben meines Lebens. Ich hoffe, daß auch die Leser angemessen belohnt werden.

Vorwort

STELLEN SIE SICH einmal vor, es gäbe ein ausgereiftes Energie- und Informationssystem, das die Chronik Ihres Lebens zuverlässig wiedergibt – aus Vergangenheit, Gegenwart und Zukunft. Sie könnten ihr Bewußtsein erweitern und völlig neue Bereiche Ihrer Existenz entdecken, wenn Sie sich an dieses System wendeten. Stellen Sie sich außerdem vor, Sie könnten wichtige Quellen finden, die Ihr Leben mit neuen Erkenntnissen, Wachstum und Kraft bereicherten. So unglaublich es klingen mag, ein derartiges System gibt es tatsächlich. Es ist ihre Aura.

Die Erforschung der menschlichen Aura und ihrer Rolle bei der Stärkung der Persönlichkeit ist heute eines der wichtigsten Themen der parapsychologischen Forschung. Mehr als jede andere menschliche Eigenschaft manifestiert die Aura die Essenz unserer Existenz als eine ewige Lebenskraft im Universum. Weil sie sich weiterentwickelt, liefert sie uns ein sichtbares Kontinuum unserer Entfaltung von den frühesten Anfängen an. Sie ist eine Erweiterung unseres Höheren Selbst und eine Manifestation der kosmischen Natur unseres Wesens. Sie ist die Antenne unseres Bewußtseins, eine Fundgrube für unser Wissen und ein Reservoir unbeschränkter Wachstumsmöglichkeiten. Sie ist ein beeindruckendes Gewand strahlender Schönheit, das weder im Alter verblaßt noch durch Tragen verschleißt. Ihr Strahlen übertrifft an Leuchtkraft alles, was die Natur hervorgebracht hat. Sie ist auch das »Licht Gottes« genannt worden, das aus unserem Inneren hervorscheint.

Dieses Buch verfolgt vor allem zwei Ziele: die grundlegende Beschaffenheit und Zusammensetzung der menschlichen Aura zu erforschen und außerdem wirksame Techniken zu entwickeln, mit deren Hilfe wir die Aura nicht nur als ein Energiephänomen, sondern auch als unsere Verbindung zur kosmischen Quelle unserer Existenz nutzen können. Vor diesem Hintergrund ist es vielleicht

nicht überraschend, daß unsere Erforschung der Aura darauf ausgerichtet ist, uns Kraft zu verleihen. Die Forschung bewegt sich innerhalb des interdisziplinären Konzepts, das sensitive Potential zu stärken und die Bedeutsamkeit unserer ungenutzten Potentiale sowie
unsere Fähigkeit anzuerkennen, diese anzuzapfen.

Das Buch untersucht zunächst die wesentlichen Merkmale der
Aura und entwickelt dann Techniken, die Aura zu sehen und als eine
Komponente zu interpretieren, die mit einem größeren Energiesystem in Wechselbeziehung steht. Danach richtet sich unsere Aufmerksamkeit auf Techniken, mit denen wir eingreifen können, um
die Aura zu stärken. Es werden sehr spezielle Methoden vorgestellt,
wie man die Aura aufhellen, mit dem Kosmos in Einklang bringen,
ihr Energie geben und ihre Beschaffenheit verändern kann. Das
Buch bietet neuartige Techniken, um eine nicht richtig funktionierende Aura schrittweise wieder in Ordnung zu bringen und sie vor
weiteren Schäden zu schützen. Es entwickelt ein breites Spektrum
praktischer Übungen, die uns Macht verleihen – was uns helfen
kann, das Wohlbefinden zu fördern, Lernen zu beschleunigen, uner-
wünschte Gewohnheiten abzulegen, Angst zu überwinden, Selbstwert aufzubauen, die Kreativität zu steigern, das Altern zu verlangsamen und beruflichen Erfolg zu sichern, um nur einiges zu nennen.
Ein Sieben-Tage-Programm zur Kräftigung der Aura, das eine völlig
neue Wachstumsspirale einleiten soll, rundet das Buch ab.

Zugegeben, es gibt viele Lücken in unserem Wissen über die
menschliche Aura, und sie zu füllen ist eine entmutigende Aufgabe.
Dieses Buch wagt sich zwar an diese Aufgabe heran, nimmt jedoch
nicht für sich in Anspruch, sie vollständig gelöst zu haben. Dennoch
untersucht es beharrlich die unerschöpflichen Quellen, die uns in
uns selbst sowie im Kosmos zur Verfügung stehen. Es fordert uns
dazu auf, unsere Grenzen zu überschreiten und aufregende neue
Bereiche unserer Existenz zu entdecken. Es treibt uns dazu an, uns
selbst *Macht zu verleihen!*

1

Das neue Zeitalter der Stärkung des sensitiven Potentials

Das Bekannte ist endlich, das Unbekannte unendlich; intellektuell stehen wir auf einem kleinen Eiland in der Mitte eines unermeßlichen Ozeans von Unerklärlichkeit. Es ist unsere Pflicht, in jeder Generation ein bißchen mehr Land zu gewinnen, um unseren Besitz zu vergrößern und ihm etwas mehr Gewißheit zu verleihen.

Thomas Henry Huxley zur Aufnahme von Darwins
Über den Ursprung der Arten in der Öffentlichkeit (1887)

IN DEN LETZTEN Jahren beobachten wir ein wachsendes Interesse an dem komplexen Zusammenspiel von Geist und Körper. Ein Großteil der positiven und kraftverleihenden Folgen dieses Zusammenspiels werden von der herkömmlichen Wissenschaft mittlerweile allgemein anerkannt. Aber oft wird bei dieser Gleichung die höchste Kraft des einzelnen, dieses Zusammenspiel herbeizuführen und sein Ergebnis zu bestimmen, nicht berücksichtigt.

Das Konzept der Stärkung des sensitiven Potentials weitet das Zusammenspiel von Körper und Geist so aus, daß es die Gesamtheit unserer Existenz als mentale, körperliche und spirituelle Wesen mit einbezieht. Es betont den ständigen engen Kontakt zwischen Geist, Körper und Seele und unsere Fähigkeit als bewußte Wesen, ihn zu steuern. Es macht uns mit einem völlig neuen Paradigma menschlicher Existenz sowie einer völlig neuen Welt von Möglichkeiten, uns Macht zu verleihen, bekannt. Es erkennt die persönliche Macht als Geburtsrecht jedes menschlichen Wesens an und hebt zugleich die persönliche Verantwortung und Fürsorge für andere hervor. Das Konzept geht fest davon aus, daß wir Macht über unser Leben bekommen und anschließend dabei helfen können, den Planeten zu einem Ort zu machen, an dem jeder seine persönliche Macht verwirklichen kann. Dies mag idealistisch erscheinen, aber genau darum geht es bei der Stärkung des sensitiven Potentials.

Im Zentrum des Zusammenspiels von Seele, Körper und Geist steht die menschliche Aura. Aber die Aura zu verstehen und, noch wichtiger, sie einzusetzen, um uns selbst Macht zuwachsen zu lassen, erfordert ein tiefes Verständnis unserer selbst und unseres Platzes im Kosmos. Im folgenden werden wir aus der Perspektive des Konzepts der Stärkung des sensitiven Potentials erforschen, wie wir als menschliche Wesen beschaffen sind. Zunächst zeigen wir auf, wie dieses Konzept entwickelt wurde und welche Rolle es in unserer Beschäftigung mit der menschlichen Aura spielt.

Erste Anfänge

In seinen ersten Anfängen konzentrierte sich das Konzept der Stärkung des sensitiven Potentials darauf, zwei bedeutende Formen unerklärter Phänomene der menschlichen Erfahrung zu untersuchen: 1. außersinnliche Wahrnehmung (ASW), d. h. ein bewußtes Gewahrwerden, das sich unabhängig von sinnlichen Erfahrungen ereignet, und 2. Psychokinese (PK) oder die Fähigkeit des Geistes, Materie zu beeinflussen. Nachdem die Existenz dieser Phänomene nachgewiesen worden war, begannen die Forscher, die konventionellen Grenzen des menschlichen Bewußtseins zu überdenken und neue Perspektiven zu entwickeln, um die vielen sich öffnenden, aber noch unerforschten Bereiche sinnvoll zu erklären. Es war eine Grundlage für eine ganzheitlichere, interdisziplinäre Sichtweise menschlichen Verhaltens geschaffen worden.

Als sich das Konzept der Stärkung des sensitiven Potentials weiter entfaltete, wendete sich das Hauptinteresse einer sorgfältigen Neuuntersuchung des menschlichen Bewußtseins und der Natur des menschlichen Daseins im kosmischen Zusammenhang zu. Ermutigt durch bahnbrechende Entdeckungen, die Phänomene wie Nahtoderfahrungen und außerkörperliche Erfahrungen (AKE) betrafen, begannen Wissenschaftler und Philosophen gleichermaßen, das menschliche Bewußtsein und den nichtkörperlichen Bereich als Quelle von Kraft und Erkenntnis zu erforschen. Die Entwicklung effektiverer Verfahren zur Untersuchung des nichtkörperlichen Bereichs und zur Interaktion mit höheren kosmischen Ebenen trug dazu bei, daß sich das Konzept weiter entfaltete. Das überraschende Ergebnis war die Entdeckung neuer Quellen von Kraft und Erkenntnis. Von größter Wichtigkeit war die bahnbrechende Entdeckung, daß sich Bewußtsein – unsere mentalen Fähigkeiten, Gefühle und der Wille eingeschlossen – ungetrübt in der immateriellen Dimension fortsetzt. Der unendliche Wirkungsbereich menschlicher Existenz und insbesondere das Fortleben des Bewußtseins und der persönlichen Identität über den körperlichen Tod hinaus wurden endgültig bestätigt.

Neue Erkenntnisse über das nicht-körperliche Weiterleben gaben Anlaß, unsere Existenz als eine unzerstörbare Energie im Universum erneut zu überprüfen. Erscheinungen sensitiver Fähigkeiten sowie die spirituelle Natur unseres Wesens stellten sich als entscheidende Komponenten im Konzept der Stärkung des sensitiven Potentials dar, das darauf ausgerichtet ist, die menschliche Existenz in ihrer Gesamtheit wahrzunehmen und neue Wege zu beschreiten, um mediale Fähigkeiten anzuwenden.

Schließlich hat sich das Konzept der Stärkung des sensitiven Potentials von einer zunächst oberflächlichen Spekulation zu einer grundlegenden genauen Beschreibung gewandelt. Sehr detaillierte, in Labors getestete Methoden ersetzten Versuch und Irrtum, das »Stochern im Dunkeln« – Ansätze, deren Grundlagen zwar kreativ, aber bestenfalls unklar waren. Es wurde ein breites Spektrum von praktischen, schrittweise aufeinander aufbauenden Methoden entwickelt, die auf anerkannten Elementen unserer medialen Fähigkeiten basieren; Ziel war, die uns innewohnenden medialen Fähigkeiten zugänglich zu machen und zu aktivieren. Im Labor wurden Vorgehensweisen entwickelt, um auf geistigem Wege gedankliche Botschaften zu verschicken und zu empfangen (Telepathie), die Zukunft ohne Beteiligung eines bekannten Sinnesorgans vorherzusagen (Präkognition), Informationen über räumlich entfernte Zustände oder Ereignisse zu erhalten (Hellsichtigkeit) und physikalische Zustände geistig zu beeinflussen (PK). Damit stehen jedem Menschen neue, funktionierende Methoden zur Verfügung, um mediale Fähigkeiten zu entwickeln und Wissen aus dem sensitiven Bereich tatsächlich einzusetzen – mit dem Ziel, nicht nur uns selbst Macht zu verleihen, sondern, genauso wichtig, anderen zu helfen und letztlich eine weltweite Veränderung herbeizuführen.

Die Stärkung des sensitiven Potentials heute

Die Flut von Entdeckungen medialer Phänomene, die uns Macht verleihen, hat das herkömmliche Wissen nicht nur herausgefordert, sondern auch zu einem Riß geführt, der sich zu einem tiefen Spalt verbreitet hat. Wir wissen jetzt, daß die mediale Dimension des Bewußtseins von großer universeller Bedeutung ist. Jeder Mensch hat ein sensitives Potential und damit die unbegrenzte Fähigkeit zu wachsen und sich selbst zu erkunden. Auf unserer Suche nach Sinn und Bedeutung müssen wir über die physischen Erfahrungen der materiellen Welt hinausgehen. Die Erfahrung sensitiver Fähigkeiten durchbricht die herkömmlichen Grenzen und offenbart uns einen völlig neuen Bereich, der voller Möglichkeiten steckt, uns Kraft zu geben.

Das Spektrum an Erfahrungen sensitiver Fähigkeiten hat sich in unserer Zeit so weit ausgeweitet, daß jedes Ereignis – mental, physisch oder spirituell – dazugerechnet wird, welches entweder unsere physische Existenz übersteigt oder nicht ausschließlich physiologischen Faktoren zugeschrieben werden kann. Zu den zahllosen Beispielen gehören Geistheilung, Interaktionen mit dem körperlosen Bereich, außerkörperliche Reisen, Rückführungen in frühere Leben und Channeling (mediale Übermittlung von Botschaften). Es ist wichtig festzuhalten, daß eine derart umfassende Betrachtung sensitiver Phänomene die medialen Vorgänge zwar hervorhebt, aber biologische Einflüsse oder die Auswirkungen bestimmter sensitiver Erfahrungen auf biologische Funktionen, inklusive solcher, die Gesundheit und Fitneß fördern, nicht ausschließt.

Obwohl unsere biologische Ausstattung die wesentliche Bedingung für unser physisches Überleben in dieser zeitlichen Realität darstellt, kann die Biologie allein unser Dasein als bewußte Wesen im Universum nicht erklären. Wir sind für jeweils kurze Zeit Bewohner des Planeten, aber ständig Bürger des Kosmos. Die Biologie erkennt weder unseren Ursprung, noch benennt sie unsere Zukunft. Der niedere Weg der Materie führt nicht zur hohen Straße letztendlicher Wahrheit. Nicht-biologische Faktoren, wie der Durst nach neuer Erkenntnis, der Glaube an sich selbst, die persönliche Verpflichtung, zu wachsen und zu lernen, Liebe zu anderen und Glaube, gehören zu den kraftvollen Einflüssen, die unsere Existenz bestimmen und unserem Leben einen Sinn geben.

Beim Konzept der Stärkung des sensitiven Potentials steht die Kraft des bewußten Verstandes ständig im Blickpunkt. Weil das menschliche Bewußtsein sich mehr aus spiritueller Wirklichkeit ableitet als von irgendeiner höchsten Metaebene des Gehirns, hat es Vorrang vor der materiellen Wirklichkeit. Das Bewußtsein ist die Grundsubstanz unserer mentalen, physischen und spirituellen Existenz. Es kann neue Gehirnfunktionen auslösen und willkürlich einschreiten, um sie zu steuern. Es kann unsere Gedanken, Empfindungen und Gefühle miteinander verbinden und dadurch neue Einsichten und Erkenntnisse herbeiführen.

Selbst die sogenannten »autonomen biologischen Funktionen« unterliegen der Kraft des bewußten Geistes. Es ist heute allgemein anerkannt, daß unkontrollierte negative Kräfte wie Streß und unterschwellige Feindseligkeit den Körper entkräften, unser Abwehrsystem unterlaufen, die Widerstandskraft gegen Krankheiten herabsetzen und bei längerem Andauern zu Krankheiten oder sogar zum Tod führen können. Leider haben wir viel Zeit verstreichen lassen, bevor wir die andere Seite der Medaille wahrgenommen haben – die heilende und verjüngende Kraft des Geistes. Wir wissen seit Jahren, daß viele Körperorgane und -systeme sehr sensibel auf negative psychische Faktoren reagieren, aber erst seit sehr kurzer Zeit haben wir gezielte Gesundheits- und Fitneßtechniken entwickelt, die auf den positiven Kräften des Geistes beruhen. Jetzt stehen eingehend beschriebene Methoden zur Verfügung, die Geist und Körper miteinander in Einklang bringen und dadurch im ganzen Körper Energien entfesseln, die Heilung und Wohlbefinden fördern. Parallel dazu wurden Verjüngungsstrategien entwickelt, die mentale und körperliche Elemente miteinander verbinden, um Alterungsprozesse zu verlangsamen und in manchen Fällen sogar rückgängig zu machen. Es steht durchaus in der Reichweite eines gestärkten Bewußtseins, das körperliche Abwehrsystem zu stärken, verletztes Gewebe zu reparieren und gestörte Organfunktionen wieder zu normalisieren.

Ähnlich verhält es sich beim Gedächtnis, der Problemlösung, bei Kreativität und bei Stimmungen, die deutlich auf bewußtes Eingreifen reagieren. Jetzt stehen ausgefeilte, auf Laboruntersuchungen aufbauende sensitive Methoden zur Verfügung, um das Gedächtnis zu verbessern, Problemlösungen zu erleichtern, Kreativität zu steigern, eine positive Stimmung hervorzurufen und sogar die Lerngeschwindigkeit zu erhöhen. Diese Techniken berücksichtigen normalerweise zwar die Rolle physiologischer Faktoren, wie z. B. der Biochemie und Genetik, aber sie unterstreichen die Kraft des Geistes, die biologischen Funktionen zu überlagern und einzelne, wie den fragilen Kreislauf des Zentralnervensystems, direkt verändern zu können. Das gesamte menschliche Verhalten ausschließlich auf biologische Faktoren zurückzuführen bedeutet, nicht nur die Kraft des Geistes über den Körper, sondern auch das Weiterleben des Bewußtseins und das Fortbestehen komplexer mentaler Fähigkeiten nach dem Tod zu leugnen. (Weitere Informationen zu diesem und und angrenzenden Themen finden Sie in meinen Veröffentlichungen *Psychic Empowerment* und *Psychic Empowerment for Health and Fitness*.)

Uns selbst Macht zu verleihen ist in erster Linie eine Entscheidung und eine Frage der Selbstbestimmung. Anstatt uns durch die Umgebung, den Instinkt oder verborgenes Programmieren kontrollieren zu lassen, geben wir uns selbst die Macht, unsere Zukunft nach unserem Willen zu gestalten. Wir können uns für den Erfolg statt für den Mißerfolg, für Wachstum statt für Verkümmerung, für Glück statt für Verzweiflung entscheiden. Wenn wir die Macht haben zu wählen, können wir unser Leben selbst lenken und die höchsten Ziele erreichen.

Wenn wir die Kräfte des Geistes anzapfen, sind die Möglichkeiten grenzenlos. Beispiele für die weitreichenden Anwendungsmöglichkeiten sensitiver Techniken zu unserer Stärkung sind u. a., Lösungen für zerbrochene Beziehungen zu finden, komplexe körperliche Fähigkeiten zu erlernen, Angst und Sorge zu überwinden, uns schlechte Angewohnheiten abzugewöhnen, Selbstwertgefühl aufzubauen, die Kreativität zu steigern und schneller zu lernen. Genauso wichtig ist es, mögliche Lösungen für verheerende globale Probleme zu finden, wie Krieg, Umweltverschmutzung, Hunger und Krankheit, die nach unverbrauchten, kreativen Vorgehensweisen schreien. Mit Hilfe der jüngsten Entwicklungen im Bereich der sensitiven Fähigkeiten können wir nicht nur unser Leben bereichern, sondern auch den Planeten zu einem besseren Ort machen und sein Schicksal direkt mitbestimmen.

Bei unserer Suche nach Wissen bringt jede Untersuchung des Unbekannten neue Möglichkeiten für persönliches Wachstum und Erleuchtung ans Licht. Die Anzeichen sind ermutigend. Neu entdeckte mediale Konzepte und Techniken stoßen herkömmliches Wissen häufig um und beginnen zugleich, in unzählige Berufszweige einzuziehen – in Psychotherapie, Medizin, Strafverfolgung, Industrie und Ausbildung – mit überraschenden Resultaten. Mit Schmerzen umzugehen, Heilung zu beschleunigen, sich schlechte Eigenarten abzugewöhnen, Selbstwert zu entwickeln, Depressionen zu überwinden, Motivation zu steigern, Kreativität anzuregen, Führungsfähigkeiten zu entwickeln, Ängste zu beseitigen, Streß zu kontrollieren, Alterungsprozesse zu verlangsamen und, im größeren Zusammenhang betrachtet, kulturellen Wandel zu fördern und das globale Bewußtsein zu steigern sind nur einige der vielfältigen Anwendungsbereiche des Wissens über unsere sensitiven Fähigkeiten. Jeder einzelne und jeder Bereich menschlichen Handelns kann von den Techniken profitieren, die auf Vorstellungen über unser sensitives Potential basieren.

Ausblick

Bei unserer Suche nach medialem Wissen und der Entwicklung von damit zusammenhängenden Techniken zu unserer persönlichen Stärkung haben wir schon einen weiten Weg zurückgelegt, aber die Herausforderungen sind nach wie vor groß. Wir befinden uns jetzt an der Schwelle zu einem neuen Zeitalter. Ständig tauchen neue mediale Konzepte, Prinzipien und Technologien auf. Aber mit jeder neuen Entdeckung werden wir daran erinnert, daß wir uns, um uns zur persönlichen Macht zu verhelfen, verpflichten müssen, zu wachsen, zu forschen und uns zu verändern.

Viele Forscher stimmen darin überein, daß zahlreiche Phänomene zwar nicht direkt beobachtet, aber abgeleitet und in vielen Fällen auch direkt gemessen werden können. Diejenigen tief verborgenen Realitäten, die sich nicht für direkte Beobachtung eignen, entgehen der herkömmlichen Wissenschaft. Klare Anzeichen für unkonventionelle Erscheinungen wurden allzuoft als zweifelhaft oder unwichtig abgetan. Dieses Buch zögert nicht, in den tiefsten, kompliziertesten Aspekten unseres Daseins zu graben und dabei auch die Erscheinungen mit ins Auge zu fassen, die bisher größtenteils entweder nicht wahrgenommen worden und verschwunden sind oder sonst von der herkömmlichen Wissenschaft als unwichtig diskreditiert worden sind.

In den nachfolgenden Kapiteln wollen wir die menschliche Aura als entscheidende Komponente eines komplexen, interaktiven Ener-

giesystems erforschen. Wir werden untersuchen, wie die Aura beschaffen ist und welche Bedeutung sie für unser Dasein auf diesem
Planeten hat. Wir werden die Dynamik aufdecken, die dem Zusammenspiel von Körper, Geist und Seele zugrunde liegt. Wir werden
sehr detaillierte Techniken entwickeln, die unser persönliches
Wachstum Schritt für Schritt anregen und uns die Macht verleihen
sollen, unsere größten Potentiale zu erreichen. Obwohl die Vorstellungen und Vorgehensweisen in diesem Buch in vielen Fällen vielleicht das herkömmliche Wissen sprengen, werden sie uns letztlich
auf eine neue Ebene unseres Verständnisses von uns selbst als eine
beständige, dynamische und mächtige Lebenskraft im Universum
versetzen.

2

Das Energiesystem der Aura

Wo das Teleskop aufhört, fängt das Mikroskop an. Welches der beiden bietet den großartigeren Anblick?

Victor Hugo: *Die Elenden* (1862)

WIR SIND WENIGER eine zufällige Mischung aus kosmischem Staub als ein planvoll sich entfaltender Tanz der universellen Lebenskraft. Als bewußte, unzerstörbare Einheit sind wir integraler Bestandteil eines unendlichen Energiesystems. Nur wenn wir das Wesen unserer Existenz als vitale Entität verstehen, können wir die Beschaffenheit des größeren Systems und des Universums in seiner Gesamtheit verstehen.

Ohne Energie würden wir nicht existieren. Die menschliche Aura ist eine Energieerscheinung innerhalb eines sehr komplexen Systems. Die Aura ist die äußere Repräsentation der schöpferischen Lebenskraft, die unserer Existenz Energie verleiht und uns am Leben erhält. Als funktionale Energieform, die den physischen Körper umhüllt, ist die Aura ein vorzüglicher Kanal, um mit höheren Dimensionen und anderen Energiequellen wie auch mit anderen menschlichen Aurafeldern in Kontakt zu treten.

Das Konzept der Stärkung des sensitiven Potentials vertritt die Ansicht, daß die Energien der Aura aus einem dynamischen Energiezentrum im innersten Teil unseres Wesens hervorströmen. Dieser innere Kern, von dem man annimmt, daß er im Bereich des Solarplexus liegt, ist das Kraftwerk, das unser ganzes Wesen mit Brennstoff versorgt – mental, physisch und spirituell. Er ist die Essenz unseres Daseins – er verbindet uns mit dem Kosmos und bestätigt unseren Anspruch auf Unsterblichkeit. Das Aurasystem mit seinem kraftvollen inneren Kern und den äußeren Aura-Energien gleicht dem Universum mit seinem kosmischen Energiekern und den sich ausdehnenden äußeren Systemen. Die Aura ist nicht nur ein Anzeichen für unsere Einzigartigkeit als eine dynamische Lebenskraft, sie gewährleistet auch den ständigen Kontakt mit der höheren universellen Lebenskraft als Ursprung unseres Wesens. Das Konzept der Stärkung des sensitiven Potentials betrachtet diese zwei unendlichen Lebenskräfte zwar als voneinander losgelöst, erkennt aber ihre beeindruckende Fähigkeit zur Einheit an.

Wenn die Aura und ihr zentraler Kern ausgeglichen sind und sich im Einklang mit dem Kosmos befinden, erreichen wir einen kraftvollen Zustand kosmischer Übereinstimmung, in dem wir unbegrenzten Zugang zu höchster kosmischer Kraft haben. Kosmische Übereinstimmung ist ein Zustand völligen Einsseins, in dem wir uns innerlich ausgeglichen und innig mit dem Universum verbunden fühlen. Es ist unser Schlüssel für mentales, körperliches und spirituelles Wachstum. Wenn wir in Übereinstimmung mit dem Kosmos sind, erleben wir Frieden und Harmonie mit den höchsten Energien des Universums. Genauso wichtig ist, daß wir völlig neue Wachstumsmöglichkeiten in uns entdecken. Ein wichtiges Ziel dieses Buchs ist es, Techniken zu entwickeln, die uns in einen Zustand inneren und äußeren Einsseins bringen, in dem wir Zugang zu den unendlichen Kräften des Kosmos haben.

Weil die Aura die höchste Kraft widerspiegelt, die unserer Existenz Energie verleiht, ist es für unser fortwährendes Wachstum entscheidend, ihr stärkendes Potential zu entdecken. Während dieses Entdeckungsprozesses müssen wir uns ein Verständnis der Aura und ihrer Beziehung zu unserem mentalen, physischen und spirituellen Wohlbefinden verschaffen. Wenn wir mehr über die Aura und ihre stärkenden Fähigkeiten wissen, können wir die Kräfte beherrschen, die unser Leben beeinflussen, und die vielen falschen Vorstellungen und Einschränkungen, die unser Wachstum behindern, aus dem Weg räumen.

Die menschliche Aura ist eine einzigartige Kombination zahlreicher Merkmale, wozu u. a. Farbe, Intensität, Ausdehnung und Beschaffenheit gehören. Diese wichtigen Merkmale sorgen für eine sichtbare Darstellung unserer unzerstörbaren kosmischen Anlagen, die wir unseren »kosmischen Genotyp« nennen. Als Gegenstück zu unserem biologischen Genotyp schützt unser kosmischer Genotyp unsere Individualität als eine spirituelle Einheit und läßt jedem von uns zugleich unbegrenztes Wachstumspotential zuteil werden. Die sichtbare Aura vermittelt uns einen sensationellen Einblick in unsere einzigartige kosmische Natur und unser Schicksal als ständige bewußte Wesen des Universums.

Weil die Aura und ihre Ausstattung kosmischen Ursprungs ist, liefert sie uns eine jeweils individualisierte Chronik unserer gesamten Existenz: Vergangenheit, Gegenwart und Zukunft. Sie ist eine sehr sensitive und dynamische Kraft, die unsere göttliche Natur verschlüsselt, während sie unser Wachstum überwacht und unsere Stärken und Verletzlichkeiten widerspiegelt. Vielleicht noch wichtiger ist, daß das Aurasystem, richtig eingesetzt, eine Fülle von neuen Wachstumsmöglichkeiten bietet.

Merkmal des Aurasystems ist ein ständiger Wandel innerhalb einer festen Grundstruktur. Eine stattliche Anzahl innerer und äußerer Faktoren interagiert ständig mit der Aura, um ihre Entwicklung und ihre Funktionen zu beeinflussen. Wie wir später sehen werden, können u. a. biologische, umweltbedingte, emotionale und soziale Faktoren enormen Einfluß auf die Aura ausüben. Selbst uns noch unbekannte Bedingungen und zukünftige Ereignisse können die Aura stark beeinflussen und dabei nicht nur deren charakteristische Färbung und Musterung, sondern auch ihre Fähigkeit verändern, uns mit Energie zu versorgen.

Glücklicherweise hat die Aura eine wunderbare Anpassungs- und Erneuerungsfähigkeit. Als wesentliche Komponente unseres Wachstums und unserer Entwicklung neigt sie aufgrund ihres höchsten kosmischen Ursprungs dazu, positive Einflüsse spontan zu binden und negative zurückzuweisen. Wenn wir uns mit der Aura und ihren Funktionen beschäftigen, können wir unser Verständnis für uns selbst ebenso wie unsere Fähigkeit verbessern, unsere inneren Quellen zu nutzen, um uns Macht zu verleihen.

Nachfolgend finden Sie Antworten auf einige der Fragen, die im Hinblick auf die menschliche Aura und ihre Funktionen oft gestellt werden.

Was ist die menschliche Aura?
Die menschliche Aura ist eine Energie, die sich entwickelt, uns am Leben erhält und jedes menschliche Wesen charakterisiert. Ohne sie könnten wir nicht existieren.

Ist die Aura immer sichtbar?
Unter geeigneten Bedingungen, die wir im nächsten Kapitel beschreiben werden, kann die Aura von fast jedem gesehen werden.

Das Aurasehen ist zwar oft ein natürlicher, spontaner Prozeß, wenn wir aber unsere Begabung, die Aura zu sehen, weiter ausbauen wollen, müssen wir ein wenig üben, wobei wir systematische Methoden anwenden. Durch Übung und Erfahrung können wir unsere Fähigkeit weiterentwickeln, die Aura nicht nur zu sehen, sondern sie auch zu interpretieren.

Gibt es Hilfsmittel, um die Aura zu sehen?

Es gibt zwar verschiedene Hilfsmittel für das Aurasehen, wie bestimmte Brillen, sie sind aber normalerweise nicht notwendig, und in manchen Fällen erschweren sie sogar das Sehen. Es gibt auch verschiedene fotografische Möglichkeiten, z. B. die Elektrofotografie, um die Aura (oder einzelne Aspekte) aufzuzeichnen. Da sich die Aura aber ständig verändert, sind diese Hilfsmittel außer als Grundlage für Forschungszwecke von begrenztem Wert.

Sehen Kinder die Aura?

Die Aura ist eine natürliche Erscheinung, und Kinder, die nicht geschult sind, differenziert zu schauen, berichten oft, daß sie sie sehen. Aber wenn wir heranwachsen, wird zumeist unser spontanes Sehvermögen unterdrückt und in das Unbewußte abgedrängt. Es ist jedoch möglich, daß wir die Aura weiterhin sehen und unser ganzes Leben lang unbewußt auf sie reagieren.

Ist meine Aura jeden Tag unverändert immer die gleiche?

Die Aura ist ein dynamisches System, das sich ständig entwickelt und verändert. Obwohl ihre charakteristische Struktur bzw. ihre grundlegende Gestalt normalerweise stabil ist, ist das Aurasystem flexibel für Veränderungen in der Farbgebung, Intensität, Ausdehnung und Schwingungsfrequenz.

Kann ich meine eigene Aura sehen?

Inzwischen gibt es sehr wirksame Methoden, um die eigene Aura zu sehen. Einige davon werden im nächsten Kapitel besprochen.

Wie weit dehnt sich die Aura über den physischen Körper hinaus aus?

Auch wenn sich die sichtbare Aura, wie sie normalerweise wahrgenommen wird, nur wenige Zentimeter über den Körper hinaus ausbreitet, ist es vorstellbar, daß sich die eigentliche Aura als Energiephänomen unendlich ausstreckt. Aller Wahrscheinlichkeit nach befindet sich die menschliche Aura in ständiger Wechselwirkung mit anderen Dimensionen von Zeit, Raum, Energie und Materie.

Beeinflußt die Umwelt die Aura?

Die Aura reagiert sensibel auf unser gesamtes inneres und äußeres Umfeld. Mentale, physische und spirituelle Faktoren wirken ständig aufeinander ein und beeinflussen die Aura. Die Persönlichkeit, der Gesundheitszustand, persönliche Interessen, soziale Faktoren, Gemütszustände und die Umwelt können unmittelbar und entscheidend auf die Aura wirken. Selbst räumlich entfernte globale und kosmische Ereignisse können die Aura beeinflussen.

Können Sie einige widrige Bedingungen nennen, die die Aura beeinflussen?

Eine Reihe negativer mentaler Zustände wie Angst, Feindseligkeit und Frustration greifen auf Dauer den Körper an und entziehen dem Aurasystem Energie. Genauso können ein geringes Selbstwertgefühl, ein schwaches Selbstbewußtsein und negative Sozialkontakte die Aura schwächen und ihren Energievorrat bedrohlich vermindern. Umweltschadstoffe und bestimmte Drogensubstanzen können die Aura zeitweise verfärben und einengen.

Welche positiven Zustände beeinflussen die Aura?

Liebe, die stärkste Kraft im Universum, erweitert und energetisiert die Aura auf jeden Fall und läßt sie heller werden. Weitere stärkende Einflüsse sind z. B. ein gesundes Selbstbewußtsein, ein gutes Gespür für Wohlbefinden, Ausgeglichenheit und Harmonie im Inneren und echtes Interesse an anderen Menschen. Jede Anstrengung, anderen zu helfen oder die Welt zu verbessern, läßt dem Aurasystem strahlende Energie zufließen.

Welche Rolle spielt die Aura für das sensitive Potential?

Als persönliche Chronik der Lebensgeschichte jedes einzelnen kann die Aura uns wichtige Informationen vermitteln, die sonst nicht zugänglich wären. Es gibt zunehmend Hinweise darauf, daß außer den Erfahrungen aus vergangenen und dem jetzigen Leben auch zukünftige Ereignisse, positiver wie negativer Art, der Aura eingeschrieben sind. Allein schon die Aura zu sehen kann unsere medialen Fähigkeiten, wie Telepathie, Präkognition und Hellsehen, aktivieren.

Sind alle Auren farbig?
Die menschliche Aura ist niemals farblos. Die Intensität und Verteilung der Farben in der Aura kann zwar sehr stark variieren, aber die Aura ist normalerweise von einer vorherrschenden Farbe und einer relativ stabilen Aurastruktur gekennzeichnet. Zwar sind manchmal weiße Bereiche in einer Aura zu beobachten, es gibt jedoch keine völlig weiße Aura, was auf Vollkommenheit hinweisen würde. Wir werden die Bedeutung von Aurafarben später im Zusammenhang mit den Techniken besprechen, die sie beeinflussen sollen.

Haben Tiere Auren?
Genauso wie Menschen haben Tiere Auren, die sich aber in einigen Merkmalen deutlich von menschlichen Auren unterscheiden. Die Auren von Tieren weisen im allgemeinen eine weniger komplexe Struktur auf, sind dafür jedoch intensiver gefärbt als beim Menschen. Haustiere haben im Vergleich zu wildlebenden Tieren im allgemeinen eine ausgedehntere Aura, jedoch eine geringere Färbung. Interessanterweise nehmen Schoßtiere oft bestimmte Merkmale der Aura des Menschen an, der sich hauptsächlich um sie kümmert, z. B. dessen dominante Farbe. Außer bei kranken oder gestreßten Tieren wie Käfigtieren, die erst kurz zuvor in freier Wildbahn gefangen worden sind, ist eine Verfärbung der Aura von Tieren selten zu beobachten.

Haben Pflanzen Auren?
Alle Pflanzen, von der kleinsten bis zur größten, haben ihre jeweiligen einzigartigen Energiesysteme und sind von einem Energiefeld umgeben. Dieses Feld wird für gewöhnlich zwar nicht »Aura« genannt, doch besitzt es gewisse Merkmale, die denen von menschlichen und tierischen Auren ähneln. In den meisten Fällen treten die Energiemuster, die die Pflanzen umgeben, als eine schillernde Erweiterung der Grundstruktur und der Farben der Pflanze auf. Wie wir in einem späteren Kapitel sehen werden, können unsere Wechselwirkungen mit der Pflanzenwelt, besonders mit Bäumen, unser Energiesystem beeinflussen.

Welcher Art ist die Beziehung zwischen der Aura und dem
physischen Körper?
Die Aura ist ein sichtbarer Ausdruck der Lebenskraft, die unser ganzes Wesen mit Energie versorgt – mental, physisch und spirituell.

Ohne diese energetisierende Lebenskraft könnte der physische Körper nicht funktionieren. Unser Körper ist zwar auf die Lebenskraft, wie sie in der Aura reflektiert wird, angewiesen, umgekehrt benötigt die Lebenskraft unseren physischen Körper jedoch nicht. Die Aura, die die unserer Existenz zugrundeliegende Lebenskraft zum Ausdruck bringt, offenbart zugleich unsere Unsterblichkeit als spirituelle Wesen.

Wie ist die Beziehung zwischen der Aura und dem Astralkörper?
Der Astralkörper, manchmal auch »Ätherkörper« genannt, ist die nicht-körperliche Entsprechung des biologischen Körpers. Er wird von einem Energiesystem kosmischen Ursprungs ständig mit Energie versorgt, von dem auch der biologische Körper während des irdischen Daseins aufrechterhalten wird. Ohne diese Energiequelle könnten wir weder in physischer noch in mentaler oder spiritueller Gestalt existieren. Wie bereits gesagt, ist die menschliche Aura die sichtbare Manifestation dieser Energiequelle.

Was geschieht mit der Aura während einer außerkörperlichen Erfahrung?
Während einer außerkörperlichen Erfahrung unterliegt das Aurasystem markanten Veränderungen; es versorgt aber sowohl den physischen Körper als auch seine körperlose Entsprechung, den Astralkörper, weiterhin mit Energie. Unser Energiesystem mit seinem energiespendenden Kern bleibt intakt, dehnt seine Kraft jedoch aus, um Astralreisen zu räumlich entfernten Zielen zu ermöglichen. Es ist dabei wichtig, im Auge zu behalten, daß die Fähigkeiten unseres Energiesystems nicht durch konkrete Realitäten, wie Zeit und Raum, begrenzt sind. Während der außerkörperlichen Erfahrung bleiben wir eine energetisierte Einheit, die die Macht hat, räumlich entfernte Bereiche von Wissen und Kraft zu erfahren. Zu den bekannten Techniken, die uns am meisten Macht verleihen, zählen diejenigen, die uns mit dem höchsten kosmischen Ursprung unserer Existenz verbinden.

Wie ist die Beziehung zwischen der Aura und dem Bewußtsein?
Bewußte Achtsamkeit ist die Essenz unserer Existenz als ewigwährende energetische Kraft. Das persönliche Bewußtsein ist kosmische Energie, die auf einzigartige Weise dazu dient, sowohl unsere Individualität als auch unsere Unsterblichkeit zu sichern. Unsere Existenz

als bewußte Entität wird von einem Energiesystem aufrechterhalten, zu dem, wie bereits angemerkt, die Aura und ihr innerer Kern gehören. Dieser Kern wird oft für den göttlichen Funken gehalten, der uns mit unserem spirituellen Ursprung verbindet und unserer bewußten Existenz Sinn und Dauerhaftigkeit verleiht.

Was geschieht mit der Aura beim Tod?

Der Tod ist nicht das Ende unserer Existenz als bewußte Wesen, sondern das Tor zu einer anderen Dimension ständigen Wachstums. Auch wenn der physische Körper beim Tod als Lebensform »erlischt«, bleibt der nicht-physische energiegeladen, wenn er zu den immateriellen Bereichen aufsteigt. In jenem Bereich ist die ständige Lebenskraft, wie sie sich in der Aura widerspiegelt, weiterhin diejenige, die uns Energie verleiht und unserer Existenz als bewußter Entität zugrunde liegt. Manchmal ist eine Aura, die nicht mehr mit einem physischen Körper verbunden ist, als eine leuchtende Energiegestalt zu sehen, die sich zum Zeitpunkt des Todes sanft vom physischen Körper abhebt.

Zusammenfassend läßt sich sagen, daß das menschliche Aurasystem eng mit unserem gesamten Wesen verknüpft ist. Es durchdringt uns und versorgt uns mental, körperlich und spirituell mit Energie. Die Aura ist eine Chronik unseres Lebens, die sich von unseren frühesten Anfängen bis zur Gegenwart ständig weiterentfaltet. Sie ist eine Manifestation unserer Bestimmung, die uns Dauerhaftigkeit und Größe verheißt. Trotz ihrer relativ stabilen grundlegenden Struktur ist sie immer empfänglich und reagiert auf unser Bestreben, uns selbst Macht zu verleihen.

Ausgestattet mit einer vertieften Kenntnis der Aura und ihrer kraftvollen Natur, sind wir bereit, Geist, Körper und Seele in ganz neuen Dimensionen zu erforschen. Unsere Aufgabe lautet, neue Techniken zu erlernen, mit Hilfe derer wir uns Macht verleihen und die uns auf ein unendliches Wachstum in der Zukunft vorbereiten.

3

Die Aura sehen

Das ewige Mysterium der Welt ist ihre Verständlichkeit.

Albert Einstein (1936)

FÜR DIE METHODEN zur Aurakräftigung ist es in erster Linie notwendig, die Aura zu sehen und ihre einzigartigen Merkmale zu identifizieren, bevor man Einfluß auf sie nimmt. Die Aura kann zwar spontan oder ohne gezielte Anstrengung gesehen werden, doch jetzt stehen Methoden zur Verfügung, mit denen wir Schritt für Schritt lernen können, die Aura nach Aufforderung und unter unterschiedlichen äußeren Bedingungen zu sehen.

Bei unseren anfänglichen Bemühungen im Labor, wirksame Techniken für das Aurasehen zu entwickeln – sei es für das Sehen der eigenen oder der eines anderen Menschen –, war unsere größte Sorge die Gültigkeit unserer Methoden. Offensichtlich setzten solche Methoden voraus, daß die Aura tatsächlich existiert. Könnte das Verfahren selbst falsche Bilder einer nichtexistierenden Aura hervorrufen? Ist die sogenannte »sichtbare Aura« nur eine Illusion, das Ergebnis einer Suggestion oder ein Produkt der Einbildung?

Um die Möglichkeit zu untersuchen, daß wir mit Hilfe der systematischen Methoden zur Aurabetrachtung Illusionen erzeugen, anstatt wirklich eine Aura wahrzunehmen, haben wir ein dreistufiges Experiment entwickelt. Dabei diente während jeder einzelnen Phase ein Schirm dazu, die Testperson, deren Aura betrachtet wurde, zu verbergen. Für unsere zehn Testpersonen bestand die Abschirmung aus zehn senkrecht aufgestellten undurchsichtigen Platten, die durchnumeriert wurden. Jede war groß genug, um die jeweilige Testperson zu verbergen und zugleich ihre leichte Fortbewegung von Schirm zu Schirm zu erlauben, so daß die Aura der verdeckten Testperson oberhalb des Schirms betrachtet werden konnte. An jeder Phase des Experiments nahmen fünf geübte Auraseher und zehn Versuchspersonen teil.

In Phase I des Experiments betrachteten die Auraseher unabhängig voneinander die Auren der Testperson, die dabei jeweils neben einem Schirm stand. Wenn die Aura sichtbar wurde, trat die Versuchsperson hinter den Schirm und bewegte sich beliebig von Schirm zu Schirm. Der Betrachter hatte die Aufgabe, den Bewegungen der nicht sichtbaren Person entlang der numerierten Schirme zu folgen, indem er die Aura betrachtete, die sich bis oberhalb der Schirme ausdehnte. Diese Phase absolvierten alle Betrachter erfolgreich, d. h., sie konnten die Bewegungen der Testpersonen hinter den Schirmen richtig nachvollziehen.

In Phase II stellte sich eine Testperson hinter der Abschirmung auf, bevor der geübte Aurabetrachter den Versuchsraum betrat. Die Aufgabe des Betrachters bestand darin, den Standort der nicht sichtbaren Person hinter der Abschirmung zu bestimmen und dann wie in Phase I ihre Bewegungen von Schirm zu Schirm nachzuvollziehen. Obwohl die Betrachter die Aura nicht gesehen hatten, bevor sich die Versuchsperson hinter den Schirm gestellt hatte, verfolgten sie wiederum ohne Ausnahme erfolgreich die Bewegungen der verdeckten Testperson hinter den numerierten Schirmen, indem sie die Aura oberhalb der Abschirmung betrachteten.

In Phase III wurden die Betrachter durch eine Täuschung auf die Probe gestellt. Die Bedingungen waren die gleichen wie in Phase II, mit einer Ausnahme: Es stand niemand hinter den Schirmen. Beim Betreten des Versuchsraums wurde jeder Betrachter genauso instruiert wie in Phase II. Er sollte den Standort der Person hinter der Abschirmung bestimmen und ihre Bewegungen hinter den Schirmen nachvollziehen, obwohl sich in Wirklichkeit niemand hinter der Abschirmung aufhielt. Die geübten Betrachter lagen ausnahmslos richtig: Sie sahen keine Auren.

Bei einer Wiederholung des Experiments mit anderen Versuchspersonen und anderen Aurabetrachtern waren die Ergebnisse identisch. Weitere Untersuchungen ergaben eine große Übereinstimmung bei den Ergebnissen der Aurabetrachtungen einer einzelnen Testperson, die unabhängig von mehreren Betrachtern durchgeführt wurden. Darüber hinaus zeigten Fotos von Auren, die unter streng kontrollierten Bedingungen über einen längeren Zeitraum von einzelnen Menschen aufgenommen worden waren, eine große Stabilität der Auramuster. Vor dem Hintergrund dieser Ergebnisse können wir mit gewisser Sicherheit schließen, daß die menschliche Aura als eine beobachtbare Realität existiert und daß die Methoden, die entwickelt wurden, um die Aura zu sehen, gültig sind.

Im folgenden werden wir verschiedene Techniken zur Aurabetrachtung untersuchen. Wie in vielen anderen Fällen, die der Stärkung des sensitiven Potentials dienen, hat sich auch hier keine Technik als die generell günstigste herauskristallisiert. Nur durch Übung und Erfahrung anhand vieler Methoden und Techniken unter unterschiedlichen Bedingungen können wir jeweils die Methoden herausfinden, die bei jedem einzelnen am besten funktionieren.

Methoden zur Aurabetrachtung

Für die meisten Übungen zum Aurasehen empfiehlt sich ein weißer Hintergrund und natürliche oder indirekte Beleuchtung. Wenn jedoch einmal gewisse Fertigkeiten vorhanden sind, können die Methoden unter fast allen Bedingungen angewendet werden. Manche geübte Auraspezialisten berichten, daß sie sogar in völliger Dunkelheit Auren erkennen können, und für einige ist Mondlicht die ideale Voraussetzung.

Beim Betrachten der Aura ist es wichtig, sich die Auswirkungen von Umweltbedingungen auf die Aura klarzumachen. Unsere Laboruntersuchungen ergaben, daß die Aura als ein hochempfindliches Energiephänomen von der Tageszeit, dem Luftdruck, der Mondphase, Umweltschadstoffen und sogar von unserer Kleidung beeinflußt wird. Im Durchschnitt erreicht die Aura ihre energetischen Höhen im Laufe des Vormittags, am späten Nachmittag und in den frühen Abendstunden. Fallender Luftdruck kann zu einer Reduzierung der Energievorräte der Aura führen, während steigender Luftdruck sie eher auffüllt. Fast in jedem Fall energetisiert ein Vollmond die Aura und erweitert sie.

Umweltschadstoffe verfärben die Aura und lassen sie sich zusammenziehen. Passives Rauchen ist besonders schädlich, weil die Schadstoffe vom Aurasystem absorbiert und dann systematisch im ganzen physischen Körper verteilt werden. Als unmittelbare Folge verfärbt sich die Aura gelbbraun und zieht sich stark zusammen. Daraus läßt sich also deutlich schließen, daß eine nikotinfreie Umgebung nicht nur dazu beiträgt, die Aura richtig zu sehen, sondern auch die Gesundheit fördert.

Unsere Untersuchungen haben ergeben, daß das Gewebe und die Farbe der Kleidung die Energiemuster der Aura stark beeinflussen können. Für Übungszwecke erwies es sich als ideal, wenn die Versuchspersonen weiße Baumwoll- oder Seidenkleidung trugen. Einige Auraspezialisten behaupten, daß man die Aura am präzisesten bei einer unbekleideten Person sehen kann. Oft versäumen sie jedoch, darauf hinzuweisen, daß auch ein unangenehmes Gefühl aufgrund des Unbekleidetseins beim Aurasehen die sichtbare Aura nachteilig beeinflussen kann, also möglicherweise die Ergebnisse des Betrachters verzerrt. Ein erfahrener Auraspezialist wird im allgemeinen den Einfluß der Bekleidung auf die Aura erkennen, was es unnötig macht, unbekleidet zu sein. Wir werden die Auswirkungen verschiedener Textilien auf die menschliche Aura in einem späteren Kapitel eingehender untersuchen.

Ein verbreiteter Nebeneffekt des Aurasehens ist die spontane Aktivierung sensitiver Fähigkeiten des Betrachters, wie Präkognition, Hellsichtigkeit und Telepathie. Wenn man eine Aura betrachtet, scheint dies konkrete übersinnliche Informationen über die betreffende Person wachzurufen. Viele erfahrene Betrachter stellen fest, daß sie diesen spontanen Vorgang erweitern können, indem sie den Geist ruhig werden lassen und zulassen, daß sensitive Eindrücke entweder in ihrem Kopf oder als projizierte Bilder in der betrachteten Aura entstehen. Telepathie kann erfolgreich stattfinden, wenn man seine eigene Aura visualisiert und sich vorstellt, daß sie sich mit der Aura der betreffenden anderen Person überschneidet, um auf diese Weise eine Art Gedankenübertragungsnetzwerk zu bilden. Um Hellsichtigkeit oder Präkognition zu erreichen, ist es im allgemeinen hilfreich, immer wieder die Augen zu schließen und zwischendurch die Aura der anderen Person als einen geistigen Schirm zu visualisieren, auf dem dann entsprechende Informationen erscheinen. Sensitive Informationen können zwar unmittelbar wie ein Geistesblitz entstehen, oft entfaltet sich die neue Information aber allmählich.

Es ist sehr wichtig zu betonen, daß Aurabetrachter niemals gezielt in die Privatsphäre der beobachteten Person eindringen sollten, sei es zufällig oder in geplanten Aurabetrachtungssituationen. Auch wenn das Sehen der Aura für einen Auraspezialisten ein normaler Teil seiner Wahrnehmung einer Person ist und dabei manche Informationen über die betreffende Person auftauchen, untersuchen wir nur mit Erlaubnis gezielt die innere Erfahrungswelt eines anderen Menschen.

Die Whiteout-Methode

Eine der effektivsten Methoden für das Aurasehen ist die Whiteout-Methode. Ein einziger Versuch reicht bei dieser Methode normalerweise aus, um die Aura voll in den Blick zu bekommen. Bevor die Aura tatsächlich sichtbar wird, entsteht bei der Anwendung dieser Methode eine optische Täuschung, »Whiteout-Effekt« genannt, die hervorgerufen wird, wenn man die Stirn der betrachteten Person fokussiert und sich das periphere Sehen dann erweitert. Der Whiteout-Effekt dauert im allgemeinen nur kurz an und ist dadurch charakterisiert, daß sich um die Versuchsperson herum ein milchigweißes Feld ausdehnt. Fast immer geht ein mental passiver, tief entspannter Zustand mit dem Whiteout-Effekt einher. Wenn er verschwindet, erscheint spontan die Aura im Blick. Die Aufmerksamkeit kann sich dann direkt auf die Aura und ihre Merkmale, wie Färbung, Struktur, Größe und Formung richten.

Für diese Methode empfehlen wir entweder natürliches Tageslicht oder sanfte, indirekte Beleuchtung, wobei sich die betrachtete Person etwa drei Meter vom Betrachter und etwa 60 Zentimeter von einer naturweißen, nicht glänzenden Wand oder Abschirmung als Hintergrund entfernt aufhalten sollte. Das folgende Verfahren in vier Schritten erfordert nur wenige Sekunden, um die Aura sichtbar zu machen.

Schritt 1: Körperliche Entspannung. Entspannen Sie sich körperlich mit Hilfe einer einfachen dreistufigen Technik, »Körperscan« genannt: 1. Schließen Sie die Augen, und tasten Sie mental Ihren Körper ab, wobei Sie bei der Stirn beginnen und nach unten hin fortfahren; 2. stellen Sie sich vor, daß die Entspannung ein sanftes Strahlen ist, das beim Abtasten entsteht und schließlich Ihren ganzen Körper umhüllt; 3. sagen Sie im stillen zu sich: *Ich bin jetzt ganz entspannt.*

Schritt 2: Der Whiteout. Richten Sie Ihren Blick fest auf die Stirn der Person, deren Aura Sie sehen wollen, und erweitern Sie langsam Ihr peripheres Sehen, um die gesamte Umgebung der betreffenden Person mit einzubeziehen. Wenn Ihr peripheres Sehen seine Grenzen erreicht, erlauben Sie Ihren Augen, sich ein wenig zu entspannen und den direkten Fokus loszulassen. Sie werden jetzt den »Whiteout-Effekt« erleben, eine Erscheinung, bei der die Umgebung Ihrer Person einen milchig-weißen Schimmer annimmt.

Schritt 3: Fokussieren. Fokussieren Sie Ihren Blick wieder, und konzentrieren Sie Ihre ganze Aufmerksamkeit auf die Stirn Ihrer Testperson. Die Aura wird fast unmittelbar danach zu sehen sein.

Schritt 4: Aurasehen. Sie sind jetzt darauf vorbereitet, die Aura zu betrachten und Ihre Aufmerksamkeit auf die Farbgebung und andere Merkmale zu konzentrieren. Sollten Ihre Augen beim Betrachten müde werden, schließen Sie sie einen Augenblick, oder richten Sie kurz Ihren Blick in eine andere Richtung, und schauen Sie in die Ferne. Sollte die Aura beim Betrachten zu verblassen beginnen, schließen Sie kurz Ihre Augen, und wiederholen Sie die Übung.

Außer zum Aurasehen kann die Whiteout-Methode leicht modifiziert auch bei der Hypnose eingesetzt werden, um die Trance zu induzieren. Hierbei bildet ein glänzender Gegenstand, wie eine Messingheftzwecke, die an der Decke oberhalb der liegenden Testperson angebracht ist, einen geeigneten Konzentrationspunkt. Nach einer kurzen Entspannungsphase konzentriert sich die zu hypnotisierende Person auf die Heftzwecke und erweitert dann langsam ihr peripheres Sehen, um den Whiteout-Effekt herbeizuführen. Wenn der Whiteout eingetreten ist, schließt die Person die Augen und erhält dann Suggestionen von Tiefe und Schläfrigkeit. Andere ausgewählte vertiefende Techniken, wie Rückwärtszählen und geeignete Imagination, können anschließend eingesetzt werden, um den Trance-Zustand auf die gewünschte Ebene zu vertiefen.

Unsere Darstellung der Whiteout-Methode wäre unvollständig, wenn wir nicht erwähnen würden, daß sie als Hilfsmittel bei der Erforschung des Weiterlebens im immateriellen Bereich angewendet wird. Oberflächlich betrachtet mag der Einsatz der Methode in diesem Zusammenhang weit hergeholt erscheinen. Aber wenn unsere Existenz als eine Einheit mit Lebenskraft sich in der nichtkörperlichen Dimension fortsetzt, dann bekommt der Ansatz, diese Dimension mit Hilfe von Aurabetrachtungstechniken zu erforschen, eine größere Bedeutung und wird tatsächlich zu einer überzeugenden Option.

Erscheinungen von Fortbestehen im immateriellen Bereich können als ein Verschmelzungsprozeß erklärt werden, bei dem zwei oder mehr Energiedimensionen sich berühren oder interagieren. Immaterielle Phänomene sind immer zweckgerichtet und potentiell stärkend, ob sie spontan auftreten oder gezielt herbeigeführt werden. Allein schon nicht-körperliche Manifestationen zu erleben kann erleuchtend sein, weil sie bestätigen, daß wir nach unserem Übergang zur anderen Seite als bewußte Entitäten mit intakter Identität weiterleben. Von noch größerer Bedeutung ist, daß Begegnungen mit dem immateriellen Bereich völlig neue Kanäle für persönliches Wachstum und Erfüllung öffnen können.

Bei der Erforschung nicht-körperlicher Manifestationen, besonders vor dem Hintergrund einer langen Vorgeschichte mit visuellen sensitiven Erfahrungen, kann die Whiteout-Methode, richtig angewendet, nicht-körperliche Energiemanifestationen direkt sichtbar machen – ein Phänomen, das »interdimensionale Materialisation« genannt wird. Obwohl die nachfolgende Darstellung von unserem Thema, den Techniken zum Aurasehen, erheblich abweicht, halten wir sie dennoch für unsere Erörterung für bedeutsam, denn sie erforscht, wenn auch recht detailliert, die Wirksamkeit der Whiteout-Technik bei der Untersuchung anderer Dimensionen mit aura-ähnlichen Energiemanifestationen.

Die innovative Anwendung der Whiteout-Technik als ein Hilfsmittel bei der interdimensionalen Materialisation wurde von einer Gruppe von 40 Studenten beschrieben, die an einem experimentellen parapsychologischen Kurs am *Athens State College* (jetzt *Athens State University*) in Alabama teilgenommen haben. In dem Kurs ging es auch um die Erforschung einer Legende, bei der es sich um die immer wiederkehrende Erscheinung einer jungen Frau auf dem Campus handelt, die oft beobachtet wurde. Den Berichten zufolge hielt sie spät in der Nacht Wache vor einem Fenster im dritten Stock der *McCandless Hall*, einem neoklassizistischen Gebäude, in dem die Bereiche Kunst, Musik und Theater untergebracht waren. Die Legende besagt, daß eine schöne junge Schauspielerin mit dem Künstlernamen Abigail im Auditorium der Halle in der Oper *La Traviata* kurz nach der Errichtung des Gebäudes um die Jahrhundertwende auftrat. Nach einer glänzenden Vorstellung trat die junge Schauspielerin, die ein weißes Kleid trug und einen Strauß roter Rosen hielt, nach dem letzten Vorhang vor das begeisterte Publikum und versprach, bei ihrer emotionalen Verabschiedung, zurückzu-

kehren. Anschließend begab sie sich zusammen mit der Opern-
truppe in die stürmische Nacht auf die weite Reise zu ihrem nächsten Engagement.

Der Legende nach fand ihre Reise ein tragisches Ende. Gegen
Mitternacht geriet die Gruppe in ein schweres Gewitter. Ihre von
Pferden gezogene Kutsche, die wegen der nicht nachlassenden Kraft
des Windes und des starken Regens bebte, schwankte hin und her.
Nur hin und wieder ermöglichten Blitze, die tückische Straße vor
sich zu sehen. Als die Karawane sich einer schmalen Brücke näherte,
sprangen die Pferde, aufgeschreckt von einem plötzlichen Blitz und
Donner, davon und machten sich von der Kutsche los. Die Kutsche
raste nun unkontrolliert dahin, schleuderte über die Brücke und
stürzte auf die darunterliegenden Felsen. Die tödlich verwundete
Sängerin wurde aus dem Wrack gezogen. Sie trug noch das weiße
Kleid, hielt den Strauß roter Rosen und flüsterte: »Ich muß noch ein
Versprechen einlösen. Ich muß noch einmal zurück.«

Bis weit in die langen Wintermonate, die ihrem Tod folgten,
wurde die geisterhafte Erscheinung einer schlanken jungen Frau,
deren goldenes Haar im Mondlicht glänzte, an einem Fenster im
dritten Stock der *McCandless Hall* gesehen. In Weiß gekleidet, mit
einem Strauß roter Rosen im Arm, erschien sie nur für jeweils kurze
Zeit, bevor sie in der Dunkelheit verblaßte. Die Sichtungen setzten
sich durch die Jahre hindurch fort – eine schöne, aber ernste junge
Frau in strahlendes Licht gehüllt, die treu Wache hielt.

Um die Hintergründe dieser wiederkehrenden Erscheinung abschließend zu untersuchen, versammelten sich die Teilnehmer des
Parapsychologie-Kurses gegen Mitternacht im dritten Stock der
McCandless Hall im Kunststudio, wo die Gestalt der jungen Frau
häufiger gesehen worden war. Nach einer kurzen Schweigemedita-
tion bezeugten mehrere Studenten in der Gruppe übereinstimmend
eine leichte und zarte Erscheinung – eine schöne junge Frau, die in
der Nähe des Fensters im Schatten stand. Die übrigen Studenten
wurden angewiesen, die Whiteout-Technik anzuwenden, um sich
die Erscheinung sichtbar zu machen. Mit dem Fenster als Fokus
erweiterten sie ihr peripheres Sehen, um von dem Raum soviel wie
möglich wahrzunehmen, woraufhin die Erscheinung von Abigail,
die immer noch am Fenster stand, allen 40 Studenten sofort sichtbar
wurde.

Während des anschließenden Austauschs bestätigten sich viele
Details der Legende, zugleich ergaben sich einige aufschlußreiche

neue Informationen. Wie sich herausstellte, war das Versprechen der Sängerin wiederzukommen, nicht nur durch ihre Beziehung zu den Bewohnern der Stadt motiviert. Mittels Tischerücken, einer Technik, bei der ein leichter Tisch durch Klopfbewegungen Fragen der Gruppe beantwortet, kommunizierte sie mit der Gruppe und gab zu, daß sie sich in den jungen Rechtsanwalt der Stadt verliebt hatte. Während ihres kurzen Besuchs in der Stadt hatten sie sich heimlich im Kunstraum getroffen, wohin sie nach ihrem Tod fast ein Jahrhundert lang immer wieder zurückgekehrt ist. Gegen Ende der Sitzung sondierte die Gruppe zusammen mit Abigail die Wachstumsmöglichkeiten im immateriellen Bereich, wonach die leuchtende Erscheinung langsam der Sicht entschwand.

Nach dieser Begegnung wurde Abigail durch die Medien einschließlich der überregionalen Boulevardpresse populär gemacht. Berichte über die Legende erschienen in Zeitschriften und sogar in einem College-Lehrbuch. Im Laufe der Jahre wurde sie zum Gegenstand zahlreicher Untersuchungen, von denen einige absichtlich recht plump konzipiert waren, um die Legende zu widerlegen und sie aus der Geschichte zu verbannen. Aber als ob sie weitere ernstgemeinte Untersuchungen des Unbekannten herausfordern wollte, tauchte die Erscheinung weiterhin auf, immer in den späten Abendstunden und besonders am 12. November, offenbar dem Jahrestag ihres Todes. Noch heute kann ein neuer Student oder ein Gast auf dem Campus, dem die Legende gar nicht bekannt ist, berichten, daß er das leuchtende Bild einer schönen jungen Frau gesehen hat, deren Haar im Mondlicht glitzerte und die an einem Fenster im dritten Stock der *McCandless Hall* stand.

Gewissermaßen als Fußnote sei angemerkt, daß kurz nach Abigails Tod ein Baum zu ihrer Erinnerung gepflanzt worden war, der ein paar Meter neben dem Bühneneingang des McCandless-Auditoriums steht (Abbildung 1). Diese mittlerweile riesige Buche bleibt ein konkreter Beweis für die anhaltende Zuneigung einer Stadt für die talentierte Sängerin und eine stille Erinnerung daran, daß man, nachdem alles gesagt und getan ist, eine Legende nicht töten kann.

Die Wirksamkeit der Whiteout-Methode bei der Erforschung der immateriellen Dimension sowie beim Betrachten der menschlichen Aura legt nahe, daß diese zwei Energiephänomene eine gemeinsame kosmische Energiequelle haben und sich in der zugrundeliegenden Dynamik ähneln. Die Whiteout-Technik scheint den kosmischen Vorhang beiseite zu ziehen und neue Energiedimensionen zum Vor-

Abbildung 1. McCandless Hall, Athens State University. Die Erscheinung einer jungen Frau, die man für Abigail hält, ist immer noch an einem Fenster im dritten Stock dieses stattlichen Gebäudes zu sehen. Der Legende nach ist die Buche links vom Gebäude ihr zu Ehren kurz nach ihrem Tod um die Jahrhundertwende gepflanzt worden (Foto: Patricia A. Howell).

schein zu bringen. Auch wenn kosmische Energie Transformationen, Übergänge und Wandel erfährt, geht sie niemals verloren. Für das Konzept der Stärkung des sensitiven Potentials sind nicht-körperliche Phänomene, wie die Aura selbst, bedeutungsvolle Energiemanifestationen höchsten kosmischen Ranges. Die Untersuchungen dieser Phänomene können wichtige Erkenntnisse über die Beschaffenheit unserer gegenwärtigen Existenz und unserer zukünftigen Bestimmung zutage fördern, nicht nur im Hinblick auf unser Weiterleben, sondern auch in bezug auf unser unendliches Wachsen.

Es überrascht vielleicht nicht, daß die Whiteout-Methode, ebenso wie andere Methoden zum Aurasehen, eingesetzt werden kann, um Veränderungen in der Aura zu überwachen, die sich bei außerkörperlichen Erfahrungen und anderen veränderten Bewußtseinszuständen ereignen. Diese Anwendungsmöglichkeiten erfordern es im allgemeinen, daß die Aura unmittelbar vor, während und nach der Übung betrachtet wird. Den Einfluß verschiedener veränderter Zustände auf die menschliche Aura werden wir später untersuchen.

Die Brennpunkt-Methode

Die Brennpunkt-Methode setzt ähnliche Bedingungen voraus wie die Whiteout-Methode und ist besonders denjenigen zu empfehlen, die Schwierigkeiten haben, in einer Aura die Farben zu sehen. Empfohlen wird natürliches oder sanftes indirektes Licht:

Schritt 1: Vorbereitungen. Ihre Versuchsperson stellt sich in etwa 60 Zentimeter Entfernung vor einem naturweißen, nicht glänzenden Schirm als Hintergrund auf. Befestigen Sie an dem Schirm einen kleinen glänzenden Gegenstand, z. B. einen Reißnagel oder einen selbstklebenden Punkt oder Stern, und zwar etwa zehn Zentimeter links oder rechts oben neben Ihrer Testperson. Der glänzende Gegenstand muß so groß sein, daß er aus einer Distanz von mindestens drei Metern noch klar zu erkennen ist.

Schritt 2: Entspannung. Stellen Sie sich etwa drei Meter von Ihrer Versuchsperson entfernt hin, schließen Sie Ihre Augen, atmen Sie einige Male tief ein, und lassen Sie alle Gedanken, die Ihnen durch den Kopf gehen, los.

Schritt 3: Das Starren. Sehen Sie, wenn Sie sich ein wenig entspannt haben, den glänzenden Gegenstand an, den Sie hinter der Versuchsperson am Schirm befestigt haben. Betrachten Sie ihn so lange, bis ein weißliches Leuchten um die Person herum sichtbar wird, was im allgemeinen nach wenigen Sekunden der Fall ist. Konzentrieren Sie sich weiterhin auf den glänzenden Gegenstand, bis das weißliche Leuchten um Ihre Versuchsperson herum Farbe annimmt.

Schritt 4: Aurasehen. Lenken Sie, wenn Sie Farbe in der Aura sehen, Ihre Aufmerksamkeit von dem glänzenden Gegenstand weg und direkt zur Aura hin. Beobachten Sie ihre unterschiedlichen Merkmale. Wenn die Aura während des Betrachtens anfangen sollte zu verblassen, kehren Sie mit Ihrer Aufmerksamkeit wieder zu dem glänzenden Gegenstand zurück und wiederholen die Übung. Falls Ihre Augen während der Übung müde werden, schließen Sie sie kurz, oder schauen Sie einen Augenblick lang in die Ferne, bevor Sie wieder die Aura in den Blick nehmen.

Die Dreiecksmethode

Die Dreiecksmethode ist eine der am häufigsten verwendeten Techniken zum Aurasehen, weil sie nicht nur sehr wirksam die ganze Aura sichtbar werden läßt, sondern positive Wechselwirkungen zwischen dem Betrachter und dem Betrachteten anregt. Personen, die mit Hilfe dieser Methode betrachtet werden, wirken im allgemeinen entspannter und offener als bei der Betrachtung mit anderen Methoden, vielleicht weil es bei dieser Methode nicht nötig ist, daß die Person oder ein einzelner Punkt im Hintergrund über eine längere Zeit angestarrt wird. Die Methode arbeitet mit Augenbewegungen zwischen drei markierten Punkten auf einem Schirm im Hintergrund, so daß im Geiste ein Dreieck errichtet wird. Daraufhin kommt die Aura in den Blick, zuerst um den Kopf und die Schultern der Versuchsperson, dann am ganzen Körper.

Die äußeren Voraussetzungen für die Dreiecksmethode sind ähnlich denen der anderen Methoden. Wir empfehlen sanfte, indirekte Beleuchtung und einen naturweißen, matten Hintergrund:

Schritt 1: Vorbereitungen. Ihre Versuchsperson stellt sich in etwa 60 Zentimeter Entfernung vor dem Schirm auf, und Sie kennzeichnen auf dem Schirm die drei Eckpunkte eines Dreiecks mit Aufklebern. Ein Punkt wird einige Zentimeter oberhalb des Kopfes angeklebt, zwei Punkte werden in Höhe der Taille rechts und links einige Zentimeter vom Körper entfernt angebracht.

Schritt 2: Körperscan. Begeben Sie sich in einen Abstand von etwa drei Metern zu Ihrer Versuchsperson, und führen Sie einen Körperscan durch, indem Sie für einen Moment Ihre Augen schließen, im Geiste Ihren Körper von oben bis unten abtasten und dabei jegliche Spannungen lösen.

Schritt 3: Dreieckserrichtung. Öffnen Sie Ihre Augen, und konzentrieren Sie Ihre ganze Aufmerksamkeit auf den Klebepunkt oberhalb des Kopfes Ihrer Versuchsperson. Starren Sie diesen Punkt einige Augenblicke lang an, und lenken Sie Ihre Aufmerksamkeit dann zu dem Klebepunkt links neben der Person. Betrachten Sie diesen Punkt wiederum einige Augenblicke lang, und bringen Sie dann Ihre Aufmerksamkeit zu dem Klebepunkt rechts von der

Person. Schauen Sie auch diesen Punkt einige Augenblicke an, bevor Sie das Dreieck vervollständigen, indem Sie Ihre Aufmerksamkeit wieder zum Anfangspunkt – oberhalb des Kopfes – zurückbringen. Schauen Sie diesen Punkt so lange an, bis die Aura in Ihren Blick kommt. Normalerweise geschieht das innerhalb weniger Sekunden. Beachten Sie: Einige Betrachter werden die Aura schon in einem frühen Stadium dieser Dreiecksübung sehen.

Schritt 4: Aurasehen. Nehmen Sie Ihren Blick von dem Klebepunkt oberhalb der Versuchsperson, und konzentrieren Sie Ihre Aufmerksamkeit direkt auf die Aura. Achten Sie auf besondere Auramerkmale oder Bereiche, die sehr aktiv sind oder sich sonst irgendwie hervorheben. Sollte die Aura verblassen, während Sie schauen, konzentrieren Sie Ihre Aufmerksamket wieder auf den Punkt oberhalb des Kopfes, und wiederholen Sie die Dreiecksübung.

Schritt 5: Mediale Aufnahmebereitschaft. Achten Sie auf die sensitiven Eindrücke, besonders Hellsichtigkeit, die bei dieser Methode oft auftreten.

Viele unserer Aurabetrachter haben festgestellt, daß mit ein wenig Übung bei dieser Methode die Klebepunkte auf dem Hintergrund auch durch imaginierte Punkte ersetzt werden können.

Bevor wir die Dreiecksmethode zum Aurasehen entwickelten, haben wir in Untersuchungen herausgefunden, daß allein schon das Schließen der Augen und die mentale Errichtung eines Dreiecks durch Augenbewegungen das Dritte Auge stimulieren kann – ein Energiezentrum, das mit Hellsichtigkeit und Fernwahrnehmung in Zusammenhang gebracht wird. Im Rahmen des Experiments konnten die Testpersonen ihre Genauigkeit beim Hellsehen oder der Fernwahrnehmung mehr als verdoppeln, wenn die mentale Dreiecksmethode angewendet wurde. Unsere Untersuchungen legen außerdem nahe, daß ein Aktivieren des Dritten Auges mit Hilfe dieser Technik einen »Dominoeffekt« bewirkt, bei dem zusätzlich Telepathie und Präkognition stimuliert wurden. In späteren Untersuchungen stellten wir fest, daß die sensitiven Fähigkeiten unserer Testpersonen sich signifikant steigerten, wenn sie vorher mit Hilfe der Dreiecksmethode die Aura betrachtet hatten. Wegen ihrer offensichtlich stimulierenden Wirkung und der Kettenreaktion gilt die

Dreiecksmethode als ein ausgezeichnetes Hilfsmittel zur Entwicklung medialer Fähigkeiten.

Die Dreiecksbildung mit den Händen

Die Dreiecksbildung mit den Händen ist eine weitere sehr wirksame
Technik, um sowohl die Aura zu sehen als auch zutreffende sensitive
Wahrnehmungen, besonders Präkognition, hervorzurufen, die mit
dem Betrachteten in Zusammenhang stehen. Ein wesentlicher Vor-
zug dieser Methode besteht darin, daß sie zum Aurasehen kein klar
angeordnetes Umfeld benötigt und die Aura der betrachteten Person
aus großer Entfernung wahrgenommen werden kann. Gehen Sie
folgendermaßen vor:

Schritt 1: Dreiecksbildung. Errichten Sie mit Ihren Händen ein
Dreieck, indem Sie zuerst die Spitzen Ihrer Daumen zusammenbringen und damit die Basis eines Dreiecks bilden. Bilden Sie
dann mit den Spitzen Ihrer Zeigefinger die Spitze des Dreiecks.

Schritt 2: Rahmenanpassung. Benutzen Sie Ihr Dreieck als einen
Rahmen, durch den hindurch Sie Ihre Testperson betrachten.
Passen Sie den Rahmen an, indem Sie Ihre Hände vor- und zu-
rückbewegen, bis Sie die Distanz gefunden haben, die Ihnen zur
Betrachtung Ihrer Testperson den idealen Ausschnitt bietet.

Schritt 3: Aurasehen. Beobachten Sie Ihre Versuchsperson durch
das Dreieck, bis – normalerweise innerhalb weniger Sekunden –
die Aura erscheint. Entfernen Sie das Dreieck, indem Sie die
Hände langsam voneinander lösen und sie entspannen. Sie können jetzt die Aura in ihrer ganzen Größe betrachten oder sich auf
bestimmte Merkmale oder Bereiche besonderer Aktivität konzentrieren. Sollte die Aura anfangen zu verblassen, wiederholen Sie
das Verfahren.

Schritt 4: Mediale Aufnahmebereitschaft. Achten Sie auf die sensitiven Eindrücke, besonders Präkognition, die während des Betrachtens oft spontan auftreten.

Die Methode des Hineingehens

Die Aura ist eine sehr expansive Energieerscheinung. Sie umhüllt den Körper, strahlt in alle Richtungen aus und bildet dabei konzentrische Energiezonen mit genauen Kanten oder Rändern als Grenzen unterschiedlicher Energiebereiche. Da die Energiezonen sich über den physischen Körper und seinen energetisierenden Kern hinaus ausdehnen, nimmt ihre Intensität normalerweise allmählich ab. Der Bereich, der dem physischen Körper am nächsten ist, weist die höchste Energiekonzentration auf. Weil sich die Energie nach außen hin immer weiter ausbreitet, sind die äußeren Bereiche der Aura sogar für das bloße Auge eines geübten Aurabetrachters nicht zu sehen.

Obwohl insgesamt sieben äußere Energiezonen die menschliche Aura kennzeichnen sollen, breitet sich die äußere Aura-Energie wahrscheinlich grenzenlos aus. Die Anwendung von Techniken, die die verschiedenen Zonen und ihre Grenzen erforschen, legt nahe, daß die äußerste Region, im Gegensatz zu der ganz innen gelegenen, keine äußere Begrenzung hat, sich deshalb also möglicherweise unendlich ausdehnt.

Die Methode des Hineingehens ist eine interaktive Methode zum Aurasehen, die den Betrachter immer weiter in die Energiezonen der Versuchsperson hineinführt, bis die Aura sichtbar wird. Die Methode beachtet die Existenz mehrerer konzentrischer Aurazonen, die einen Menschen umgeben, sowie die abnehmende Intensität der Energie in den Zonen, die vom physischen Körper weiter entfernt sind. Wenn der Betrachter bewußt in das Energiefeld der Versuchsperson »hineingeht«, kann es zu einer Interaktion zwischen den beiden Aurasystemen kommen, wobei die äußeren, diffuseren Aurazonen der Versuchsperson dem Betrachter helfen, die intensiveren Bereiche zu sehen, die sich näher am physischen Körper befinden.

Für diese Betrachtungsmethode empfehlen wir entweder natürliches Tageslicht oder gedämpfte, indirekte Beleuchtung. Die Person, deren Aura betrachtet werden soll, sollte sich etwa 60 Zentimeter vor einem naturweißen Schirm als Hintergrund befinden.

Schritt 1: Aurafeld-Interaktion. Stellen Sie sich im Abstand von etwa sechs Metern zu Ihrer Versuchsperson auf. In dieser Entfernung befinden Sie sich wahrscheinlich in dem wahrnehmbaren

Energiefeld Ihrer Versuchsperson. Schließen Sie kurz Ihre Augen, und achten Sie auf jedes Anzeichen einer energetischen Interaktion zwischen Ihrem Energiefeld und dem Ihrer Versuchsperson.

Schritt 2: Die erste Annäherung. Betrachten Sie Ihre Testperson, und gehen Sie langsam drei oder vier Schritte vorwärts, wobei Sie auf Veränderungen in den Wechselwirkungen der Energie achten. Während Sie sich besonders auf die Kopf- und Schulterregion Ihrer Versuchsperson konzentrieren, achten Sie auf jede sichtbare Manifestation der Aura, wie Farbgebung oder Helligkeit.

Schritt 3: Weitere Annäherungen. Wiederholen Sie Schritt 2, bis die Aura klar in den Blick kommt. Wenn sie einmal sichtbar wird, werden Sie den richtigen Abstand finden müssen, damit Sie die Aura in Ihren Fokus bekommen. Gehen Sie einige Schritte vor oder zurück, bis Sie die ideale Entfernung gefunden haben.

Schritt 4: Aurasehen. Wenn Sie die ideale Distanz für Ihre Betrachtung gefunden haben, konzentrieren Sie Ihre Aufmerksamkeit auf die Aura und ihre verschiedenen Merkmale.

Diese Methode funktioniert ähnlich wie ein Stereoskop oder ein magisches Auge; es muß jeweils die Entfernung des Gegenstands, der betrachtet wird, angepaßt werden, damit man eine ideale, dreidimensionale Betrachtungsdistanz erreicht. Für den normalen Aurabetrachter beträgt die ideale Entfernung für das Sehen der menschlichen Aura 2,5 bis 3,5 Meter. Dieser Abstand kann aber beträchtlich variieren. Selbst bei der gleichen Person wird sich bei mehreren Betrachtungen die ideale Entfernung jeweils ändern. Diese Variationen sind wahrscheinlich auf mehrere Faktoren zurückzuführen, u. a. den aktuellen mentalen und physischen Zustand von Betrachter und Betrachtetem sowie auf das gegebene Umfeld.

Wir werden in einem späteren Kapitel erfahren, daß die Zonen und die jeweilige Intensität der Aura-Energie mit Hilfe einer Technik untersucht werden können, zu der wir eine Wünschelrute aus Metall benötigen. Man kann die Ränder jeder Zone, mit Ausnahme der entferntesten Zone, die endlos auszustrahlen scheint, identifizieren und eine Karte der Aurazonen erstellen. Wenn die Karte in einem geeigneten Maßstab erstellt wurde, kann sie ein umfassendes Bild der konzentrischen Zonen und ihrer Merkmale liefern. Den

Einsatz einer Wünschelrute zur Identifizierung von Bereichen, in denen die Aura Störungen aufweist, beschreiben wir ebenfalls in einem späteren Kapitel.

Weil das Aurasystem ein ausgedehntes Energiefeld besitzt und darüber hinaus über die Fähigkeit verfügt, Energie zu erzeugen und zu verteilen, sollte es nicht überraschen, wenn wir feststellen, daß planmäßig Energiekonzentrationen gebildet und zu ausgewählten Zielen weitergeleitet werden können, u. a. auch zu anderen Aurasystemen, die sich in beträchtlicher räumlicher Entfernung befinden. Beispiele für diese Art des bewußten Eingreifens, das wir später eingehender behandeln werden, sind die zahlreichen Fälle von Geistheilung, bei denen die Energie vom Aurasystem des Heilers zu dem des Empfängers direkt übertragen zu werden scheint.

Die Methode der sensitiven Wahrnehmung

Die Methoden zum Aurasehen, die wir bis jetzt besprochen haben, waren überwiegend Techniken, die die visuelle Wahrnehmung einsetzen. Wir haben Verfahren untersucht, die speziell dazu entwickelt wurden, den Mechanismus unserer Augen so an die Energien des Aurasystems anzupassen, daß die Aura für das menschliche Auge sichtbar wird. Dabei haben wir festgestellt, daß die Aktivierung unserer medialen Fähigkeiten ein häufiger Nebeneffekt dieser Methoden ist, wenn die Aura einmal sichtbar geworden ist. Wir haben entdeckt, daß schon das Aurasehen eine hervorragende Methode ist, um unsere sensitiven Fähigkeiten zu üben und wichtige Informationen zu erlangen, die uns auf anderem Wege nicht zugänglich sind. Selbst verdrängte Erfahrungen oder Triebkräfte, die tief im Unterbewußtsein gespeichert sind, zeigen sich oft während einer Aurabetrachtung.

Das Aurasehen kann unsere medialen Fähigkeiten aktivieren, und umgekehrt können wir auch unsere medialen Fähigkeiten nutzen, um die Aura zu sehen. Die Methode der sensitiven Wahrnehmung ist eine Technik, die das Aurasehen von sinnlicher Wahrnehmung unabhängig machen soll. Diese Methode ist eher subjektiv, da sie nicht nur beim Wahrnehmen der Aura, sondern auch bei der Ermittlung der geistigen Information von unseren medialen Fähigkeiten abhängt. Viele geübte Aurabetrachter verwenden diese Methode in Verbindung mit anderen direkteren Methoden zum Aurasehen, und zwar aufgrund ihrer Fähigkeit, zusätzliche wichtige Informationen zutage zu fördern.

Weil die Methode relativ wenig systematisiert ist, kann sie in vielen unterschiedlichen Situationen eingesetzt werden. Sie setzt voraus, daß wir uns im Energiefeld der betreffenden Person, aber nicht notwendigerweise in unmittelbarer Nähe zu ihr befinden. Es ist fraglich, ob diese Technik bei Entfernungen von mehr als sechs Metern brauchbar ist, sofern sie nicht von sehr erfahrenen Auraspezialisten angewendet wird.

Viele Medien setzen diese Methode während einer medialen Beratung bewußt ein, weil sie ihre Spontaneität sowie die Tatsache schätzen, daß sie zurückhaltend ist. Statt aktiv die innersten Gedanken oder Gefühle der Person zu erforschen, können wir mit ihrer Hilfe die externen Energiemanifestationen sensitiv wahrnehmen, die wie viele unserer anderen physischen Merkmale immer präsent sind, so daß andere sie sehen und auf sie reagieren können. Gehen Sie folgendermaßen vor:

Schritt 1: Mediale Empfänglichkeit. Stellen Sie einen Zustand medialer Aufnahmebereitschaft her, indem Sie mit geschlossenen Augen aktiv die Aura-Energien Ihrer Versuchsperson erspüren und dabei den Merkmalen Intensität, Frequenz und positive oder negative Wertigkeit besondere Aufmerksamkeit schenken, sobald sie mit Ihrem eigenen Aurasystem in Berührung kommen.

Schritt 2: Energetische Interaktion. Nehmen Sie die Wechselwirkung Ihrer Energien mit denen Ihrer Versuchsperson wahr. Achten Sie besonders auf ungewöhnliche Erscheinungen im Energiefeld Ihrer Versuchsperson, wie Turbulenzen, Unausgewogenheiten oder Schwachstellen.

Schritt 3: Imagination von Mustern. Lassen Sie es zu, daß geistige Bilder von Energiemustern, wie z. B. Brüche und Risse in der Aura, die energetischen Interaktionen begleiten. Machen Sie sich ein umfassendes geistiges Bild vom Energiemuster der Aura.

Schritt 4: Farbimagination. Lassen Sie es zu, daß Bilder von der Farbgebung der Aura auftauchen. Nehmen Sie die bei Ihnen ankommenden Schwingungen und ihre Farbcharakteristiken wahr. Ihr medialer Geist besitzt die wundervolle Fähigkeit, Aura-Energiefrequenzen den entsprechenden Farben zuzuordnen.

Schritt 5: Die ganze Aura. Verbinden Sie Ihre Eindrücke der Energiemuster und Farbcharakteristika miteinander, damit Sie sich im Geist ein Bild von der ganzen Aura Ihrer Testperson machen können. Schenken Sie den sensitiven Wahrnehmungen, die diesen Vorgang begleiten, besondere Aufmerksamkeit.

Wenn Sie diesen Prozeß abgeschlossen haben, möchten Sie vielleicht die Aura Ihrer Versuchsperson direkt sehen. Dies können Sie mit Hilfe einer der oben genannten objektiveren Methoden tun, so daß Sie Ihre sensitiven Wahrnehmungen einschätzen können.

Einige sehr geübte Auraseher benutzen eine Variante dieser Methode, um die Auren Ihrer Versuchspersonen auch aus großer Entfernung wahrnehmen zu können, z. B. sogar über Telefon oder Internet. Wenn sich die Energien der Aura tatsächlich bis in die Unendlichkeit ausdehnen, würde daraus folgen, daß räumliche Entfernung eine Aura-Interaktion nicht notwendigerweise verhindert. Es leuchtet jedoch ein, daß nur sehr sensitive und erfahrene Auraspezialisten eine derartige Wechselwirkung spüren und die Aura aus großer Entfernung sensitiv wahrnehmen können.

Die Methode der unterschwelligen Wahrnehmung

Eine Variante der Methode der sensitiven Wahrnehmung ist die Methode der unterschwelligen Wahrnehmung. Diese Technik basiert auf der Annahme, daß wir bestimmte Reize, u. a. die menschliche Aura, auf einer Ebene wahrnehmen und auf sie reagieren, die unterhalb unserer bewußten Wahrnehmungsschwelle liegt – ein Phänomen, das »unterschwellige Wahrnehmung« genannt wird. Im Gegensatz zur sensitiven erfolgt bei der unterschwelligen Wahrnehmung eine Sinnesreizung, die unbewußt wahrgenommen und interpretiert wird. Auf die menschliche Aura angewendet, bedeutet dies, daß wir die Aura physiologisch spüren, sie aber nur auf der unbewußten Ebene wahrnehmen und entsprechend auf sie reagieren. Obwohl die unterschwellige Wahrnehmung eine Funktion des Unbewußten ist, kann sie einen starken Einfluß auf unsere bewußte

Wahrnehmung und unser Verhalten ausüben. Das Ziel dieser Methode besteht darin, uns unsere unbewußten Wahrnehmungen von Aura-Energien bewußtzumachen.

Die unterschwellige Wahrnehmung von Aura-Energien wird von der sogenannten »Chemie« oder dem »Draht« unterstützt, die oder den wir oft in unseren Beziehungen zu anderen Menschen oder Gruppen erfahren. Obwohl diese Phänomene als direkte Wechselwirkung zweier Aurasysteme erklärt werden könnten, resultieren sie möglicherweise auch aus der unbewußten Wahrnehmung der Aura eines Menschen, mit dem wir in Kontakt treten. Nur wenn wir uns unsere unbewußte Wahrnehmung bewußtmachen, können wir unser Verhalten anderen gegenüber erklären.

Die Bedeutung unserer unterschwelligen Wahrnehmung beim Aurasehen wird auch durch unsere Reaktion auf nicht-organische – wenn auch ausgezeichnete – Imitationen lebender Objekte, wie künstliche Pflanzen oder lebensechte Tiermodelle, gestützt. Obwohl viele dieser leblosen Gegenstände ihren Vorbildern täuschend ähneln, nehmen wir sie möglicherweise wegen der fehlenden Aura anders wahr. Ähnliches gilt für ausgezeichnet nachgebildete menschliche Gestalten, wie die Wachsfiguren berühmter Persönlichkeiten. Sie können in jedem sichtbaren Detail lebensecht sein, wir nehmen sie aber als leblos wahr, weil ihnen die Aura fehlt. Wenn es möglich wäre, ein Verfahren zu entwickeln, mit dessen Hilfe wir künstlichen Gestalten aura-ähnliche Energien eingeben könnten, könnten diese durchaus zu völlig lebensechten Erscheinungen werden. Möglicherweise eignen sich Techniken, wie wir sie bei der Elektrofotografie benutzen. Indem wir eine lichtabstrahlende elektrische Ladung um die Gestalt herum erzeugen, damit es zu einer Korona-Entladung kommt (wie bei der Elektrofotografie), könnten wir vielleicht die Aura simulieren und die nachgebildete Gestalt mit wirklich überzeugenden lebensnahen Eigenschaften ausstatten. Die gleiche Methode ließe sich auch bei anderen Nachbildungen von Lebewesen anwenden, außerdem bei Nachbildungen von prähistorischen Pflanzen und Tieren in Museen, damit sie lebensnäher wirken.

Die Methode der unterschwelligen Wahrnehmung dient vor allem dazu, sich unterschwellige Wahrnehmungen der Aura bewußtzumachen. Die Methode geht davon aus, daß unsere unbewußten Wahrnehmungen der Aura unsere Eindrücke und unsere Interaktionen mit der betreffenden Person beeinflussen. Wenn wir diese unterschwelligen Einflüsse aufdecken, können wir unsere Kenntnisse über den anderen Menschen erweitern und eine größere Kontrolle über die unbewußten Vorgänge in uns ausüben, wie z. B. die verborgenen sensitiven Fähigkeiten.

Die Methode der unterschwelligen Wahrnehmung unterscheidet sich deutlich von anderen Methoden zum Aurasehen, weil sie keine körperliche Anwesenheit der Versuchsperson erfordert. Indem wir uns die Person vorstellen, können wichtige Wahrnehmungen, die in der Vergangenheit im Unbewußten gespeichert wurden, sowie wichtige, dort ständig aufgezeichnete sensitive Eindrücke zutage gefördert werden. Diese Technik verhilft uns ebenso wie die Methode der sensitiven Wahrnehmung normalerweise zu Informationen, die über das hinausgehen, was mit Hilfe der Methoden des direkten Wahrnehmens möglich ist.

Schritt 1: Geistige Vorstellung. Stellen Sie sich mit geschlossenen Augen Ihre Versuchsperson so detailliert wie möglich vor. Wenn die Bilder in Ihrem Geist Gestalt annehmen, konzentrieren Sie sich auf die besonderen körperlichen Merkmale des Betreffenden. Rufen Sie sich Ihren letzten Kontakt mit der Person in Erinnerung.

Schritt 2: Aurawahrnehmung. Stellen Sie sich weiterhin Ihre Testperson vor, und lassen Sie es zu, daß sich um das Bild in Ihrem Geist spontan eine Aura bildet. Nehmen Sie sich ausreichend Zeit, bis die ganze Aura sichtbar wird, und konzentrieren Sie sich dann auf bestimmte Merkmale, wie Farbgebung, Größe, einzigartige Muster und andere Charakteristika. Nehmen Sie Ihre Reaktionen auf die Aura Ihrer Testperson wahr, wenn Sie in Ihrem Geist Gestalt annimmt.

Schritt 3: Sensitive Wahrnehmung. Schenken Sie den sensitiven Eindrücken, die den Imaginationsprozeß begleiten, besondere Aufmerksamkeit. Lassen Sie es zu, daß spontan wichtige Informationen über die von Ihnen betrachtete Person aus Vergangenheit, Gegenwart und Zukunft auftauchen. Sagen Sie sich im Geiste: *Die unerschöpflichen Ressourcen meines innersten Wesens, die bewußten und die unbewußten, stehen mir jetzt zur Verfügung.*

Schritt 4: Abschluß. Beenden Sie die Übung, indem Sie das Erlebte noch einmal durchgehen und sich Wege überlegen, es umzusetzen. Wenn Ihre Versuchsperson körperlich anwesend ist, dann überprüfen Sie Ihre Schlußfolgerungen, indem Sie die Aura mit Hilfe einer der vorgenannten direkten Wahrnehmungstechniken betrachten.

Die Methode der unterschwelligen Wahrnehmung kann eingesetzt werden, um zwischenmenschliche Beziehungen zu untersuchen und positive Kontakte zu fördern, besonders mit für den Betreffenden wichtigen Menschen. Sie kann uns bedeutsame Informationen liefern, die unser Verhalten erklären und uns die Macht verleihen, mit unseren Beziehungen konstruktiv umzugehen. Paare, die diese Methode anwenden, stellen oft fest, daß sie sich danach gegenseitig besser verstehen und mehr auf die Bedürfnisse des anderen eingehen. Die Übung kann auch Beziehungen zwischen Eltern und Kindern positiv beeinflussen, besonders bei heranwachsenden Kindern, bei denen diese Beziehung oft Veränderungen unterliegt. Im Beruf kann diese Methode beim Aufbau persönlicher Beziehungen, besonders zu schwierigen Menschen, helfen.

Es ist notwendig, daß die komplexe Beschaffenheit der unterschwelligen Wahrnehmung eingehender untersucht wird und daß Techniken entwickelt werden, die diese kraftvolle Erscheinung nutzen und uns dadurch Macht verleihen.

Unsere eigene Aura sehen

Ein große Herausforderung bei unserer Beschäftigung mit der menschlichen Aura ist das Beherrschen zuverlässiger Techniken, mit Hilfe derer wir nicht nur die Aura anderer, sondern auch unsere eigene sehen können. In den letzten Jahren sind zwar einige vielversprechende Methoden zur Selbstwahrnehmung entwickelt worden, aber sie sind oft wenig erprobt, und ihre Wirksamkeit konnte nicht immer überzeugend nachgewiesen werden. Unsere Untersuchungen haben ergeben, daß Selbstwahrnehmungsmethoden, die Spiegel oder andere glatte Oberflächen, wie Wasser, dunkles Glas oder verschiedene polierte Metalle, zu Hilfe nehmen, die Aura-Energie im allgemeinen nicht wünschenswert wiedergeben können. Auch wenn diese Oberflächen unter bestimmten Bedingungen Eindrücke von der Aura hervorrufen können, sind diese Bilder doch etwas ganz anderes als die tatsächliche Aura. Abgesehen von wenigen seltenen Ausnahmen hat die konventionelle Fotografie ebenfalls versagt, die Aura präzise einzufangen. Erste Versuche, die Aura mit Hilfe von modernen Video- und Fototechniken aufzuzeichnen, waren aussichtsreich, aber es bedarf noch weiterer Forschung, um diese innovativen Techniken auszuprobieren und ihre Zuverlässigkeit zu beurteilen.

Selbst mit den modernsten Methoden zum Aurasehen sind unsere Möglichkeiten zur Selbstwahrnehmung beschränkt. Sie sind eindeutig subjektiv und gestatten im allgemeinen nur einen Blick auf einen Ausschnitt der Aura in Großaufnahme. Psychologisch betrachtet neigen wir eher dazu, uns in unserer Gesamtheit zu erfahren und nicht in einzelnen Teilen, die wir zur Selbstprüfung und Analyse isoliert betrachten. Darüber hinaus können unsere bisherigen Erfahrungen, unsere Interessen, Einstellungen, Vorlieben und Vorurteile unsere Wahrnehmung, besonders die von uns selbst, beeinflussen. Wenn wir diesen Tendenzen und ihren Einflüssen gegenüber aufmerksam sind, werden wir unsere eigene Aura mit größerer Genauigkeit wahrnehmen.

Ein weiteres mögliches Problem beim Betrachten der eigenen Aura ist die räumliche Distanz, die normalerweise für ein direktes Aurasehen erforderlich ist. Da wir unsere eigene Aura in ihrer Ganzheit nicht von außerhalb unseres Körpers – mit Ausnahme vielleicht von außerkörperlichen Erfahrungen – wahrnehmen können, spielt die räumliche Distanz eine große Rolle bei unseren Bemühungen. Wahrnehmungsmethoden, die einen gewissen Abstand zwischen der betrachteten Person und dem Betrachter erfordern, finden bei der Selbstwahrnehmung keine oder nur geringe Anwendung.

Glücklicherweise ist die Distanz, die beim Ausstrecken der Hand entsteht, normalerweise für ein zumindest beschränktes Aurasehen ausreichend. Es ist deshalb nicht überraschend, daß Methoden zur Betrachtung der Handaura entstanden sind, mit denen sich wirkungsvoll und unkompliziert die eigene Aura betrachten läßt. Im allgemeinen sind die Eigenschaften der Handaura, besonders ihre Farbgebung und Größe, recht repräsentativ für die gesamte Aura.

Die Handaura-Betrachtungsmethode

Die Handaura-Betrachtungsmethode dient dazu, die die eigene Hand sowie die den Unterarm umgebende Aura selbst zu sehen. Wie andere Aurabetrachtungsmethoden benötigt dieses Verfahren natürliches oder indirektes Licht und einen naturweißen Hintergrund. Gehen Sie folgendermaßen vor:

Schritt 1: Entspannung. Entspannen Sie sich, indem Sie ein paar Mal tief ein- und langsam ausatmen und dabei alle Gedanken, die Ihnen durch den Kopf gehen, loslassen.

Schritt 2: Spreizen der Finger. Strecken Sie Ihre Hand aus, und halten Sie sie mit leicht gespreizten Fingern vor einen naturweißen Hintergrund.

Schritt 3: Visualisierung. Visualisieren Sie einen kleinen Punkt, der sich im Zwischenraum zwischen Ihrem Daumen und Ihrem Zeigefinger umherbewegt.

Schritt 4: Fixieren. Richten Sie Ihren Blick fest auf den imaginierten Punkt, bis die Aura erscheint, im allgemeinen innerhalb weniger Sekunden, zuerst um Ihren Daumen und Ihren rechten Zeigefinger herum, dann um Ihre ganze Hand und den Unterarm.

Schritt 5: Aurasehen. Wenn die Aura einmal klar sichtbar ist, wenden Sie Ihren Blick direkt dorthin, und betrachten Sie ihre Merkmale.

Beachten Sie: Sollten Sie irgendwann bei dieser Übung ermüden, nehmen Sie sich ein wenig Zeit, sich zu entspannen, und machen Sie dann mit der Übung weiter.

Das Fingerzählen

Eine Variante der Handaura-Betrachtungsmethode ist das Fingerzählen. Bei dieser Technik zählen wir die Finger der ausgestreckten Hand, die vor einen naturweißen Hintergrund gehalten wird.

Schritt 1: Finger zählen. Strecken Sie Ihre Hand aus, und spreizen Sie Ihre Finger. Jetzt zählen Sie Ihre Finger langsam einen nach dem anderen, wobei Sie mit dem Daumen beginnen. Betrachten Sie beim Zählen kurz die jeweilige Fingerspitze.

Schritt 2: Finger rückwärts zählen. Halten Sie Ihre Hand weiterhin ausgestreckt und Ihre Finger gespreizt, und zählen Sie jetzt langsam Ihre Finger rückwärts von fünf bis eins, wobei Sie mit dem kleinen Finger beginnen und beim Daumen enden. Schauen Sie wie in Schritt 1 beim Zählen kurz auf die jeweilige Fingerspitze.

Schritt 3: Finger fixieren. Betrachten Sie einige Augenblicke lang die Spitze Ihres Mittelfingers, und weiten Sie dann Ihr peripheres Sehen aus, bis Sie die ganze Hand erfassen. Fast augenblicklich wird ein sanftes weißes Leuchten um Ihre Hand herum erscheinen, dann eine farbige Aura.

Schritt 4: Aurasehen. Wenn Sie jetzt die Aura sehen, können Sie Ihre Aufmerksamkeit direkt auf sie richten und ihre Chrarakteristika im Detail betrachten.

Die Dreiecksbildung mit den Händen (angepaßt für die Selbstbetrachtung)

Die Dreiecksbildung mit den Händen, die wir bereits beschrieben haben, kann ohne weiteres für die Selbstbetrachtung verändert werden. Auch wenn wir diese Methode dazu einsetzen, die eigene Aura zu sehen, behält sie ihre Doppelfunktion, sowohl die Aura sichtbar zu machen als auch unsere sensitiven Fähigkeiten zu aktivieren. Wir benötigen natürliches oder sanftes, indirektes Licht und einen gebrochen weißen Schirm als Hintergrund.

Schritt 1: Dreieckserrichtung. Halten Sie Ihre Hände mit gestreckten Armen direkt vor einen Schirm, und bilden Sie ein Dreieck, indem Sie zuerst die Daumenspitzen als Basis des Dreiecks aneinanderhalten. Bringen Sie dann die Spitzen der Zeigefinger zueinander, um die Spitze des Dreiecks zu bilden.

Schritt 2: Visualisierung. Visualisieren Sie, während Sie das Dreieck vor dem naturweißen Hintergrund betrachten, einen kleinen Punkt im Zentrum des Dreiecks, und konzentrieren Sie Ihre gesamte Aufmerksamkeit auf diesen imaginierten Punkt.

Schritt 3: Fixiertes Betrachten. Fixieren Sie Ihren Blick auf den imaginierten Punkt, und betrachten Sie ihn so lange, bis die Aura erscheint (normalerweise innerhalb weniger Sekunden), und zwar zuerst innerhalb des Dreiecks und dann um Ihre Hände und Ihre Unterarme herum.

Schritt 4: Aurasehen. Achten Sie, wenn die Aura sichtbar ist, auf ihre Färbung, Größe und andere charakteristische Merkmale.

Schritt 5: Mediale Aktivierung. Fokussieren Sie, um Ihre sensitiven Fähigkeiten zu aktivieren, Ihre ganze Aufmerksamkeit auf die Energiekonzentration im Dreieck Ihrer Hände, und erlauben Sie Ihrer sensitiven Erkenntnis, sich zu entfalten.

Schritt 6: Affirmation Ihrer Macht. Beenden Sie die Übung, indem Sie bekräftigen, daß Ihnen die Macht zuteil geworden ist, Ihre eigene Aura zu sehen und Ihre Aura-Energien als Kanäle für das Wachstum Ihrer sensitiven Fähigkeiten einzusetzen.

Diese Selbstbetrachtungsmethode gilt als eine der wirkungsvollsten Techniken, die eigenen sensitiven Fähigkeiten zu aktivieren. Unsere Versuchspersonen stellten fest, daß sie allein durch das Fokussieren der Aufmerksamkeit auf die Aura-Energien, die in Schritt 4 im Dreieck entstanden waren, tatsächlich ihre telepathischen Sende- und Empfangskanäle öffnen konnten. Außerdem traten in diesem Abschnitt der Methode fast immer präkognitive und hellseherische Wahrnehmungen auf. Bei unseren Experimenten zur Fernwahrnehmung stellten wir fest, daß das Dreieck als Rahmen dienen konnte, in dem mediale Bilder von weit entfernten Realitäten klar dargestellt wurden. Diese Variante wirkte besonders bei solchen Testpersonen, die mit anderen ASW-Methoden nur geringe Erfolge erzielt hatten.

Das Handflächen-Reiben

Das menschliche Aurasystem reagiert ständig auf unsere Bemühungen, seine energetischen Fähigkeiten anzuregen und zu intensivieren. Das Handflächen-Reiben ist eine Technik zur Selbstbetrachtung der Aura, die dazu dient, eine kurzzeitig deutlich sichtbare Energiekonzentration in den Händen zu erzeugen. Die Methode erfordert nur wenig Zeit und geringe Voraussetzungen wie einen naturweißen Hintergrund und sanftes Licht, damit Sie die Farben leichter sehen können.

Schritt 1: Kontakt der Handflächen. Legen Sie Ihre Handflächen locker aufeinander, und reiben Sie sie vorsichtig aneinander, zuerst in kreisenden, dann in Auf- und Abbewegungen. Sie werden sehr schnell spüren, wie sich in Ihren Handflächen eine warme Energie aufbaut.

Schritt 2: Handflächen lösen. Lassen Sie Ihre Handflächen weiter aufeinanderliegen, und strecken Sie die Arme aus. Lösen Sie dann langsam Ihre Hände ein wenig voneinander. In dem entstandenen kleinen Zwischenraum werden Sie sofort ein sanftes Prickeln zwischen Handflächen und Fingerspitzen spüren.

Schritt 3: Energiewahrnehmung. Richten Sie Ihre Aufmerksamkeit auf den schmalen Zwischenraum zwischen Ihren Händen, und achten Sie auf das weißliche Leuchten. Verändern Sie den Abstand zwischen Ihren Händen, bis Farbe erscheint.

Schritt 4: Handflächen wölben. Halten Sie Ihre Hände weiterhin ausgestreckt, und wölben Sie sie so, daß zwischen Ihren Handflächen ein größerer Abstand entsteht, während Ihre Fingerspitzen nahe beieinander bleiben.

Schritt 5: Energiekanal. Nachdem Sie sich für kurze Zeit auf den Zwischenraum zwischen Ihren Fingerspitzen konzentriert haben, legen Sie zunächst Ihre Fingerspitzen aneinander und lösen sie dann wieder langsam voneinander. Sie werden sofort ein Band aus leuchtender Energie zwischen Ihren Fingerspitzen sehen. Verändern Sie den Abstand zwischen Ihren Fingerspitzen, bis Sie eine

Farbe wahrnehmen, die normalerweise derjenigen entspricht, die Sie im Zwischenraum zwischen Ihren Händen in Schritt 3 oben gesehen haben.

Schritt 6: Aurasehen. Fixieren Sie Ihre gewölbten Hände, die Sie immer noch gegeneinander halten, bis die Aura um sie herum erscheint. Dann drehen Sie Ihre Hände so, daß Sie in Ihre Handflächen schauen. Achten Sie auf die alles umhüllende Aura und ihre verschiedenen Merkmale.

Bei Schritt 6 wird oft ein Ball aus schillernder Energie in den gewölbten Händen sichtbar. Viele Geistheiler setzen unmittelbar vor einer Heilung eine Variante dieser Methode ein, um positive Energie in konzentrierter Form zu erzeugen, die sie dann an ihren Patienten als Heilenergie weiterleiten, indem sie ihre Handflächen dem Empfänger zuwenden und manchmal auch sanft die Aura massieren.

Das Handflächen-Reiben erwies sich bei der Psychokinese (PK) als vielversprechend. Bei unseren Experimenten wendete eine Gruppe von Testpersonen diese Methode an, um ein Pendel in Bewegung zu versetzen, das unter einer Glocke hing. Bei dieser Übung erzeugten fünf Personen, die etwa zwei Meter von der Glocke entfernt saßen, mit Hilfe der Methode eine Energiekonzentration, die sie auf das Pendel richteten. Als bei Schritt 5 der Methode das Band leuchtender Energie zwischen den Fingerspitzen sichtbar wurde, hielten sie ihre Finger mit nach unten zeigenden Handflächen in Richtung Pendel und befahlen ihm im Geiste, sich zu bewegen. Fast sofort reagierte das Pendel, zunächst mit einer kleinen Drehbewegung und dann mit deutlichen Schwingungen, bis es die Ränder der Glocke berührte.

Das Handflächen-Reiben kann, in einem größeren Zusammenhang betrachtet, als Technik benutzt werden, um den Planeten mit positiver Energie zu erfüllen. Drehen Sie, wenn die Energie sich in Ihren Handflächen konzentriert hat, Ihre Handflächen von sich weg, und senden Sie strahlende Energie aus, entweder in Form eines Lichtbandes, das den Planeten umgibt, oder als einen Lichtkörper, der den Planeten umhüllt. Bei dieser Variante der Methode kann ein Globus helfen, sich das Aussenden der Energie besser vorzustellen. Diese Variante wirkt besonders in Gruppen, wenn der Globus als eine konkrete Nachbildung der Erde im Zentrum der Gruppe aufgestellt wird. Mit Blick auf den Globus erzeugen die Gruppenmitglieder positive Energie, die sie dann in Form von Licht über die ganze Welt verteilen, wobei sie die Handflächen in Richtung Globus halten. Diese Übung beenden wir im allgemeinen mit Affirmationen von Frieden und Liebe.

Die Methode der sensitiven Selbstwahrnehmung

Für das Konzept der Stärkung des sensitiven Potentials ist Wissen allein schon machtverleihend, aber die Macht des Wissens kommt erst dann zu höchster Entfaltung, wenn es persönliche Bedeutung erlangt. Daraus folgt, daß uns schon durch größere Bewußtheit unserer Aura Macht zuwächst, die noch zunähme, wenn wir diese Bewußtheit mit unserem inneren Selbst verbinden könnten. Dies ist das Ziel der Methode der sensitiven Selbstwahrnehmung, einer Variante der bereits beschriebenen Technik der sensitiven Wahrnehmung.

Die Fähigkeit, sich selbst wahrzunehmen und über die Bedeutung der eigenen Existenz nachzudenken, ist universell und wird als eine Eigenschaft betrachtet, die nur dem Menschen zukommt. Zugegeben, auch viele niedere Tierarten können durch Lernen und Erfahrung sehr komplexe Verhaltensmuster erwerben, wie z. B. Problemlösungsfähigkeiten, soziale Verbundenheit, Einstellungen, Vorlieben und Neigungen. Es gibt sogar Anhaltspunkte dafür, daß sie eine primitive Form abstrakten Denkens entwickeln. Aber gemäß der traditionellen Wissenschaft fehlt anderen Tieren die Fähigkeit, sich in einer entwickelteren Form einen Begriff von sich selbst zu machen (auch wenn sich nicht alle Wissenschaftler und Tierpfleger in diesem Punkt einig sind).

An der menschlichen Fähigkeit, sich einen Begriff von sich selbst zu machen, sind mindestens sieben Wahrnehmungskategorien beteiligt: 1. das *soziale* Selbst, das auf unseren Kontakten zu anderen basiert; 2. das *strebende* Selbst, etwas, das wir uns aktiv bemühen zu werden, 3. das *perfekte* Selbst, das wir als ideal, aber unerreichbar betrachten; 4. das *fließende* Selbst, das wir als ständig sich verändernd wahrnehmen; 5. das *aktuelle* Selbst, das wir als unser totales augenblickliches Selbst erfahren; 6. das *mediale* Selbst, das wir als Zusammensetzung unserer vielfältigen sensitiven Fähigkeiten betrachten, und 7. das *Höhere* Selbst, das wir als das Produkt unserer höchsten Eigenschaften und Fähigkeiten ansehen.

Die einzigartige menschliche Fähigkeit, die vielfältigen Facetten des Selbst wahrzunehmen und zu verstehen, ist ein integraler Bestandteil des Konzepts der Stärkung des sensitiven Potentials. Unsere Selbstwahrnehmungen beeinflussen die Qualität unserer Existenz, wobei solche positiver Art für unser persönliches Wachstum und Wohlbefinden immer förderlich sind. Zu den wichtigen Zielen der Stärkung des sensitiven Potentials gehören ein entwickeltes Selbstbewußtsein und eine positive Selbstwahrnehmung.

Die Methode der sensitiven Selbstwahrnehmung nimmt unsere intuitive Fähigkeit zur Kenntnis, das Selbst in seiner Gesamtheit und seine einzelnen Bestandteile, wie z. B. die Aura, zu erfahren. Die Methode soll diejenigen inneren Ressourcen aktivieren, deren Hilfe wir benötigen, um eine zutreffende Darstellung unserer Aura hervorzurufen. Sie versucht, ein tieferes Verständnis für die eigene Aura und ihre Bedeutung für das ganze Selbst zu fördern. Die Übung ist in hohem Maße meditativer Natur und erfordert die Bereitschaft, das innerste Selbst ehrlich und objektiv zu erforschen.

Schritt 1: Vorbereitungen. Planen Sie für diese Übung etwa 30 Minuten ein, und suchen Sie sich einen bequemen Platz. Geben Sie sich die Erlaubnis, sich zu entspannen und ihre innersten Gedanken und Gefühle zu erforschen.

Schritt 2: Geistige Passivität. Schließen Sie Ihre Augen, atmen Sie einige Male tief ein und langsam aus. Lassen Sie alle aktiven Gedanken los.

Schritt 3: Innere Achtsamkeit. Konzentrieren Sie Ihre gesamte Aufmerksamkeit auf das Energiezentrum in Ihrem tiefsten innersten Wesen. Richten Sie Ihr Bewußtsein jetzt nach innen, und spüren Sie die Energie, die aus dem inneren Kern der Aura hervorströmt, Ihr ganzes Wesen durchflutet und Ihren physischen Körper mit einem strahlenden Leuchten umgibt.

Schritt 4: Aurascan. Visualisieren Sie Ihre Aura, und tasten Sie sie im Geiste ab, wobei Sie mit den Energiemustern oberhalb Ihres Kopfes beginnen und sich allmählich nach unten begeben. Achten Sie auf die Empfindungen und Eindrücke, die den Aurascan begleiten.

Schritt 5: Aurakontemplation. Vertiefen Sie sich zuerst in die ganze Aura, und konzentrieren Sie sich dann auf bestimmte Bereiche und Merkmale. Lassen Sie zu, daß Einsichten spontan entweder als Eindrücke oder als Bilder auftauchen. Schenken Sie den geistigen Informationen, die während dieses Prozesses fast immer auftauchen, besondere Aufmerksamkeit.

Schritt 6: Verinnerlichung. Verinnerlichen Sie die Erfahrung, indem Sie im Geiste einen Schnappschuß von Ihrer Aura machen, den Sie in Ihrer Erinnerung speichern, so daß Sie später darauf zurückgreifen können. Beenden Sie das Verfahren mit der Affirmation: *Ich bin gestärkt und ganz erfüllt von positiver Energie.*

Indem Sie sich einfach das Aurabild, das bei dieser Methode erzeugt wurde und das Sie in Ihrem Gedächtnis gespeichert haben, wieder vor Augen holen, können Sie sofort die machtverleihende Wirkung der Auraselbstwahrnehmung reaktivieren. Die Folgen sind normalerweise eine tiefere Einsicht in das Selbst, ein Gespür für das eigene Wohlbefinden und Selbstwertgefühle.

Manchmal berichten Personen während einiger veränderter Bewußtseinszustände, wie außerkörperlichen Erfahrungen oder Hypnose, daß sie sich ihrer Aura bewußt sind. Außerkörperliche Erfahrungen, wie Astralprojektionen und Astralreisen, geschehen, wenn der astrale oder nicht-biologische Körper sich von seinem biologischen Gegenstück trennt und in dieser losgelösten Form unabhängig vom physischen Körper räumlich entfernte Wirklichkeiten erlebt. Personen, die in einen außerkörperlichen Zustand eintreten, berichten oft, daß sie ihren ruhenden physischen Körper in leuchtende Energie eingehüllt sehen. Unsere Untersuchungen ergaben jedoch, daß sich die Aura, die sich während einer außerkörperlichen Erfahrung um den physischen Körper herum befindet, deutlich von einer Aura während eines normalen Bewußtseinszustands unterscheidet. Am häufigsten sind Veränderungen in der Verteilung der Energie und in der Farbgebung. Weil diese Veränderungen während der ganzen außerkörperlichen Erfahrung andauern, müssen wir den Schluß ziehen, daß außerkörperliche Methoden zur Wahrnehmung und Interpretation der eigenen Aura nur von begrenztem Wert sind. Im Gegensatz dazu stellt Hypnose, die einen Menschen in einen empfangsbereiten Zustand versetzt, eine einzigartige Gelegenheit dar, das Aurasystem wahrzunehmen und zu beeinflussen. Der Hypnose und ihrer Bedeutung für die Aura ist ein späteres Kapitel gewidmet.

Zusammenfassend läßt sich sagen: Jeder von uns kann seine Fähigkeit entwickeln, sowohl die eigene Aura als auch die eines anderen wahrzunehmen. Unser Erfolg, die Aura zu interpretieren und, noch wichtiger, ihre Funktionen zu beeinflussen, damit wir mit Hilfe unserer dann erlangten Macht unsere Ziele erreichen, hängt in großem Maße von unserer Fähigkeit ab, die Aura zu sehen. Nur durch Übung und Erfahrung können wir diese entscheidende Fertigkeit beherrschen.

4

Die Aura interpretieren

*Es ist Gottes Ehre, eine Sache zu verbergen; aber der Könige Ehre ist
es, eine Sache zu erforschen.*

Sprüche 25,2

DIE MENSCHLICHE AURA vermittelt vielleicht mehr als jedes andere menschliche Merkmal die Außergewöhnlichkeit unserer
Existenz als einer unsterblichen Lebenskraft im Universum. Sie reflektiert den wunderbaren Glanz unserer Herkunft und den großartigen Gesamtplan, in dem wir alle existieren. Die Aura ist tatsächlich der Stoff, aus dem Leben ist. Allein schon die menschliche Aura
zu sehen und ihre Schönheit wahrzunehmen verleiht uns Kraft, aber
um die ganze Bedeutung der Aura zu erkennen, muß man die wesentlichen Merkmale und die komplexen Prozesse noch tiefer ergründen.

Wie der physische Körper ist die menschliche Aura ein interaktives System aus verschiedenen Teilen und mit vielen Funktionen.
Selbst das kleinste, verborgenste Element in ihr kann für das große
Ganze wichtig sein. Eine Gesamtinterpretation der Aura muß deshalb jeden Bestandteil und seine Bedeutung für das ganze System
berücksichtigen.

Die Farben der Aura interpretieren

Aus der Geschichte wissen wir, daß die meisten alten Kulturen die
Farbe als wichtiges Symbol verwendeten und als Quelle der Kraft
erkannten. Sogar ihre Götter hatten bestimmte Farben als Symbol
ihrer Göttlichkeit und Macht. In vielen Kulturen herrschte, vor
allem in der Heilkunst, der Glaube, daß Farbe magische Kraft
besitzt. Außerdem war es eine weitverbreitete Tradition, Eigen-

schaften wie Tapferkeit, Treue, Ansehen und Frömmigkeit mit unterschiedlichen Farben kenntlich zu machen.

Auch heute noch kennzeichnen in allen Kulturen der Welt Farben verschiedene soziale und religiöse Vorstellungen. Bekannte Beispiele sind Weiß für Reinheit, Grün für Leben, Rot für Mut und Schwarz für Trauer. In Colleges und Universitäten dienen Farben der Kennzeichnung unterschiedlicher Fachbereiche. Beim Militär funktionieren die verschiedenen Farben und Farbkombinationen als Signale und Codes.

Unsere Gefühle und Empfindungen werden durch verschiedene Farben stark beeinflußt. Manche Farben sind aufregend, andere beruhigen uns. Die meisten von uns mögen bestimmte Farben, andere gefallen uns nicht. Forschungen haben ergeben, daß bestimmte Farben den Appetit anregen, während andere den Geruchssinn ansprechen. Die meisten Menschen haben eine Lieblingsfarbe, wobei Blau die beliebteste ist.

Vielleicht ist es nicht überraschend, daß die Farbgebung eine der wichtigsten Merkmale der menschlichen Aura ist. Die Farbe der Aura stellt eine sichtbare Energiemanifestation dar, wobei jeder Farbton einer bestimmten Energiefunktion entspricht. Zwar wird im allgemeinen beobachtet, daß eine den ganzen Körper umhüllende Farbe vorherrscht, doch können gelegentlich auch alle Farben des ganzen Farbspektrums auftreten. In der Regenbogenaura sind verschiedene Farben in sphärischen Schichten angeordnet, die den Körper umgeben, wobei jede einzelne Schicht klare Grenzen hat oder sich leicht mit anderen Schichten vermischt, so daß Grenzregionen mit Farbmischungen entstehen. Farben können in der Aura als chaotische Flecken erscheinen, die allmählich in andere Farben übergehen, oder sie treten als deutlich abgegrenzte Gebilde einer einzelnen Farbe auf. Die menschliche Aura ist zwar niemals völlig weiß oder völlig schwarz, doch können gelegentlich weiße oder schwarze Stellen in der Aura auftauchen. Diese Farben erscheinen im allgemeinen eher als intensive Lichtpunkte oder dunkle Stellen und nicht als ausgedehnte Gebiete.

Außer der Farbe wird auch die Intensität, Ausdehnung und Klarheit der Farben stark variieren. Gelegentlich sind kleine Ansammlungen von hochglänzender, schillernder Farbe in einer ansonsten unauffälligen Aura zu beobachten. Die Intensität und Ausdehnung der Farbe ist generell ein zuverlässiges Anzeichen für die Durchsetzungsfähigkeit ihrer Energie, wobei der Einfluß und die symbolische

Bedeutung zunehmen, je intensiver und ausgedehnter die Farbe ist. Die Klarheit oder Helligkeit der Farbe ist ein hilfreiches Anzeichen dafür, wieviel Macht uns die Farbe verleiht, wobei der stärkende Einfluß auf den Menschen größer ist, je klarer und leuchtender die Farben sind. Trübung oder Verfärbung der Aura kennzeichnen fast immer einen entkräftenden oder schwächenden Einfluß.

In diesem Kapitel werden wir die Bedeutung der verschiedenen Aurafarben besprechen, wobei wir besonders auf die Beziehung zwischen Farbgebung und Persönlichkeitsmerkmalen achten. Die Ergebnisse, die hier vorgestellt werden, beruhen auf sorgfältig überwachten Aurabetrachtungen und einem anschließenden Vergleich der beobachteten Farbgebung mit den Ergebnissen anderer Bewertungen, wie z. B. der Selbsteinschätzung einer Versuchsperson oder standardisierten Intelligenz- und Persönlichkeitstests.

Bei unseren Aura-Untersuchungen legte ein Team geübter Auraspezialisten die Färbung fest, nachdem es der Reihe nach die Aura jeder einzelnen Versuchsperson unter genau kontrollierten Bedingungen betrachtet hatte und danach zu einem Konsens gekommen war. Obwohl unsere Untersuchungen insgesamt nur zehn Farbkategorien ergaben, ist es wichtig, darauf hinzuweisen, daß in der Aura unendlich viele Farbvariationen möglich sind. Etliche Farben und Farbzusammenstellungen werden deshalb in der folgenden Besprechung nicht auftauchen.

Der Regenbogen

In der Regenbogenaura können alle Farben vertreten sein, die die Palette eines Malers aufzuweisen vermag. Das Regenbogenmuster besteht aus einer Vielzahl von Farben, die oft in sanften Farbtönen so arrangiert sind, daß sie einen symmetrischen Regenbogen bilden, der entweder den ganzen Körper oder einen bestimmten Körperbereich, wie den Kopf oder die Schultern, umgibt. Eine Regenbogenaura ist im allgemeinen hell und groß und weist auf unterschiedliche Kombinationen von positiven Persönlichkeitsmerkmalen hin – Intelligenz, humanitäres Interesse, soziale Interessen, intuitives Wissen, Rechtschaffenheit, Großzügigkeit, Optimismus und Selbstverwirklichung.

Ein Mensch, dessen ganze Aura ein hell leuchtender Regenbogen von Farben ist, scheint alles gleichzeitig zu besitzen. Diese Menschen engagieren sich ungewöhnlich stark und sind beruflich und persönlich erfolgreich. Viele große Führungspersönlichkeiten und gesellschaftlich engagierte Menschen der heutigen Zeit haben Regenbogenauren. Wie wir später sehen werden, weisen neue Erkenntnisse, die wir unter Hinzuziehung der Numerologie gewonnen haben, rückblickend darauf hin, daß einige der wichtigsten historischen Gestalten, wie z.B. William Shakespeare und George Washington, wohl ebenfalls Regenbogenauren besaßen.

Während die Regenbogenaura für gewöhnlich unzählige sehr wünschenswerte Persönlichkeitsmerkmale zu erkennen gibt, reagiert sie äußerst empfindlich auf Unausgewogenheit und Verfärbung. Eintrübungen schwächen Auren jeder Färbung, sind aber für eine Regenbogenaura besonders verheerend. Außerdem reagiert die Regenbogenaura besonders empfindlich auf plötzliches Eindringen neuer Farben, besonders Rot, das die Symmetrie eines Musters vorübergehend stören kann.

Gelb

Gelb ist eine der Farben, die in der menschlichen Aura am häufigsten anzutreffen ist. Sie ist oft in den Auren von Menschen zu sehen, die hochintelligent, gesellig und zuverlässig sind. Die Helligkeit des Gelbs wird normalerweise mit Intelligenz, die Ausdehnung der Farbe mit sozialer Kompetenz und Verläßlichkeit in Verbindung gebracht. Allgemein läßt sich sagen, daß die Intelligenz um so größer ist, je klarer die Farbe, und daß die soziale Kompetenz um so stärker ist, je ausgedehnter die Farbe ist.

Bei einer Aura, in der Gelb vorherrscht, gibt die Lage der Helligkeit einen genauen Hinweis auf die intellektuellen Fähigkeiten des Betreffenden. Ein helles Gelb um den Kopf herum wird mit abstraktem Denken, Problemlösungsfähigkeiten und Redegewandtheit assoziiert, während helles Gelb um die Schultern und den Brustkorb mit einer überragenden Auge-Hand-Koordination und handwerklichen Fähigkeiten in Verbindung gebracht wird.

Eine sehr ausgedehnte gelbe Aura ist ein Hinweis auf soziale Fähigkeiten und gesellschaftliche Interessen. Fast immer gehen damit Eigenschaften wie Verläßlichkeit, Freundlichkeit und Einfühlungsvermögen einher. Bei sehr sozial eingestellten Menschen leuchten fast immer große Bereiche der äußersten Aura in hellem Gelb.

Eine Verbindung aus hoher Intelligenz und großer sozialer Kompetenz wird in der Aura durch einen in kräftigem Gelb leuchtenden inneren Bereich und einen ausgedehnten hellgelben äußeren Bereich wiedergegeben. Dieses Muster wird oft in der Aura mächtiger Führungspersonen und gesellschaftlich engagierter Menschen beobachtet. Die Kombination dieser Farbcharakteristika scheint ihnen mit dieser idealen Mischung aus intellektuellem Scharfsinn und Warmherzigkeit die nötige Macht zu geben, um Menschen zu beeinflussen und Veränderungen herbeizuführen. Eine besondere Begabung liegt darin, Situationen einschätzen und Konsequenzen vorhersehen zu können. Unsere Untersuchungen von Kandidaten für politische Ämter ergab, daß ihr Erfolg bei den Wahlen aufgrund der Analyse der Farbmuster ihrer Aura mit großer Genauigkeit vorhergesagt werden konnte.

Eintrübungen und Stellen, an denen sich eine überwiegend gelbe Aura in sich zusammengezogen hat, weisen im allgemeinen auf belastende Umstände hin, die sich auf die intellektuellen Fähigkeiten und Sozialkontakte negativ auswirken. Akademische oder gesellschaftliche Ziele, die nicht erreicht werden konnten, übertrieben starker Erfolgsdruck, Verlust des gesellschaftlichen Ansehens und zwischenmenschliche Konflikte führen unweigerlich dazu, daß die Aura sich zusammenzieht und nicht mehr so hell strahlt. Wenn die entsprechenden Probleme gelöst sind, nimmt die Aura normalerweise ihre charakteristische Leuchtkraft und Größe wieder an.

Blau

Eine weitere Farbe, die in der menschlichen Aura häufig zu finden ist, ist Blau. Farbton und Klarheit bestimmen entscheidend, welche Rolle diese wichtige Farbe einnimmt. Hellblau wird mit Ausgeglichenheit, Ruhe, Flexibilität und Optimismus assoziiert, während Dunkelblau mit Verstandesschärfe und emotionaler Kontrolle verknüpft wird. Hellblau ist fast immer in der Aura von Menschen zu finden, die Selbsterkenntnis und Einfühlungsvermögen in andere schätzen. Die dunkleren Blautöne finden sich oft in der Aura von Menschen, die scharfsinnig und selbstdiszipliniert sind.

Eine Aura, in der blaue Farbtöne vorherrschen, spricht besonders auf Meditation und Entspannungstechniken an, die helle Energie geradezu zu produzieren scheinen und sie in der Aura verteilen. Um in der Aura einen hellblauen Farbton entstehen zu lassen sowie einen gelassenen Gemütszustand herbeizuführen, eignen sich besonders Techniken, die Imaginationen von friedlichen Landschaften unter einem klaren blauen Himmel einsetzen. Techniken, die mit Bildern eines tiefblauen Gewässers arbeiten, sind dazu entwickelt worden, Dunkelblau in die Aura einzuführen, wodurch emotionale Stabilität und Kontrolle verstärkt werden. Im Labor ließen sich mit Hilfe von Biofeedbackmethoden objektiv die physiologischen Veränderungen u. a. der Gehirnwellen aufzeichnen, die mit diesen Farbveränderungen in der Aura einhergehen.

Mattes Blau an beliebiger Stelle in der Aura wird mit Streß, Pessimismus, Mutlosigkeit und Unsicherheit in Verbindung gebracht. Sehr depressive und selbstmordgefährdete Menschen weisen durchgängig große dunkel- bzw. schmutzigblaue Bereiche in der Aura auf. Der im Englischen verbreitete Ausdruck *feeling blue,* »sich niedergeschlagen fühlen«, könnte seinen Ursprung in der unbewußten Wahrnehmung des trüben Blaus in der Aura haben. Es ist zumindest theoretisch möglich, daß ein depressiver Gemütszustand trübe blaue Energie erzeugt und in der Aura verteilt. Befindet sich diese mattblaue Energie erst einmal in der Aura, kann sie wiederum zu einem noch depressiveren Zustand führen. Die Folge ist ein Teufelskreis chronischer Depression. Wie auch immer die Dynamik dieses Phänomens aussieht, wirkt sich die Beziehung zwischen Aurafarbe und Gemütszustand auf die Therapie von Depressionen aus, und zwar bei der Vorbeugung bzw. beim Unterbrechen des Kreislaufs. Im nächsten Kapitel werden wir Techniken beschreiben, die uns die Macht verleihen, Eintrübungen abzuschwächen und Glanz in das Aurasystem zu bringen.

Grün

Ein leuchtendes Grün in der Aura steht für Heilkräfte, Streben nach Selbstverwirklichung und höherem Bewußtsein, besonders im Hinblick auf globale Zustände. Normalerweise überwiegt Grün in den Auren von Menschen, die im Gesundheitswesen arbeiten – Ärzten, Krankenschwestern, klinischen und beratenden Psychologen, Psychiatern, Geistheilern und Sozialarbeitern –, oder sie enthalten zumindest große leuchtendgrüne Bereiche. Interessanterweise schillern in der Regel die Auren von Geistheilern, was bei anderen im

Gesundheitswesen Tätigen nicht immer der Fall ist. Schillerndes Grün wird auch mit den magischen Dimensionen des Bewußtseins assoziiert und ist in großer Fülle in den Auren von Menschen zu sehen, die Magie praktizieren.

Wie zu erwarten, wird Grün generell in den Auren von Schülern angetroffen, die einen Beruf im Gesundheitswesen ergreifen wollen. Bei unseren Untersuchungen von Medizinstudenten war leuchtendes Grün die am häufigsten beobachtete Farbe in der Aura, obwohl auch andere Farben auftraten. Bei einer Untersuchung von Studierenden des Fachs Pflegewissenschaften wurde in der Aura ebenfalls häufiger Grün beobachtet als jede andere Farbe.

Umweltschützer haben die Tendenz zu großen grünen Bereichen in ihrer Aura. Bei sehr engagierten Umweltschützern wird leuchtendes Grün oft als eine Kugel strahlender Energie auftreten, die den ganzen Körper umgibt.

Mattes Grün in der Aura wird mit Pessimismus, inneren Konflikten und Unausgefülltheit in Verbindung gebracht. Mattes Grün ist außerdem die Farbe des Neids, womit eine Grundlage für den englischen Ausdrucks *green with envy,* »grün vor Neid« (im Deutschen: »gelb/grün und gelb vor Neid«) gegeben sein könnte. Menschen mit großen mattgrünen Bereichen in ihren Auren neigen dazu, sich über Ungerechtigkeit und Unfairneß der Menschen in ihrer Umgebung zu beklagen. Sie rationalisieren ihr eigenes Verhalten schnell und tadeln andere für ihre Versäumnisse, aber sie sind selten offen feindselig. Und in der Tat sind die negativen Impulse, auf die diese Farbe hinweist, oft unterdrückt oder ins Unbewußte verdrängt. In vielen Fällen scheint die Feindseligkeit, die sie anderen entgegenbringen, eine Projektion ihrer negativen Gefühle sich selbst gegenüber zu sein. Es überrascht vielleicht nicht, daß Menschen, in deren Aura trübes Grün vorherrscht, sich Veränderungen gerne widersetzen und zugleich das, was mit dieser Farbe an Negativem verbunden ist, ablehnen.

Ein sehr trübes Grün mit grauen Farbschattierungen ist oft ein Vorbote einer persönlichen Katastrophe oder anderer Schicksalsschläge wie z. B. einer Krankheit.

Pink

Pink ist die Farbe der Jugend, der Verjüngung, Sensitivität, des Idealismus und der Begabung. Auch wenn es zwischen anderen Farben auftaucht, die matt oder verfärbt sein können, ist Pink in der Aura immer leuchtend und klar. Es ist eine hoffnungsvolle Farbe, und sie ist relativ stabil. Sie wird u. a. mit einem positiven Blick aufs Leben, geistiger Beweglichkeit und einem starken Selbstwertgefühl in Verbindung gebracht.

Weil sich Pink häufig bei Hundertjährigen findet, wird es mit Langlebigkeit assoziiert. Zu den erfolgreichsten Verjüngungstechniken bei Männern und Frauen gehören Methoden, die der Aura Pink hinzufügen.

Pink wird oft in großer Fülle in den Auren von Männern und Frauen mit humanitären Interessen angetroffen. Im allgemeinen haben sie beruflich eine bedeutende Position erreicht und stellen großzügig Zeit und Mittel für Dinge zur Verfügung, die ihnen wichtig sind. In ihren politischen Ansichten sind sie eher gemäßigt und konzentrieren ihre Aktivitäten gerne auf Denkmalschutz und Künste.

Braun

Braun in der menschlichen Aura wird mit einem großen Interesse an der Erde und ihren natürlichen Ressourcen sowie mit Charaktereigenschaften, wie praktischer Veranlagung, Stabilität und Unabhängigkeit in Verbindung gebracht. Geologen, Ökologen, Archäologen, Landschaftsarchitekten und Bauarbeiter haben fast immer braune Bereiche in ihren Auren, die entweder isoliert auftreten oder zwischen anderen Farben eine alles umhüllende Kugel bilden können.

Menschen mit einem beträchtlichen Braunanteil in der Aura sind für gewöhnlich an Aktivitäten in der frischen Luft wie Wandern, Skifahren, Klettern und Jagen interessiert. Sie sind oft erfolgreiche Vertreter ihrer Generation, neigen aber dazu, sich unzufrieden über Routine in ihrem Beruf und das Leben in der Vorstadt zu äußern. Normalerweise sind sie gesundheitsbewußt. Sich im Fitneßcenter auszutrainieren und Squash zu spielen gehört zu ihren üblichen Feierabendbeschäftigungen. An den Wochenenden fliehen sie oft an den Strand oder ziehen sich in die Berge zurück. Sie sind zwar im allgemeinen gesellig und freundlich, schätzen aber ihre Intimsphäre und viel Platz.

Der erfolgreiche Unternehmer und Selfmade-Millionär wird ständig eine Aura mit großen braunen Bereichen haben. Generaldirektoren mit dieser Farbe sind für gewöhnlich konstruktiv, praktisch und unabhängig. Sie glauben an sich und verlassen sich sehr auf ihre intuitiven Fähigkeiten. Auch wenn sie sich mit sehr fähigen Untergebenen und Beratern umgeben, sind sie selbstsicher, entschlossen und treffen kompetente Entscheidungen. Sie sind nicht impulsiv, haben aber das Talent, »das Eisen zu schmieden, solange es heiß ist«.

Als Warnung sei angemerkt, daß Braun nicht mit Verfärbungen verwechselt werden sollte, die durch Nikotin entstehen. Wie bereits erwähnt, führt Zigarettenrauch, ob inhaliert oder auf andere Weise absorbiert, dazu, daß sich die Aura zusammenzieht und mit einer Schicht aus mattgelblichem Braun verfärbt.

Purpur

Purpur taucht relativ selten in der Aura auf und wird mit philosophischen und abstrakten Interessen assoziiert. Menschen mit dieser Aurafärbung sind oft kreativ und künstlerisch tätig. Sie schätzen intuitives Wissen mehr als die Meinungen von Experten, die, wie sie feststellen, untereinander oft uneinig sind. Sie sind überwiegend Generalisten, die sich eher auf die breiten Grundlagen konzentrieren als auf spezielle Fakten oder statistisch ermittelte Behauptungen, denen sie eher mißtrauen.

Materiellen Besitz stufen sie im allgemeinen zwar als zweitrangig ein, dennoch scheint Reichtum leicht zu ihnen zu gelangen. Sie sind normalerweise überdurchschnittlich intelligent und verfügen über eine überragende verbale Ausdrucksfähigkeit. Sie erwerben sich dadurch fast immer den Respekt der ihnen Gleichgestellten und richten es sich in einem Beruf angenehm ein, der ihnen die Möglichkeit läßt, ihren eigenen Interessen nachzugehen.

Purpur ist bei Theologen, Philosophen und Theoretikern oft die vorherrschende Aurafarbe. Sie ist sehr stabil und kann sich Verfärbungen widersetzen.

Orange

Eine vorherrschend orangefarbene Aura wird häufig bei Menschen gefunden, die es zu etwas gebracht haben. Sie sind normalerweise extrovertiert und neigen dazu, Berufe zu ergreifen, die zahlreiche Sozialkontakte mit sich bringen, wie in der Politik und in der Wirtschaft. Sie sind unabhängig, lieben den Wettbewerb und verfügen fast immer über große Überredungskünste. Sie neigen dazu, ihre Schwächen überzukompensieren, und reagieren abwehrend, wenn sie mit Kritik konfrontiert werden. Auch wenn sie auf positive Sozialkontakte Wert legen, haben sie oft Schwierigkeiten, lang andauernde Beziehungen aufrechtzuerhalten. Ihre Energien sind manchmal weit verteilt, und sie schaffen es oft nicht, wichtige Aufgaben zu Ende zu bringen.

Verfärbungen in der orangefarbenen Aura werden mit Ungeduld, Egoismus, einer niedrigen Frustrationstoleranz und emotionaler Instabilität in Verbindung gebracht.

Grau

Grau ist eine Aurafarbe, die normalerweise vorübergeht, aber Ungutes verheißt. Sie kann Krankheit, Unglück und – wenn sie sich in der ganzen Aura ausbreitet – auch Tod ankündigen. Eine bevorstehende Erkrankung deutet sich im allgemeinen durch eine gräuliche Verfärbung in den innersten Auraregionen an. Kleine dunkelgraue Bereiche können, je nachdem, wo sich die Farbe befindet, auf ein besonders ernstes Gesundheitsproblem, wie die Erkrankung eines Organs hinweisen.

Grau kann auch, unabhängig von der Gesundheit, Unglück anzeigen, besonders wenn es in den oberen Bereichen einer zusammengezogenen Aura erscheint. Ein sich ausdehnender grauer Bereich in der äußeren Aura wird oft mit persönlichem Verlust in Verbindung gebracht, der entweder Finanzen oder Beziehungen betrifft.

Rot

Rot erscheint in der Aura entweder als plötzliches Aufblitzen oder als ein relativ kleines Gebiet zwar flüchtiger, aber intensiver Färbung. Es wird oft mit impulsivem Verhalten und starken Gefühlen wie Wutausbrüchen in Verbindung gebracht. Wie *feeling blue* und *grün vor Neid* mag der bekannte Ausdruck *rot sehen,* der Verärgerung bezeichnet, seinen Ursprung ebenfalls in der Aura haben. Als Signal für Wut könnte sehr intensives Aufblitzen von roter Farbe unsere Aufmerksamkeit bewußt oder unbewußt auf sich ziehen und zu dieser gedanklichen Assoziation führen.

Rote Blitze in der Aura erscheinen im allgemeinen nur kurzzeitig, doch können sich rote Streifen als relativ dauerhaftes Muster in die Aura einflechten, was sie möglicherweise schwächt. Bei Untersuchungen von Gefängnisinsassen tauchten rote Streifen häufig in den Auren von Männern auf, die wiederholt straffällig geworden oder wegen eines Gewaltverbrechens verurteilt worden waren. Rote Strähnen wurden ebenfalls häufig in den Auren Heranwachsender beobachtet, die dazu neigten, ihre aggressiven Impulse auszuleben.

Bei Untersuchungen von Collegestudenten beobachteten wir eine signifikante Beziehung zwischen roten Bereichen in der Aura und dem Bedürfnis nach äußerer Anregung und Abenteuer, was wir mit Hilfe psychologischer Tests ermittelt hatten. Rote Bereiche werden auch mit Rastlosigkeit und Risikobereitschaft assoziiert. Obwohl rote Bereiche normalerweise in den Auren von Collegestudenten nicht häufig angetroffen wurden, tauchten sie hin und wieder doch in den Auren männlicher Studenten auf, die sehr aktiv Sportarten ausübten, bei denen es zu Körperkontakt kommt.

Farbe und Numerologie

Jede Beziehung zwischen der Numerologie, der Wissenschaft der Zahlen, und der menschlichen Aura mag auf den ersten Blick verdächtig erscheinen. Aber wenn die Welt auf der Kraft der Zahl beruht, wie Pythagoras 550 v. Chr. behauptet hat, und wenn jede Zahl eine Bedeutung besitzt, die über den Ausdruck einer Quantität hinausgeht, wie Agrippa 2000 Jahre später gesagt hat, sollte es uns nicht überraschen festzustellen, daß die Energiefrequenzen von

Zahlen sich in mancherlei Hinsicht auf die Energiefrequenzen der Aura beziehen lassen. Derartige Beziehungen sind in der Tat gefunden worden.

In einem Experiment, das wir in unserem Labor durchgeführt haben, wurde das Geburtsdatum von fünf Testpersonen jeweils auf eine einstellige Zahl zurückgeführt. Dabei haben wir ein leicht modifiziertes numerologisches Verfahren angewendet, das wir später erläutern werden. Dann wurde für jede Versuchsperson von Auraspezialisten die dominante Aurafarbe bestimmt. Vergleiche zwischen der dominanten Aurafarbe und der Geburtszahl der Versuchspersonen ergaben eine starke Korrelation zwischen beiden. Weitere Vergleiche ergaben eine hohe Übereinstimmung zwischen der numerologischen Bedeutung der Geburtszahl und der Bedeutung der dominanten Aurafarbe. Das heißt, Charaktereigenschaften, die mit einer bestimmten Geburtszahl assoziiert werden, ähneln den Charaktereigenschaften, die mit der dominanten Aurafarbe der Testperson in Verbindung gebracht werden. Zwei Wiederholungen der Untersuchung führten zu den gleichen Ergebnissen. Aus diesen Untersuchungen resultiert also, daß wir mit gewisser Sicherheit die dominante Aurafarbe einer Versuchsperson vorhersagen können, wenn wir ihre Geburtszahl kennen.

Es folgt eine Zusammenfassung unserer Ergebnisse bezüglich der Beziehung zwischen Geburtszahl und Aurafarbe (zur Errechnung der Geburtszahl siehe Seite 74).

Geburtszahl 1. Menschen mit der Geburtszahl 1 besitzen im allgemeinen eine vorherrschend orangefarbene Aura. Sowohl die Zahl 1 als auch die Farbe Orange stehen für Unabhängigkeit und großen Ehrgeiz.

Geburtszahl 2. Die Geburtszahl 2 haben wir mit großer Häufigkeit bei Menschen angetroffen, deren Aura vorherrschend hellblau ist. Sowohl die Zahl 2 als auch die hellblaue Farbe in der Aura stehen für Gleichgewicht und Ruhe.

Geburtszahl 3. Pink und die Zahl 3 werden oft zusammen angetroffen, beide stehen für Begabung und geistige Beweglichkeit.

Geburtszahl 4. Eine vorherrschend braune Aura wurde bei Menschen mit der Geburtszahl 4 festgestellt. Sowohl die braune Aura als auch die Geburtszahl 4 kennzeichnen Beständigkeit und ein praktisches Wesen.

Geburtszahl 5. Der Regenbogenaura entspricht die Geburtszahl 5. Rot haben wir zwar in den meisten von uns untersuchten Auren hin und wieder angetroffen, es wurde aber am häufigsten in den Auren von Menschen mit der Geburtszahl 5 gesehen. Sowohl die Regenbogenaura mit ihrem hin und wieder auftretenden Rot als auch die Zahl 5 werden mit Vielfalt, Intensität und Aufregung assoziiert.

Geburtszahl 6. Bei Menschen mit der Geburtszahl 6 wurde häufig eine vorherrschend gelbe Aura angetroffen. Beides steht für Zuverlässigkeit, Intelligenz und soziale Kompetenz.

Geburtszahl 7. Die Geburtszahl 7 wird mit einer dominant purpurfarbenen Aura assoziiert, beides steht für abstrakte Interessen.

Geburtszahl 8. Die Geburtszahl 8 ergab sich in großer Zahl bei Menschen, in deren Auren eine Kombination von Grün und Gelb auftrat. Die verschiedenen Charaktereigenschaften, die mit Grün und Gelb assoziiert werden, weisen wie die Zahl 8 auf ein großes Erfolgspotential hin.

Geburtszahl 9. Grün wurde oft zusammen mit der Geburtszahl 9 angetroffen, beide zeigen das Streben nach Selbstverwirklichung sowie die Beschäftigung mit globalen Problemen an.

Wenn wir unsere Untersuchungen über die Beziehung zwischen Numerologie und der menschlichen Aura im Zusammenhang betrachten, ergibt sich, daß die Geburtszahl eines Menschen seine Wachstumsressourcen und -potentiale repräsentiert. Seine Aura hingegen verdeutlicht, wie die Kapazitäten genau beschaffen sind und inwieweit schon Ziele erreicht wurden, wobei die Färbung den Wachstumsprozeß aufzeichnet. Die Charakteristika, die mit einer bestimmten Geburtszahl assoziiert werden, liegen auf einem Wachstumskontinuum, bei dem die betreffende Färbung der Aura den Entwicklungsstand dieser Charakteristika widerspiegelt. Ein niedriger Entwicklungsstand wird, auch wenn die Potentiale groß sind, im allgemeinen entweder durch fehlenden Glanz der Aura oder durch

ein Zusammenziehen der Auramuster angezeigt. Sind die positiven
Aspekte der Charakteristika, die mit einer bestimmten Geburtszahl
assoziiert werden, voll entwickelt, nimmt die Aurafarbe, die dieser
Geburtszahl entspricht, eine seltene, sich ausdehnende Leuchtkraft
an, die viele Auraseher als prismatisch beschreiben. Am unteren
Ende des Kontinuums erscheint die Farbe in bezug auf eine be-
stimmte Geburtszahl stark abgeschwächt und ohne Leuchtkraft.
Trotzdem bleiben die Wachstumsmöglichkeiten, auf die sowohl die
Farbe als auch die Zahl hinweisen, erhalten.

Für die Bestimmung der Geburtszahl ist es in unserer Untersuchung erforderlich, dem Geburtsdatum des Betreffenden jeweils
eine einstellige Zahl zuzuweisen. Unsere Voruntersuchungen hatten
ergeben, daß weder eine einstellige Zahl, die der Reihenfolge des
Geburtsmonats im Jahr entspricht, noch eine Gleichsetzung von
Farbe und Zahl, wie sie die Numerologie normalerweise festgelegt
hat, eine signifikante Korrelation zu den dominanten Aurafarben
bildet, die unser Spezialistenteam beobachtet hatte. Deshalb haben
wir ein Verfahren angewendet, das ein wenig von der traditionellen
Numerologie abweicht.

Zur Bestimmung der Geburtszahl nahmen wir eine Methode der
Numerologie zu Hilfe, die allgemein gebräuchlich ist, um die Na-
menszahl eines Menschen zu bestimmen. Anstatt einem Monat
entsprechend seiner Position im Jahr einen Zahlenwert zuzuweisen,
wird jedem Buchstaben des Monatsnamens in seiner englischen
Schreibweise in Abhängigkeit von seiner Position im Alphabet ein
Zahlenwert zugewiesen. Bei Buchstaben mit zweistelligen Zahlen
werden die einzelnen Ziffern addiert, bis sie eine einstellige Zahl
ergeben, die dann dem Buchstaben zugewiesen wird. Zum Beispiel nimmt der Buchstabe V die 22. Position im Alphabet ein. Wenn
die Zahl 22 auf eine einstellige Ziffer zurückgeführt worden ist,
bekommt der Buchstabe V die Zahl 4. Buchstaben, die eine einstellige Zahlenposition einnehmen, bekommen automatisch den
Zahlenwert dieser Position. Der Buchstabe G z. B. nimmt die 7. Position im Alphabet ein und bekommt deshalb automatisch den
Zahlenwert 7. Die folgende Zuordnung von Zahlen und Buchstaben, die in der Numerologie verbreitet ist, ermöglicht einen raschen
Zugriff auf den einstelligen Zahlenwert eines jeden Buchstabens.

A	B	C	D	E	F	G	H	I
J	K	L	M	N	O	P	Q	R
S	T	U	V	W	X	Y	Z	–
1	2	3	4	5	6	7	8	9

Wie wir dieser Tabelle entnehmen können, haben die Buchstaben A, J und S den Zahlenwert 1; die Buchstaben B, K und T den Zahlenwert 2 und so weiter. Um den Zahlenwert des gesamten Geburtsdatums zu erhalten, werden die Zahlenwerte aller Buchstaben des Geburtsmonats mit den Zahlen des Tages und des Geburtsjahres addiert. Die Ziffern dieser Summe werden dann wieder addiert, bis die Summe auf eine einstellige Zahl zurückgeführt worden ist. Für das Geburtsdatum 16. September 1975 wird die einstellige Ziffer folgendermaßen errechnet:

16. September 1975
$1+6+1+5+7+2+5+4+2+5+9+1+9+7+5 = 69 = 6+9 = 15 = 1+5 = 6.$

Verwendet man diese Formel, so hat die betreffende Person unseres Beispiels die Geburtszahl 6.

Um den deutschsprachigen Lesern die Ermittlung ihrer Geburtszahl zu erleichtern, können Sie der folgenden Tabelle die einstelligen Zahlen für die jeweiligen Monate entnehmen:

Januar (engl. January)	9;	Juli (engl. July)	5;
Februar (engl. February)	6;	August (engl. August)	8;
März (engl. March)	7;	September (engl. September)	4;
April (engl. April)	2;	Oktober (engl. October)	6;
Mai (engl. May)	3;	November (engl. November)	4;
Juni (engl. June)	5;	Dezember (engl. December)	1.

Zu diesen Zahlen sind jetzt die Ziffern des Geburtstages und des Geburtsjahres zu addieren.

In unserer Untersuchung wurde bei allen Versuchspersonen die jeweilige Geburtszahl mit der dominanten Aurafarbe verglichen. Schließlich wurde die numerologische Bedeutung der Zahl mit der Bedeutung der dominanten Aurafarbe verglichen, um den Grad der Übereinstimmung dieser zwei Indikatoren zu überprüfen. Unsere Testperson hatte Gelb als dominante Aurafarbe. Da die Geburtszahl

6 sowie eine gelbe Aura auf soziale und intellektuelle Kompetenz
hinweisen, stimmten die beiden Bewertungsmethoden überein. Dieses Ergebnis wurde außerdem durch die Tatsache bestätigt, daß es
sich bei unserer Testperson um einen Studenten im Hauptstudium
handelte. Wir fanden also eine Übereinstimmung zwischen drei
wichtigen Variablen: Geburtszahl, dominanter Aurafarbe und Persönlichkeitsmerkmalen, wie sie von beiden angezeigt wurden.

Wie bereits erwähnt, legen unsere Untersuchungen mit Hilfe der
Numerologie und der Aurafarben nahe, daß die Geburtszahl eines
Menschen (wie sie durch unser abgewandeltes Verfahren ermittelt
wird) auf praktische und bequeme Weise die dominante Aurafarbe
eines Menschen anzeigt, was dann auch bei denjenigen Menschen
möglich ist, die für eine Aurabetrachtung nicht zur Verfügung stehen. Sogar die Aurafärbung wichtiger Persönlichkeiten der Weltge-
schichte könnte mit beachtlicher Genauigkeit bestimmt werden,
wenn man diese Methode rückblickend anwendet, vorausgesetzt,
wir kennen das Geburtsdatum des Betreffenden. Die folgende Tabelle enthält die auf diese Weise ermittelten dominanten Aurafarben
einiger ausgewählter historischer Persönlichkeiten.

Historische Persönlichkeit	Geburtsdatum	Geburts- zahl	Aurafarbe
Washington, George	22. Februar 1732	5	Regenbogen
Lincoln, Abraham	12. Februar 1809	9	Grün
Elizabeth II.	21. April 1926	5	Regenbogen
Bell, Alexander G.	3. März 1847	3	Pink
Dickens, Charles	7. Februar 1812	7	Purpur
Einstein, Albert	14. März 1879	9	Grün
Kennedy, John F.	9. Mai 1917	3	Pink
Shakespeare, William	23. (?) April 1564	5	Regenbogen
Freud, Sigmund	6. Mai 1856	2	Blau
Franklin, Benjamin	17. Januar 1706	4	Braun
Hawthorne, Nathaniel	4. Juli 1804	5	Regenbogen
Hemingway, Ernest	21. Juli 1899	9	Grün

Abgesehen davon, daß die Numerologie bei nicht körperlich anwesenden Personen hilfreich ist, um deren vorherrschende Aurafarben
zu bestimmen, spielt sie bei unserer Beschäftigung mit der menschlichen Aura eine wichtige Rolle, denn sie ergänzt andere Techniken,

u. a. direkte Aurabetrachtungstechniken. Es gibt nicht den einen optimalen Weg, die menschliche Aura zu untersuchen. Indem wir verschiedene Methoden anwenden, können wir die Schwächen, die einem einzelnen Verfahren oft anhaften, ausgleichen. Darüber hinaus können zusätzliche Methoden dazu beitragen, die Genauigkeit anderer Verfahren zu überprüfen. Wenn wir z. B. die Geburtszahl des Menschen, dessen Aura wir betrachten, kennen, können wir die dominante Aurafarbe der Versuchsperson ableiten, womit wir die Genauigkeit unserer Aurabetrachtungsmethode kontrollieren. Genauso bedeutsam ist, daß wir die Numerologie als Ergänzung für unsere Betrachtungen der eigenen Aura verwenden können.

Es ist wichtig, darauf hinzuweisen, daß die Beziehung zwischen der Geburtszahl und den mit ihr assoziierten Aurafarben nur von begrenztem Nutzen ist, wenn sie nicht im Rahmen des gesamten Aurasystems sowie anderer verfügbarer Informationsquellen interpretiert wird. Weil die Untersuchungen über die Beziehung zwischen der Numerologie und der menschlichen Aura noch beschränkt und die Resultate nicht fehlerfrei sind, müssen unsere Schlußfolgerungen als vorläufig betrachtet werden. Es bedarf weiterer Forschung, um unser Wissen über dieses interessante Phänomen zu erweitern.

Wir haben nur einige der Farben, die wir in der menschlichen Aura antreffen können, besprochen. Die Aurafärbung ist etwas Dynamisches, d. h., sie besteht nicht aus einer Reihe klar abgrenzbarer Elemente. Das menschliche Auge kann mehr als eine Million Farben sehen, die alle in der menschlichen Aura auftreten und für deren Kräftigung bedeutsam sein können. Wir haben uns deshalb auf die Bedeutung einer begrenzten Anzahl ausgewählter Farben konzentriert, weil es uns nicht darum geht, alle Möglichkeiten aufzuzeigen, sondern eine generelle Grundlage zu schaffen, von der aus wir unser Bewußtsein und unser Verständnis für die Aura erweitern können.

Die Aurasignatur

Außer der Farbe weist die menschliche Aura zahlreiche weitere Elemente auf, die, angemessen interpretiert, unser Verständnis für die Aura und ihre Bedeutung für die Stärkung unserer Persönlichkeit erweitern. Jedes Auramerkmal, selbst wenn es derzeit nur mit Potential geladen ist, reagiert auf unser Eingreifen. Vielleicht mehr als jedes andere menschliche System hat die Aura eine Schlüsselfunktion, um ein besseres Verständnis der innersten Teile unseres Wesens und der äußersten Reichweiten des Universums zu erlangen. Denn die Aura verbindet uns gleichzeitig mit beiden.

Sich allein die Aura und ihre Funktionen bewußt zu machen, veranlaßt uns, dieser großartigen Lebenskraft in uns mit einer neuen Wertschätzung zu begegnen. Wenn wir aber jedes wichtige Merkmal der Aura testen und herausfinden, worin ihre machtverleihende Bedeutung besteht, entdecken wir völlig neue Möglichkeiten für persönliches Wachstum und Erfüllung.

Energiemuster und -formen

Energie, einfach definierbar als eine wirksame Kraft, ist die Essenz des menschlichen Aurasystems. Die menschliche Aura besteht nicht nur einfach aus Energie, sondern setzt sich aus vielen Energiebestandteilen und -prozessen zusammen. Die Energien der Aura sind während einer Aurabetrachtung normalerweise als ein farbiges Leuchten zu sehen, das dann stark strukturierte Energiemuster und -formen annimmt. Zusammen bilden diese Elemente eine einzigartige Struktur, die Aurasignatur eines Menschen. Auch wenn sich die Aura ständig weiterentwickelt und verändert, bleibt die Aurasignatur, ebenso wie die Persönlichkeit, relativ stabil.

In vielen komplexen Wechselwirkungen wird die Aura sowohl innerhalb ihres eigenen Systems als auch in Kontakt mit äußeren Faktoren beeinflußt. Die Aurasignatur gibt uns einen nützlichen Hinweis auf die Beschaffenheit dieser Wechselwirkungen. Symmetrie in der Signatur legt z. B. geistige, körperliche und spirituelle Harmonie nahe, während Turbulenzen auf einen erregten, unausgeglichenen Zustand hinweisen.

Jede Methode der Aurabetrachtung, die Charakteristika wie Färbung und Größe sichtbar macht, eignet sich im allgemeinen auch dazu, die ganze Ausstattung der Aura aufzudecken. Gelegentlich wird man während einer Aurabetrachtung sehr spezielle Strukturkomponenten sehen, möglicherweise noch vor dem Auftauchen von Farben und anderen Merkmalen. Folgende weithin beobachtete Formen und Muster der Aurasignatur sind zu finden: 1. *Energieströme,* 2. *Energiecluster,* 3. *Lichtpunkte,* 4. *dunkle Stellen,* 5. *Lükken,* 6. *heftige Bewegungen,* 7. *Symmetrie und Ausgeglichenheit,* 8. *Risse,* 9. *Tentakel,* 10. *Bögen* und 11. ein breites Spektrum an *einzigartigen Energiemustern,* wie in den unterschiedlichen Formen geometrischer Körper.

Die Vorstellung eines komplizierten Aurasystems mit komplexen Signaturmustern und -formen mag etwas weit hergeholt erscheinen, aber wenn wir an den äußerst komplexen Aufbau des biologischen Körpers denken, braucht es uns nicht zu überraschen, eine vergleichbare Komplexität im Aurasystem zu finden. Wenn wir darüber hinaus das Universum von der größten bekannten Galaxie bis zur kleinsten materiellen Partikel absuchen, werden wir auf ein großartiges System stoßen, das in vielerlei Hinsicht der wunderbaren Gestaltung unseres Wesens einschließlich der Ausstattung der Aura vergleichbar ist. Wie der Kosmos sind auch wir eine komplexe Schöpfung aus vielen Bestandteilen, die alle in Harmonie miteinander funktionieren.

Um die Form einer Aurasignatur zu deuten, benötigt man nicht nur die Fähigkeit, die Aura zu sehen, sondern außerdem eine klare Kenntnis der einzelnen Elemente und der Wechselbeziehungen zwischen ihnen. Wir werden im folgenden einige Hauptcharakteristika der Aurasignatur und ihre Bedeutung für unsere persönliche Stärkung erforschen. Unsere Ergebnisse beruhen zum größten Teil auf Laboruntersuchungen, bei denen direkte Aurabetrachtungen, psychologische Tests und Interviews vorgenommen wurden. Für unsere Untersuchungen durchliefen die freiwilligen Testpersonen, ausnahmslos Collegestudenten, zuerst eine große Anzahl psychologischer Tests. Eine Reihe geschulter Auraspezialisten betrachtete dann die Auren. Nachdem sie im Hinblick auf die Charakteristiken der Aurasignatur jedes einzelnen Teilnehmers zu einem Konsens gefunden hatten, interviewten die Aurabetrachter die Testpersonen, um zusätzliche Informationen zu bekommen, und verglichen dann die spezifischen Charakteristika der Aura mit dem Interview und den Ergebnissen des psychologischen Tests.

Energieströme

In einer Vielzahl von Gestaltungen und Farben können überall in der Aura leuchtende Ströme auftreten, von denen man allgemein annimmt, daß sie Energie verteilen. Sie können als glänzende, symmetrische Lichtstreifen vom inneren Bereich nach außen strahlen oder in einem Netz schimmernder Energie-Adern in der ganzen Aura mäandern. An den Grenzen unterschiedlicher Farbbereiche bewegen sich oft breite Ströme funkelnder Energie. Wenn die Aura z. B. einen blauen Bereich enthält, der den ganzen Körper umgibt und an den sich ein äußerer grüner Bereich anschließt, werden klar abgegrenzte Grenzströme glänzender Energie die Übergänge bzw. das Vermischen der zwei Farbbereiche anzeigen. Gelegentlich sind kleinere Ströme isolierter Aktivität zu beobachten, die überall in der Aura auftreten können. Um den Kopf und die Schultern einer Versuchsperson herum erschienen häufig kleine, aber intensiv leuchtende Ströme.

Energieströme, die, wenn sie aktiv sind, beim Berühren prickeln, können blockiert sein, wodurch die Fähigkeit der Aura, Energie zu verleihen, eingeschränkt wird. Es kann zu Energieverlust, Ineffizienz und im Falle einer länger andauernden Blockade auch zu körperlichen Erkrankungen kommen. Unsere Untersuchungen haben ergeben, daß Menschen mit Blockaden im Aurasystem fast immer unter chronischer Erschöpfung, Konzentrationsschwierigkeiten und Reizbarkeit leiden. Sie klagen häufig über Erschöpfung und die Unfähigkeit, ihren Alltag zu bewältigen.

Im konstanten Fließen des Energiestroms in der Aura erscheinen Blockaden als Unterbrechungen oder Barrieren. Ein blockierter Strom ist normalerweise an einer Eintrübung zu erkennen, die an die Stelle des charakteristischen Glanzes des Energiestroms tritt. Eine Auramassage, wie in einem späteren Kapitel beschrieben, kann blockierte Energie erfolgreich freisetzen und zugleich die Symptome lindern, die im Zusammenhang mit der Blockade auftreten.

Energiecluster

Energiecluster sind recht intensive Konzentrationen farbiger Energie, die wie Ströme überall in der Aura auftreten können. Sie werden oft als glänzende, ineinander verzahnte symmetrische Energienetze gesehen, die sich in den äußeren Bereichen der Aura ansammeln. Wenn man sie z. B. bei einer Auramassage berührt, vibrieren sie und sind warm.

Cluster können sich zwar in der Aura fest einrichten, sind aber normalerweise nur vorübergehend in ihr anzutreffen – offensichtlich, um jeweils ein ganz besonderes Bedürfnis nach Kräftigung zu befriedigen. Die Farbe und die Position der Cluster können einen Hinweis auf ihre Rolle geben. Bei unseren Untersuchungen von Collegestudenten zeigten sich häufig leuchtende gelbe Energiecluster im Kopfbereich, was darauf hinweist, daß kognitive Fähigkeiten gestärkt werden sollten. Bei Verletzungen und körperlichen Erkrankungen wird ein leuchtendgrünes Energiecluster in der Nähe der Beschwerden auftauchen, was sich bei einem Sportler bestätigte, der sich kurz zuvor an der Achillessehne verletzt hatte. Ein grün schillerndes Cluster, das heilende Energie auszustrahlen schien, war in seiner Aura im Bereich der Verletzung deutlich sichtbar.

Hin und wieder stößt man auf die Ansicht, daß glänzende Energiecluster Zeichen für das Einfließen kosmischer Kraft in das Aurasystem seien. Wenn sie im äußeren Bereich unseres Energiefeldes erscheinen, dienen sie uns gewissermaßen als Vorbereitung, indem sie uns die Energie für eine bevorstehende Aufgabe oder ein neues Projekt zur Verfügung stellen. So kam es z. B. bei einem Kandidaten für ein öffentliches Amt zu einem ungewöhnlich großen Cluster leuchtender orangefarbener Energie in seiner äußeren Aura, was seinem bemerkenswert erfolgreichen Wahlkampf offensichtlich Energie verlieh.

In der inneren Aura von Menschen, die einen Schicksalsschlag, wie das Ende einer Beziehung oder den Verlust eines geliebten Menschen, erleiden, wird oft ein strahlend blaues Energiecluster gefunden. Wie auch immer die Herausforderungen beschaffen sind, die Aura zeigt sich der Situation gewachsen. Die gestärkte Aura sammelt die entscheidenden Ressourcen entweder aus dem Selbst oder aus höheren kosmischen Quellen und organisiert sie, um auf diese Weise den Energiebedürfnissen entsprechen zu können. Wir

werden später über Methoden sprechen, wie wir ganz neue Energiecluster in die Aura einbringen können.

Lichtpunkte

Lichtpunkte in der Aura werden normalerweise mit starken Kräften
in Verbindung gebracht, die eingreifen, um uns Macht zu verleihen.
Nach den Aussagen einiger erfahrener Auraspezialisten kann ein
Lichtpunkt in der Aura auf die Anwesenheit eines spirituellen Einflusses, wie eines helfenden Führers oder Schutzengels, hinweisen.
Diese Möglichkeit wird durch einen Studenten veranschaulicht, in
dessen Aura sich oberhalb seiner Schulter ein leuchtender Lichtpunkt befand, nachdem er kurz zuvor bei einem Autounfall knapp
einer schweren Verletzung entgangen war. Er interpretierte diesen
Lichtpunkt als eine deutliche Manifestation seines Schutzengels.
Strahlende Lichtpunkte können auch als Bruchstücke konzentrierter Energie sichtbar werden, die das innere Aurazentrum reiner
Energie aussendet. Es wird angenommen, daß diese Fragmente ne-
benbei unvermittelt in die Aura ausgeschickt werden, um in Notsi-
tuationen oder bei plötzlichem Energiebedarf, wie bei persönlichen
Krisen oder im Krankheitsfall, zur Verfügung zu stehen.

Die hellen Lichtpunkte sind zwar klein, ziehen jedoch unsere
Aufmerksamkeit auf sich, wenn wir die Aura betrachten. Sie können überall in der Aura auftreten, werden aber überwiegend im
oberen Aurabereich oder in der Mitte eines Energieclusters beobachtet. Gelegentlich ist ein Punkt direkt über dem Kopf zu sehen,
eine Stelle, die darauf hinweist, daß der Betreffende an seiner Selbstverwirklichung oder spirituellen Erleuchtung arbeitet. Wenn die
Punkte an anderen Stellen der Aura auftreten, sollen sie einen wichtigen Einfluß oder eine große Leistung signalisieren – in Vergangenheit, Gegenwart oder Zukunft.

Unsere Untersuchungen bei Rückführungen ergaben, daß Menschen mit einzelnen Lichtpunkten in ihrer Aura oft auf wichtige
Erfahrungen in einem früheren Leben stießen, die sie mit den Punkten in Verbindung brachten. In einem sehr interessanten Fall entdeckte unsere Versuchsperson, in deren Aura sich ein Lichtpunkt in
der Brustregion befand, daß sie in einem früheren Leben mit einem
Messerstich tödlich verletzt worden war, als sie ihren Liebsten
schützen wollte. Für sie symbolisierte der Lichtpunkt, der aus ihrer

dunklen Vergangenheit hervorschien, jedoch keine Tragödie, sondern Schutz in ihrem gegenwärtigen Leben.

Dunkle Stellen

Gelegentlich können in der Aura auch dunkle Stellen auftreten. Während Lichtpunkte auf positive Einflüsse, wie den Zufluß positiver Energie in die Aura, verweisen, deuten dunkle Stellen entweder auf einen Angriff negativer Kräfte auf die Aura oder auf eine schwerwiegende Schwäche im Aurasystem hin. Dunkle Punkte in der Aura sehen oft wie Stichwunden aus, die psychische Verletzungen oder ein gerade zurückliegendes Eindringen einer negativen Kraft signalisieren. Wie wir später sehen werden, sind unterentwickelte Aurasysteme in der Lage, andere Aurasysteme anzuzapfen, wobei sie dem Opfer Energie abziehen und für kurze Zeit eine dunkle Stelle hinterlassen. Werden dunkle Punkte auf dieses Phänomen zurückgeführt, das manchmal »psychischer Vampirismus« genannt wird, dann sind sie üblicherweise von einer gräulichen Verfärbung umgeben, die eine bedrohliche Erschöpfung der Aura-Energie anzeigt. Psychischen Vampirismus werden wir in einem späteren Kapitel eingehender untersuchen.

Dunkle Punkte in der Aura zeigen auch Schwachstellen an, die besonders anfällig sind. Im Gegensatz zu den stichartigen Wunden ist die umgebende Aura in diesem Fall normalerweise nicht verfärbt. Der dunkle Punkt in der Aura ist in diesem Zusammenhang wie eine Achillessehne – die schwächenden Wirkungen sind im allgemeinen begrenzt, können aber weitreichende Folgen haben. Beispiele hierfür sind Minderwertigkeitskomplexe, Phobien und Süchte.

Lücken

Etwas größer als Punkte sind Lücken. Es sind inaktive, funktionslose Bereiche in der Aura, die über geringe oder keine Energievorräte verfügen und nicht die Kapazität besitzen, neue Energie zu erzeugen. Sie können überall in der Aura als farblose, transparente Bereiche auftreten, die keinerlei energetische Aktivität aufweisen. Wenn sie sich in den äußeren Bereichen der Aura zeigen, weisen sie auf eine Anfälligkeit für äußere Bedrohungen hin. Wenn sie in den inneren Aurabereichen auftreten, werden sie häufig mit Gefühlen von Leere in Verbindung gebracht. Sie können unerfüllte Bemühungen, Entmutigung und Hoffnungsverlust repräsentieren. Ausgedehnte Lücken werden oft in der Aura von Menschen angetroffen, die unter Identitätsverlust, Depersonalisation und Trennung von anderen leiden.

Lücken können zwar vorübergehende Erscheinungen sein, tendieren aber eher zu Dauerhaftigkeit, solange nichts Positives unternommen wird, um die Ursache für den leeren Raum zu finden und die Fähigkeit der Aura zu Erneuerung und Vervollständigung zu aktivieren. Wir werden in einem späteren Kapitel Auramethoden kennenlernen, die die Elastizität der Aura erhöhen und sie gezielt darin stärken, Lücken zu überbrücken, um dadurch die Gesamtfunktionen der Aura wiederherzustellen. Diese Techniken, wozu auch passende Affirmationen gehören, eignen sich nicht nur dazu, derartige Lücken zu schließen, sondern helfen auch, deren zugrundeliegende Probleme zu lösen.

Heftige Bewegungen

Die menschliche Aura ist ein sehr empfindsames Energiesystem und deshalb anfällig für Einflüsse, die sie aufwühlen und dadurch ihre Funktionen beeinträchtigen. Wie viele andere Auramerkmale können auch heftige Bewegungen der Energiemuster ihren Ursprung im Selbst oder in externen Quellen haben. Die heftigen Bewegungen können im ganzen Aurasystem auftreten oder auf ein klar abgegrenztes Gebiet beschränkt sein. Unabhängig davon sieht sie der erfahrene Aurabetrachter als eine sich heftig bewegende Turbulenz, die von trüber Verfärbung begleitet wird. Auseinandergegangene Beziehungen, Unsicherheit, Angst und übermäßige Sorgen sind z.B. Einflüsse, die die Aura aufwühlen können.

Unsere Untersuchungen an Collegestudenten ergaben, daß ungelöste Konflikte und damit einhergehende Schuldgefühle die Aura besonders beeinträchtigen können. Dies wurde durch einen Studenten veranschaulicht, der sich für den Tod seiner Verlobten bei einem Autounfall verantwortlich fühlte. Noch etliche Monate nach der Tragödie spiegelten sich sein Kummer und seine Schuldgefühle in Auraturbulenzen wider.

Lokale Störungen der Aura werden manchmal mit körperlichen

Beschwerden in Zusammenhang gebracht, wobei die Lage der Turbulenz die Art der Störung anzeigt. Chronische Schmerzen werden
in der Aura fast immer als lokale Energiestörung im Bereich der
Schmerzstelle reflektiert. Zum Beispiel zeigten sich bei einem Inge-
nieur, der infolge einer Knieverletzung chronische Schmerzen erlitt,
Turbulenzen sowie Verfärbungen an der betreffenden Stelle in der
Aura, wo er die Schmerzen hatte. Die lokale Turbulenz der Aura
war ständig vorhanden, und in Zeiten schwerer Schmerzen nahmen
die heftigen Bewegungen erheblich zu. Bei einer Lehrerin, die über
Magenprobleme klagte, waren Unruhen im Unterleibsbereich ihrer
Aura zu sehen. Wir werden später Techniken erläutern, die Turbulenzen reduzieren und die Energien der Aura nutzen, um mentale
und physische Schmerzen handhaben zu können.

Manchmal ist eine deutlich sichtbare Turbulenz in der Aura eine
positive Reaktion auf eine Notsituation. In diesem Fall erweist sich
das, was eine Störung der Aura zu sein scheint, in Wirklichkeit als
konstruktive Mobilisierung der Aura-Energie. Bemerkenswert ist
hier der Fall eines Schachmeisters unmittelbar vor dem Wettkampf,
dessen Aura umfangreiche Aktivitäten im obersten Bereich zeigte,
worin sich die geistige Wachheit und Mobilisierung der Energie
reflektierte, die für das bevorstehende Ereignis benötigt wurden.
Der Erregungszustand, der während einer konstruktiven Mobilisierung zu sehen ist, wird – anders als sonstige Turbulenzen – von
einem Glanz und nicht von einer trüben Verfärbung der Aura begleitet.

Symmetrie

Symmetrie entsteht dadurch, daß Energie vom innersten Zentrum
der Aura ausgeht und diese mit leuchtender, fließender Energie
durchdringt, die gleichmäßig über das gesamte Aurasystem verteilt
wird. Normalerweise gibt es in einer symmetrischen Aura keine
Lücken, Risse oder Turbulenzen, die einen positiven Energiefluß
unterbrechen können.

Symmetrie in der menschlichen Aura signalisiert eine gesunde,
ausgeglichene Interaktion zwischen Geist, Körper und Seele. Wenn
wir in uns allmählich Harmonie entwickeln, reagiert das Aurasystem, indem es sich in Richtung auf Symmetrie und Gleichgewicht
verändert. Daraus entsteht ein Kreislauf, der uns stärkt, indem die

symmetrische Aura uns Macht verleiht und neue Möglichkeiten für persönliche Erfüllung aufzeigt.

Ein symmetrisches Aurasystem ist flexibel und reagiert auf Veränderungen. Als Punkt, an dem die geistige, körperliche und spirituelle Energie zusammenfließt, ist eine symmetrische Aura das Kraftwerk für Anpassung und Wachstum. Eine Verwirklichung aller unserer Möglichkeiten hängt in großem Maße von unserer Fähigkeit ab, uns Veränderungen anzupassen und neue Lernerfahrungen zu integrieren. Eine symmetrische, ausgeglichene Aura erleichtert diesen schwierigen Prozeß.

Unsere Untersuchungen über die Symmetrie in der Aura deckten eine wechselseitige Beziehung zwischen Lernen und Symmetrie auf, wobei jedes einen Beitrag zu dem anderen leistete. Wir fanden heraus, daß die Aura von Collegestudenten, die sich für Erstsemester-Förderprogramme eingeschrieben hatten, zunehmend leuchtender und symmetrischer wurde, wenn sie die Voraussetzungen erworben hatten, die für einen erfolgreichen College-Abschluß als wesentlich erachtet wurden. Dieses Phänomen war besonders offensichtlich bei Studenten, die sich am *Athens State College* in ein spezielles Programm, das im Sommer beginnen sollte, eingeschrieben hatten. Zu diesem sehr erfolgreichen Kurs, der dazu diente, zunächst abgelehnte Studenten auf die Zulassung für das reguläre College-Programm vorzubereiten, gehörten auch Meditationen, die dazu beitrugen, Symmetrie und Gleichgewicht zu fördern.

Wenn wir voraussetzen, daß es eine enge Beziehung zwischen Aurasymmetrie und Lernen gibt, ist es nicht mehr weit bis zu dem Schluß, daß Techniken, die in die Aura einwirken, um Symmetrie hervorzurufen, Lernen beschleunigen können. Und tatsächlich gibt es jetzt Methoden, um genau dieses Ziel zu erreichen. Im nächsten Kapitel werden wir die Übung »Ausrichtung auf den Kosmos« beschreiben, die in einer Reihe von Ausbildungssituationen erfolgreich angewendet worden ist, um kognitive Fähigkeiten zu verbessern und die Abschlußergebnisse zu steigern.

Risse

Risse, wozu auch Brüche und Spalten gehören, entstehen im allgemeinen in den äußeren Bereichen der Aura. Im Gegensatz zu Lücken haben Risse zackige Kanten und sind grau gefärbt. Meistens sind sie keilförmig und können sich bis in die innersten Bereiche der Aura erstrecken. Nur selten hat ein Riß seinen Ursprung im inneren Aurabereich. Entspringt er jedoch dort, so ist für gewöhnlich auch die ganze Aura, nicht nur der Riß, matt verfärbt.

Risse in der Aura sind fast immer ein Resultat psychischer Verletzungen, die die Grundstruktur der Aura direkt verändert haben. Risse werden oft mit Traumata in Verbindung gebracht, die sich entweder auf die frühe Kindheit oder auf Erfahrungen in früheren Leben beziehen. Sie finden sich häufig in den Auren von Männern und Frauen, die als Kinder emotional oder physisch mißbraucht worden sind, sowie in den Auren von geschlagenen Frauen. Risse in der Aura können auch entstehen, wenn man von einem nahestehenden Menschen, wie z. B. einem vertrauten Freund oder Geliebten, betrogen worden ist.

Die meisten Risse erweisen sich als recht dauerhaft und widersetzen sich Anstrengungen, sie zu schließen. Methoden, die Risse beseitigen sollen, können nur dann wirken, wenn sie sich auf die zugrundeliegenden Ursachen sowie die Folgewirkungen auf das gesamte Aurasystem einschließlich des zentralen Kerns konzentrieren. Techniken, die sich nur auf den Riß als Symptom konzentrieren, können dazu beitragen, daß es dem Betreffenden besser geht. Aber solange die zugrundeliegenden Ursachen und ihre Auswirkungen nicht behoben werden, sind die positiven Erscheinungen nur vorübergehend.

Wenn der Riß mit früheren Leben zusammenhängt, können Rückführungen unter Hypnose helfen, den Ursprung des Risses aufzudecken und das damit zusammenhängende Problem zu lösen. Die Auswirkungen von Erfahrungen aus früheren Leben reichen bis in unser derzeitiges Leben und zeigen sich in der Aura als ernstzunehmende Schwachstellen. So hat beispielsweise ein Jurastudent, der einen großen Riß in seiner Aura hatte, während einer Rückführung entdeckt, daß er als Richter eines Tribunals, das tatkräftig die Inquisition unterstützte, aktiv an der Spanischen Inquisition teilgenommen hatte. Nachdem er durch die Rückführung neue Einsichten erlangt hatte, bearbeitete er die negativen Reste dieser Erfahrungen erfolgreich. Fast unmittelbar danach fingen die Risse in seiner Aura an, sich zu verkleinern, bis sie schließlich völlig verschwanden. Er führt sein gegenwärtiges Interesse für Jura zum Teil darauf zurück, daß es ihm ein dringendes Anliegen ist, die Ungerechtigkeiten seiner Handlungen in einem früheren Leben auszugleichen.

Tentakel

Bei einer Aurabetrachtung sind gelegentlich Tentakel zu sehen, die sich über die üblichen Grenzen der menschlichen Aura hinaus erstrecken. Sie werden oft mit Unreife und dem Bedürfnis nach Abhängigkeit in Zusammenhang gebracht. Wenn sie in einer verfärbten Aura erscheinen, gelten sie entweder als Bitte um Hilfe oder als Hilfsbedürftigkeit. Tentakel werden häufig in den Auren von Menschen gefunden, die sofortige Anerkennung benötigen oder die anderen selbstsüchtige oder unerfüllbare Forderungen stellen.

Tentakel sind auch in den Auren von egozentrischen Pseudo-Intellektuellen zu beobachten, denen es an Selbsterkenntnis mangelt. Diese selbsternannten »Gelehrten« haben ihre eigene Entwicklung vernachlässigt und stehen den Leistungen anderer oft kritisch gegenüber. Sie benötigen Publizität und Anerkennung, z.B. als »fachkundige Entlarver« medialen Wissens, obwohl sie im allgemeinen nicht über genügend Informationen verfügen, um eine überzeugende Beweisführung aufzustellen. Sie stellen sich selbst als »skeptische Denker« dar, haben im allgemeinen aber starre Ansichten, äußern sich zynisch über medial Begabte und sind Menschen gegenüber intolerant, deren Denken von dem ihren abweicht. Sie neigen dazu, andere zu manipulieren, wobei sie es mit der Wahrheit oft nicht so genau nehmen oder sich sogar auf Betrug einlassen, um ihre Ziele zu erreichen. Veränderungen widersetzen sie sich, und sie haben große Probleme, lang anhaltende, positive Beziehungen aufzubauen.

Eine Aura mit Tentakeln wird oft mit psychischem Vampirismus assoziiert, bei dem eine kraftlose Aura sich in das Aurasystem eines anderen Menschen einklinkt, der sich in nächster Nähe befindet. Dies ereignet sich üblicherweise spontan, aber es kann auch willkürlich geschehen. In jedem Fall laugt es die Aura des Opfers aus, indem ihr ein wesentlicher Teil ihrer Energie entzogen wird. Der psychische Vampir gelangt auf diese Weise zu einem sofortigen Energieschub; die Nachteile für das Opfer bestehen in Ermüdung und – falls der Energieverlust lang andauert bzw. immer wieder auftritt – Krankheit, bis korrigierend eingegriffen wird. Wie bereits angemerkt, können dunkle Punkte in der Aura einen gerade zurückliegenden Angriff eines psychischen Vampirs anzeigen, der Energie aus der Aura gesaugt hat. In einem späteren Kapitel werden wir

Techniken schildern, die psychischem Vampirismus entgegenwirken können.

Bögen

Manchmal sind Bögen leuchtender Energie zu sehen, die zwei Aurasysteme miteinander verbinden. Dieses Phänomen weist auf eine positive und möglicherweise kräftigende Interaktion hin. Im Gegensatz zu Tentakeln, die in das Aurasystem eines anderen eindringen, sind Bögen positive Ausdrücke von Wärme und Übereinstimmung. Jeder Energieaustausch, der im Rahmen dieses Phänomens stattfindet, gibt immer beiden Beteiligten neue Kraft.

Wenn ein Bogen beobachtet wird, verbindet er im allgemeinen die oberen Bereiche zweier Aurasysteme miteinander und ist ein Zeichen für engen und befriedigenden Sozialkontakt. Er signalisiert eine für beide Seiten fruchtbare Beziehung, die auf Geben und Nehmen beruht. Der Bogen ist für gewöhnlich ein vorübergehendes Phänomen, das bei positiven Sozialkontakten nur periodisch auftritt.

Bei Paaren, deren Energiesysteme aufeinander abgestimmt sind und deren Beziehung erfüllt ist, werden oft Bögen beobachtet. Das Fehlen eines Bogens bedeutet jedoch nicht, daß die Beziehung nicht positiv ist. Wenn der räumliche Abstand zwischen zwei Personen gering ist, kann ein direktes Verschmelzen der zwei Aurasysteme an die Stelle des Bogens treten. Wie zu erwarten, schaffen zwei Auren, die sich abstoßen, üblicherweise Distanz zwischen sich und bilden keine Bögen.

Ein Bogen kann manchmal auch zwei äußere Bereiche des Aurasystems eines Menschen miteinander verbinden. In solchen Fällen schützt der Bogen entweder einen anfälligen Bereich der Aura, oder er versucht, die Energieverteilung auszugleichen. Ist eine Lücke in der äußeren Aura vorhanden, so ist oft ein Bogen zu sehen, der sich von Rand zu Rand spannt, als ob er versucht, die Aura durch das Schließen der Lücke zu reparieren.

Andere Energiemuster

Oft sind in der menschlichen Aura auch zahlreiche andere Energiemuster wie geometrische Formen zu sehen. Normalerweise haben
geometrische Figuren eine intensive Färbung und Leuchtkraft und
können überall im Energiefeld der Aura auftreten. Diese Formen
sind wahrscheinlich kleinere Energiefelder oder spezielle Energiekonzentrationen, die entweder dem Inneren des Betreffenden selbst
oder einer externen Quelle entstammen.

Kugelförmige Energiekörper sind die geometrischen Formen, die
in der Aura am häufigsten angetroffen werden. Wie andere Formen
der Aurasignatur können die Farbe und die Lokalisierung der Kugel
Hinweise auf ihre energetisierende Rolle geben. So wird beispielsweise eine leuchtendgelbe Energiekugel im oberen Bereich der Aura
mit einer Stärkung der intellektuellen Fähigkeiten in Verbindung
gebracht. Wie wir später sehen werden, können systematische
Methoden zur intellektuellen Entwicklung eine leuchtendgelbe
Energiekugel in die oberen Aurabereiche einführen. Unsere Untersuchungen an Collegestudenten ergaben, daß Techniken zur Beeinflussung der Aura, mit deren Hilfe ein leuchtendgelber Ball in der
oberen Aura entstand, die Intelligenz direkt erhöhen, was in standardisierten Tests gemessen wurde.

Eine leuchtendgrüne Energiekugel in der Aura soll Heilungsenergie erzeugen, wobei der Ort, an dem sich die Kugel befindet, auf die
Körperregion hinweist, die energetisiert wird. Aurabetrachtungen
von Menschen vor und nach Geistheilungen ergaben, daß eine schillernde Kugel von grüner Energie in die betroffene Körperregion
eingeführt worden war. Viele angesehene Geistheiler berichten, daß
sie willkürlich eine Kugel grüner Heilenergie erzeugen, die sie dem
Empfänger dann übertragen. Wir werden später Techniken beschreiben, die speziell dazu gedacht sind, Heilenergie in die Aura
einzuführen.

Eine andere Energieform, die in der Aura oft angetroffen wird, ist
die Pyramide. Medial veranlagte Menschen haben häufig eine
leuchtende Pyramide aus Energie irgendwo in ihrem oberen Aurabereich, oft direkt über ihrem Kopf. Viele Geistheiler sind der Ansicht, daß sie direkt aus einer pyramidenförmigen Konzentration
von Aura-Energie Kräfte schöpfen, die sie ihrem Patienten dann als
Heilenergie übertragen. Unsere Untersuchungen ergaben, daß die

geometrischen Formen, die durch die Linien in den Handflächen gebildet werden, oft in der Aura wiederzufinden sind. Deshalb waren wir nicht überrascht, fast immer eine Pyramide oder ein Dreieck in den Handflächen medial veranlagter Menschen gefunden zu haben.

Nicht alle geometrischen Energiemuster, die in der Aura gefunden werden, sind potentiell stärkend. Asymmetrische Formen wie unregelmäßige Kleckse haben z. B. oft eine schmutzige Farbe und tendieren dazu, die Aura einzuengen und ihre Energien zu unterdrücken. Viele Aura-Experten vertreten die Ansicht, daß diese Muster die Energie geradezu einschließen und positive Wechselbeziehungen mit anderen Aurasystemen einschränken. Wenn derartige Flecken in der Aura auftreten, erscheinen sie für gewöhnlich in den mittleren oder unteren Bereichen, wo sie dazu beitragen, daß das umgebende Energiefeld sich eintrübt.

Die Herkunft derartiger asymmetrischer Gestalten ist zwar unbekannt, doch glauben viele erfahrene Auraseher, daß sie karmischen Ursprungs sind, besonders wenn sie lange in der Aura verweilen. Unsere Untersuchungen ergaben, daß Phobien, die auf frühere Leben zurückzuführen sind, in der Aura oft als gräuliche asymmetrische Muster von gefangener Energie erscheinen. Ein Student, dessen Aurasignatur ein gräuliches Energiecluster aufwies, lebte in ständiger Angst vor Menschenmassen und nahm an, daß dies etwas mit einem früheren Leben zu tun hatte. Durch Rückführungen deckte er die Quelle seiner Angst auf – eine öffentliche Exekution zur Zeit der Französischen Revolution. Nachdem er die Ursache seiner Phobie erkannt hatte, bekam er Kontrolle über seine Angst und überwand sie, woraufhin der gräuliche Klumpen und die Verfärbung in der umliegenden Aura prompt verschwanden.

Ein weiteres Energiephänomen, das in der Aura beobachtet werden kann, ist der sogenannte »Halo-Effekt«, der eigentlich kein Energiering, sondern eher eine dünne Kugel aus intensiv leuchtender Energie ist und die äußeren Abgrenzungen der Aura völlig umhüllt. Da diese intensive Energie die Aura ganz umschließt, nimmt man an, daß die Hauptaufgabe des Halo darin liegt zu schützen. Er sorgt für den Erhalt der Energievorräte, indem er einen Energieschwund aufgrund äußerer Einflüsse verhindert, die der Aura ansonsten ihre ganze Energie entziehen könnten. Obwohl der Halo wertvoll ist für den Erhalt der Aura, kann er uns zugleich daran hindern, wichtige Ziele zu erreichen, besonders diejenigen, die einen enormen Energieeinsatz erfordern. Auch unsere Fähigkeit, mit anderen in Kontakt zu treten, kann durch den Halo begrenzt sein. Idealerweise sollten wir fähig sein, den Halo zu erzeugen, wenn wir ihn benötigen, z.B. bei einem Angriff auf das Aurasystem, und ihn zu beenden, wenn seine Funktionen nicht mehr gebraucht werden. Wie wir in einem späteren Kapitel sehen werden, wurden inzwischen Verfahren entwickelt, die genau das tun.

Wir alle können mit der nötigen Übung die Fähigkeit erwerben, die Charakteristika einer Aurasignatur zu identifizieren, und, was noch wichtiger ist, erkennen, inwieweit ein Merkmal dazu beiträgt, uns Macht zu verleihen. Wir haben bereits darauf hingewiesen, daß die Färbung und Struktur der Aura uns wichtige geistige Informationen liefern kann. Bekannte Beispiele dafür sind die Graufärbung der Aura, die oft Unglück ankündigt, sowie Störungen im Energiemuster, die auf innere Unruhe hinweisen. Aber außer den vielen direkten medialen Indikatoren, die in der Aura vorhanden sind, kann diese auch ein dreidimensionaler Fokus sein, der in der Lage ist, unsere sensitiven Fähigkeiten zu stimulieren, um so zu wichtigen Erkenntnissen zu gelangen. Selbst Anfänger unter den Aurabetrachtern haben vielfach hellsichtige und präkognitive Wahrnehmungen während des Aurasehens. Diese Eindrücke, die auch zentrale Themen des Lebens betreffen können, kommen während einer Aurabetrachtung oft als aussagekräftige Bilder zum Vorschein.

Es wird behauptet, daß die Merkmale der Aurasignatur inklusive unterschiedlicher geometrischer Muster höchstwahrscheinlich der Phantasie schöpferischer Aurabetrachter entspringen. Dem steht jedoch die Tatsache gegenüber, daß im Laborexperiment sowie in zwanglosen Beobachtungssituationen in Gruppen oft sehr spezifische Auraformen, wie die Pyramide oder die Kugel, von den anwesenden Aurabetrachtern gemeinsam und gleichzeitig erblickt worden sind. Darüber hinaus werden die einzelnen Charakteristika, wie Größe, Lage und Färbung, für gewöhnlich während der Beobachtungen aufgezeichnet. Dies weist auf etwas hin, das über Zufall oder Einbildung hinausgeht.

Elektrofotografie

Zusätzlich zu den Techniken zum direkten Aurasehen sind einige technische Verfahren entwickelt worden, um die menschliche Aura zu untersuchen und ihre Signaturmerkmale zu analysieren. Von diesen Verfahren ist die Elektrofotografie, auch als »Kirlian-Fotografie« und »Korona-Fotografie« bekannt, am eingehendsten erforscht. Bei diesem Verfahren kommt es um das Testobjekt herum – normalerweise die Fingerkuppe einer Testperson – zu einer Korona-Entladung. Das Objekt, das fotografiert werden soll, wird vor einen Film gehalten, der sich auf einer elektrostatisch geladenen Metallplatte befindet. Das Ergebnis ist eine fotografische Aufzeichnung einer Korona-Entladung oder eine lichtemittierende Übertragung elektrischer Ladung.

In unseren Untersuchungen ergaben einzelne Überprüfungen sowie statistische Analysen elektrofotografischer Aufzeichnungen von Hunderten von Testpersonen für jedes Individuum einzigartige, aber sehr stabile Muster der Korona-Entladungsaktivität. In einem Projekt, das ein Jahr lang von der Raketenforschungs- und Entwicklungszentrale der US-Armee finanziert worden war, zeigte sich folgendes: Bei wiederholten Fingerkuppenaufnahmen von Testpersonen gab es deutliche Unterschiede zwischen den am Test beteiligten Personen, aber eine Stabilität in der Aktivität der Korona-Entladungsmuster der jeweils einzelnen Versuchspersonen. Es gab zwar in keinem Fall zwei identische Aufnahmen, aber einige charakteristische Merkmale traten bei den Korona-Entladungen an bestimmten Stellen auf mehreren Aufnahmen der gleichen Versuchsperson immer wieder auf. Das weist darauf hin, daß Koronabilder zu Identifikationszwecken verwendet werden könnten.

Eine spätere Untersuchung im Auftrag der Stiftung für Parapsychologie in New York bestätigte unsere früheren Ergebnisse bezüglich der Stabilität von Koronamustern im normalen (d. h. nicht veränderten) Bewußtseinszustand. Als aber verschiedene veränderte Bewußtseinszustände herbeigeführt worden waren, zeigten sich daraufhin signifikante Veränderungen in der Korona-Aktivität. Bei einer Person im außerkörperlichen Zustand kommt es beispielsweise zu einer klar erkennbaren Abtrennung des Koronamusters, das die Finger umgibt – ein Phänomen, das wir »Korona-Unterbrechung« nannten und das für die Dauer der außerkörperlichen Erfahrung anhielt. Während einer Rückführung kam es dagegen zu einem strahlenden Leuchten auf dem Bild, einem Phänomen, das wir »Past-Life-Illumination« nannten und das ebenfalls während des ganzen veränderten Bewußtseinszustands andauerte. Diese Ergebnisse legen nahe, daß die Elektrofotografie nicht nur erfolgreich eingesetzt werden kann, um bestimmte veränderte Bewußtseinszustände aufzuzeichnen, sondern auch, um Methoden zu beurteilen, die sie induzieren sollen.

Elektrofotografie wird zwar manchmal »Aurafotografie« genannt, doch ist es uns im Rahmen unserer begrenzten Untersuchungen, die sich ausschließlich auf die Fingerkuppe des rechten Zeigefingers richteten, nicht gelungen nachzuweisen, daß es mit Hilfe dieses Verfahrens möglich ist, die Aura exakt abzubilden. Trotzdem kamen wir zu der Ansicht, daß die Korona um die rechte Fingerkuppe uns im kleinen ein repräsentatives Modell für die gesamte Aura des Betreffenden liefert. So wurden z. B. Unterscheidungsmerkmale wie Lücken und Asymmetrien, wenn sie in den Aufnahmen der Fingerkuppen zu sehen waren, beim direkten Aurabetrachten auch fast unverändert an anderen Stellen in der Aura beobachtet. Die Abbildungen 2 und 3 illustrieren das breite Spektrum von kennzeichnenden Mustern, die elektrofotografisch aufgenommen worden sind.

Bei unseren Forschungen über die Bedeutung der Korona-Fotografie für veränderte Bewußtseinszustände und die menschliche Aura war es notwendig, die äußeren Bedingungen, wie die Fingerstellung und den Druck, mit dem der Finger auf den Film gedrückt wurde, genauestens zu kontrollieren. Dadurch erzielten wir eine Wiederholbarkeit der Ergebnisse und eine Stabilität bei den Koronabildern. (In meinem Buch *Astral Projection and Psychic Empowerment* finden Sie Illustrationen der Versuchsanordnungen.)

Die Elektrofotografie konnte die Aurafärbung nicht zuverlässig wiedergeben. Die Farbmerkmale einer Versuchsperson variierten in Abhängigkeit von dem benutzten Film bei wiederholten Aufnahmen stark.

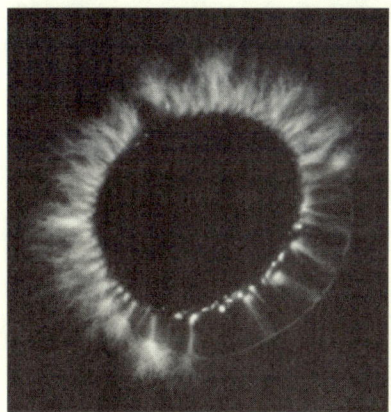

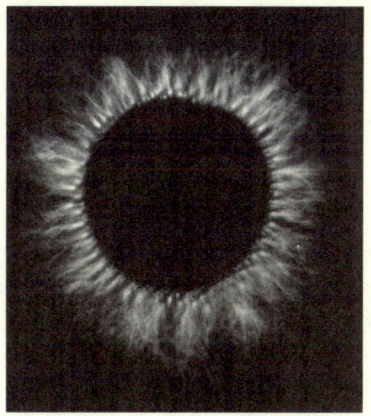

Abbildung 2. Elektrofotografische Aufnahme, 22jähriger Collegestudent. Beachten Sie das asymmetrische Muster und die einzigartige Anordnung der Lichtstreifen, Lükken und Bögen, die mit Hilfe des direkten Aurasehens jeweils auch an anderen Stellen seiner Aura beobachtet wurden.

Abbildung 3. Elektrofotografische Aufnahme, 19jährige Collegestudentin. Achten Sie auf die sehr symmetrische Aktivität der Lichtstreifen. Dieses Muster war bei direkter Aurabetrachtung in ihrer ganzen Aura zu sehen.

Aurafrequenzmuster

Die Energiefrequenzen, die von der Aura ausgestrahlt werden, weisen auf die Beschaffenheit des Aurasystems hin. Die Frequenzmuster sind auf Entwicklung hin angelegt und verändern sich wie die Aura selbst ständig; trotzdem ist ein derartiges Muster in einer gefestigten Aurastruktur vorhanden und von daher relativ stabil. Glücklicherweise verursachen Techniken, die stärkend in die Aura eingreifen, entsprechende Veränderungen bei den Aurafrequenzen.

Aurafrequenzmuster reichen in Graden von 1 auf der unteren Ebene bis zu einer Höhe von 7, wobei letztere für die am weitesten entwickelte, sehr fortgeschrittene Frequenzebene steht. Niedrige Frequenzen weisen zwar auf ein weniger voll entwickeltes Aurasystem hin, legen aber in keiner Weise nahe, daß die Wachstumspotentiale geringer wären.

Die Verteilung von Aurafrequenzebenen in der Bevölkerung verhält sich ähnlich der Verteilung anderer menschlicher Merkmale. Ungefähr zwei Drittel der Bevölkerung bewegen sich bezüglich der

Frequenzebene in einem durchschnittlichen Bereich von 3 bis 5. Weniger als ein Prozent der Bevölkerung weisen eine extreme Frequenzebene von entweder eins oder sieben auf.

Das Aurastreicheln

Die Aurafrequenzebene zu bestimmen setzt zunächst die Fähigkeit voraus, die Aura zu sehen, und bedarf darüber hinaus einer gewissen Übung bei der Einschätzung ihrer Energiemuster. Brüche, Lücken, Risse, Verfärbungen und Asymmetrie in der Aura charakterisieren im allgemeinen eine niedrige Frequenzebene. Die beeinträchtigenden Wirkungen dieser und anderer Faktoren auf die Aurafrequenzen kann man direkt mit Hilfe einer Technik erkennen, die als Aurastreicheln bekannt ist. Das Verfahren verbindet visuelle, sensorische und subjektive Eindrücke miteinander, um die Frequenzebene der Aura zu ermitteln.

Schritt 1: Aurabetrachtung. Betrachten Sie die Aura Ihrer Versuchsperson, und achten Sie auf ihre Charakteristika. Schenken Sie besonders solchen Aspekten Aufmerksamkeit, die mit der Frequenz in Zusammenhang stehen, wie Symmetrien, Färbung, Größe und Helligkeit. Achten Sie auf jede Unterbrechung im Muster der Aura, wie Lücken, Risse, Verfärbungen, Einschnürungen und Unausgewogenheiten.

Schritt 2: Aurastreicheln. Das Handgelenk der Versuchsperson liegt locker in Ihrer Hand, und Sie spüren die Schwingungsmuster der Aura, ihre Intensität, Harmonie und Resonanz. Achten Sie auf jede Störung im Fluß oder der Intensität der Energie, manchmal als »Frequenzstörung« bezeichnet.

Schritt 3: Aurascan. Das Handgelenk der Versuchsperson liegt weiterhin in Ihrer Hand. Schließen Sie die Augen, und tasten Sie im Geist die Aura der Testperson von oben nach unten ab. Vergleichen Sie das Abtasten mit der Aurabetrachtung in Schritt 1, und achten Sie besonders auf die Verteilung der Energiemuster.

Schritt 4: Frequenzebene. Nehmen Sie noch einmal das Frequenzmuster wahr, das Ihre Handfläche registriert. Beenden Sie die

Übung, indem Sie sich eine siebenteilige Skala vorstellen, auf der die Frequenzebene Ihrer Versuchsperson deutlich angezeigt wird.

Die Methode des Aurastreichelns läßt sich abwandeln, damit man auch seine eigene Frequenzebene einstufen kann. Weil die Methode einige subjektive Elemente enthält, sollten ihre Ergebnisse mit Vorsicht betrachtet werden, solange Ihnen die Erfahrung fehlt oder bis sie von Auraspezialisten, die Erfahrung mit dieser Technik haben, bestätigt wurden. Die Frequenzmerkmale der Aura können nur durch Übung präzise bestimmt werden.

Die Interpretation von Ergebnissen des Aurastreichelns sollte sich eher auf die Stärken und Potentiale richten als auf die Schwächen und Mängel. Normalerweise besitzen Menschen, deren Aurafrequenzebenen niedrig sind, viele unentwickelte Potentiale. Die Interpretation des Aurastreichelns sollte die unbegrenzten Möglichkeiten fortgesetzten Wachstums unterstreichen und möglichst auf spezifische Wachstumsmöglichkeiten und geeignete Techniken zur Stärkung hinweisen. Auch bei der Auswertung der eigenen Aura sollte die Aufmerksamkeit sich auf die Potentiale richten, wie z.B. auf unsere Fähigkeit, unsere Stärken zur Kompensation der Schwächen zu nutzen.

Energieformen der Extra-Aura

Es mag seltsam erscheinen, aber es gibt außerhalb des Aurasystems manchmal konzentrierte Formen leuchtender Energie ähnlich der, die wir in der Aura beobachten. Sie erscheinen meist als glühende Energiekugeln, die zusammen mit Erscheinungen, wie wir sie in einem vorhergehenden Kapitel besprochen haben, oft für Energien einer höheren Ebene oder für sonstige Manifestationen des Weiterlebens in körperlosen Dimensionen gehalten werden, besonders wenn sie in Situationen beobachtet werden, in denen »es spukt«. Um einen derartigen Fall handelt es sich bei der *Brown Hall*, einem klassizistischen Gebäude auf dem Campus der *Athens State University*, Alabama (Abbildung 4). Viele Jahre erschien immer wieder eine schillernde Kugel aus leuchtendgrüner Energie an einem Fenster im zweiten Stock über dem vorderen Balkon des Gebäudes. Die Kugel leuchtete zwar normalerweise nachts, aber der Schein war so intensiv, daß er gelegentlich auch bei Tageslicht zu sehen war.

Abbildung 4. Brown Hall, Athens State University. An dem Fenster über dem vorderen Balkon des Gebäudes ist oft ein helles, kugelförmiges Gebilde zu sehen gewesen (Foto: Patricia A. Howell).

Eine Gruppe von Studenten, die sich für Experimentelle Parapsychologie eingeschrieben hatten, war fasziniert davon, daß viele Menschen berichteten – etliche von ihnen auch gemeinschaftlich –, sie hätten etwas gesehen, und beschloß, das Phänomen zu erforschen. Ausgerüstet mit verschiedenen Aufnahmegeräten versammelte sich die Gruppe spät am Abend am Ort des Geschehens. Fast sofort tauchte eine schillernde Energiekugel über einem Tisch in der Mitte des halbdunklen Raums auf. Temperaturmessungen der Kugel in Fahrenheit ergaben, daß die Kugel um 20 Grad wärmer war als die umgebende Raumtemperatur. Leider ist es der Gruppe nicht gelungen, die Kugel zu fotografieren. Weil die strahlend grüne Färbung der Kugel auf Heilpotentiale hinwies, hielt eine Studentin, die sich am Handgelenk verletzt hatte, ihre Hand in die Kugel und verspürte sofort Wärme in ihrem ganzen Körper. Als sie die Hand nach einiger Zeit wieder zurückzog, waren der Schmerz und die Schwellung in ihrem Handgelenk verschwunden.

Im Anschluß an diese Sitzung wurde die Kugel wegen ihrer Heileigenschaften weithin bekannt. Setzte man sich dieser Energieform aus, wir nannten es »Kugeltherapie«, so ließ sich dadurch erfolgreich ein breites Spektrum an Symptomen lindern, die u.a. auf Arthritis, Migräne, Sehnenentzündungen und Ekzeme zurückzuführen waren. Die Kugel zeigte bei der Schmerzlinderung eine außergewöhnliche Wirkung. Sie verschaffte einem Studenten mit chronischen Rückenschmerzen, die von einer Verletzung herrührten, sofortige Erleichterung, als er seine Hände in die Kugel hielt. Nach einer Anzahl täglicher Sitzungen verschwanden seine Schmerzen, die ihn über mehrere Jahre geplagt hatten, völlig. Bei einem Professor besserten sich die Probleme im Innenohr, die ihn lange gequält hatten, deutlich, nachdem er seine Hände in die Kugel gehalten hatte. Leider war es mit der Erscheinung der *Brown Hall*, die eine Geschichte von 75 Jahren hatte, zu Ende, als das Gebäude vor kurzem renoviert wurde.

Energiemanifestationen, wie sie hier durch das Phänomen der *Brown Hall* illustriert werden, sind für unsere Untersuchungen der menschlichen Aura in mehrfacher Hinsicht wichtig. Sie weisen darauf hin, daß es andere mächtige energetische Dimensionen gibt und daß wir in der Lage sind, mit ihnen in Kontakt zu treten. Sie legen nahe, daß höhere kosmische Bereiche der Macht mit zweckgerichteten Energiemanifestationen existieren. Und noch wichtiger: sie bestätigen den kosmischen Ursprung unserer eigenen Energien.

5

Techniken zur Kräftigung der Aura

Ein Fünklein klein, groß Feuer zündet's an.

Dante: *Die göttliche Komödie,* »Das Paradies« (ca. 1307–1321)

WIE WIR GESEHEN haben, ist das menschliche Aurasystem sehr viel mehr als einfach nur ein äußerliches Phänomen mit Merkmalen und Mustern, die wenig oder gar keine Rolle dabei spielen, uns Macht zu verleihen. Es ist eine grundlegende Kraft, die für unsere Existenz und unser Wachstum wesentlich ist. Wir fassen im folgenden kurz die vielfältigen Funktionen der menschlichen Aura zusammen:

- *Sie ist ein sehr komplexes System, das Energie erzeugt und uns geistig, körperlich und spirituell aufrechterhält.*
- *Sie ist eine sensible, aber dynamische Kraft, die die Gesamtheit unserer Individualität verschlüsselt und uns mit den kosmischen Ursprüngen unserer Existenz verbindet.*
- *Sie ist eine sich fortentwickelnde Chronik unserer Vergangenheit, Gegenwart und Zukunft.*
- *Sie ist eine interaktive Verbindung zwischen unserem innersten Selbst und der äußeren Umgebung einschließlich der Aurasysteme anderer Menschen.*
- *Sie ist ein Reservoir unerschöpflicher Ressourcen mit großen Potentialen, unser Leben reicher zu gestalten.*
- *Sie ist interaktiv und deshalb empfänglich für unsere Eingriffe und Kräftigungsbemühungen.*
- *Zu jedem Zeitpunkt ist die Aura eine Wetterfahne unserer persönlichen Entwicklung.*
- *Je mehr wir über die Aura lernen, desto besser verstehen wir uns selbst.*

Die komplexe Beschaffenheit der Aura soll uns nicht entmutigen weiterzuforschen, sondern uns vielmehr antreiben, ihre vielen Funktionen und deren Bedeutung für unser Leben zu erkunden. Sie fordert uns dazu heraus, alle unsere Mittel und Techniken einzusetzen, um ihre Geheimnisse aufzudecken und ihre unendlichen Kapazitäten zu entfalten.

Vielleicht mehr als jede andere menschliche Eigenschaft spiegelt die Aura die wahre Natur unserer Existenz wider. Als menschliche Wesen sind wir ständig dabei, uns zu entwickeln und zu werden. Aus der Sicht der Stärkung des sensitiven Potentials sind die Fähigkeiten, die für das Sehen und Interpretieren der Aura notwendig sind, für unser Wachstum zwar wesentlich, aber sie dienen dennoch in erster Linie der Vorbereitung. Nachdem wir mit Hilfe der Methoden aus den vorangegangenen Kapiteln diese grundlegenden Fertigkeiten erworben haben, sind wir jetzt so weit, zur nächsten Ebene fortzuschreiten, um uns zu unserer Macht zu führen. Das bedeutet, gezielt mit dem Aurasystem in Kontakt zu treten, dabei seine Kapazitäten zu aktivieren und seine Ressourcen zu nutzen, die uns guttun und uns Macht verleihen. Um diese Ziele zu erreichen, benötigen wir eine Auswahl an völlig neuen Methoden, die wir »Techniken zur Aurakräftigung« nennen.

Solche Techniken können entweder allgemein oder spezifisch sein. Allgemeine Methoden sollen uns insgesamt Kraft verleihen. Sie sind normalerweise auf unser ganzes Wesen ausgerichtet – geistig, körperlich und spirituell. Demgegenüber sind spezielle Verfahren so aufgebaut, daß sie sehr spezifischen Zielen dienen, indem sie sich auf eine bestimmte Funktion oder ein Charakteristikum der Aura richten.

Ungeachtet ihres unterschiedlichen Aufbaus und einer anderen Ausrichtung haben die generellen und die spezifischen Techniken zur Aurastärkung mindestens vier Elemente gemeinsam:

1. Die Anwendung einer einzelnen Stärkungstechnik, sei sie nun generell oder spezifisch, wirkt sich ganzheitlich auf das gesamte Aurasystem aus. Unsere Untersuchungen ergaben, daß sogar die Methode, die sich am meisten auf einen gezielten Bereich konzentrierte, eine gewisse Breitenwirkung erzielte.
2. Alle Techniken zur Aurastärkung beruhen auf dem menschlichen Vermögen, zu wachsen und sich zu verändern.

3. Wenn wir die Fähigkeiten der Aura, uns Kraft zu schenken, bis zu einem Maximum steigern wollen, benötigen wir eine Vielzahl von Methoden und nicht nur eine einzelne Technik.
4. Übung und Erfahrung sind wesentlich für den Erfolg jeder Technik zur Aurastärkung.

Für alle unsere Bemühungen, die Aura zu stärken, ist es eine grundlegende Voraussetzung, daß Geist, Körper und Seele von Natur aus miteinander verbunden sind. Wegen ihrer ausgeprägten Empfindsamkeit reagiert die Aura schon auf winzige Veränderungen im Selbst. Wenn wir gezielt eine Veränderung herbeiführen, sei sie mental oder körperlich, kann dies eine tiefgreifende, wenn auch indirekte Wirkung auf die Aura ausüben. Beispielsweise tragen Übungen, die den physischen Körper entspannen, im allgemeinen dazu bei, die Aura mit Energie zu versorgen und auszudehnen. Auch können positive Gedanken positive Energie hervorbringen, die das ganze Aurasystem durchdringt. Daraus folgt, daß Methoden, die positive mentale und körperliche Elemente miteinander verbinden, der menschlichen Aura noch mehr Kraft verleihen könnten. Die folgenden Techniken zur Aurastärkung basieren weitgehend auf dieser wichtigen Beobachtung.

Die generelle Intervention

Die generelle Intervention ist eine systematische Methode, uns selbst Kraft zu geben. Es werden körperliche Entspannung, geistige Visualisation und positive Affirmationen eingesetzt, um der Aura kraftvolle Energie zuzuführen. Zum Vergleich enthält das Verfahren eine »Vorher-Nachher-Betrachtung« der Aura. Es führt spezielle Techniken ein, die einen vollständig energetisierten geistigen, körperlichen und spirituellen Zustand erzeugen sollen, der der Aura Kraft verleiht. Den Höhepunkt bilden kraftvolle Affirmationen zu Erfolg und Wohlbefinden. Diese Methode kann durch Techniken ergänzt werden, die sich auf bestimmte Ziele richten, wie das Ablegen schlechter Angewohnheiten, die Bewältigung von Streß oder der erfolgreiche Abschluß einer wichtigen Aufgabe.

Die Technik nimmt normalerweise etwa 30 Minuten in Anspruch.

Schritt 1: Anfängliche Aurabetrachtung. Begeben Sie sich an einen ruhigen, angenehmen Ort, und betrachten Sie Ihre Aura mit einer der zuvor beschriebenen Selbstbetrachtungstechniken.

Schritt 2: Körperscan. Legen oder setzen Sie sich hin, und lassen Sie alle Gedanken, die Ihnen durch den Kopf gehen, vorüberziehen. Schließen Sie Ihre Augen, und führen Sie einen tiefen Entspannungszustand herbei, indem Sie im Geist Ihren Körper von oben nach unten abtasten. Nehmen Sie jede Anspannung zur Kenntnis, und lassen Sie sie los. Beenden Sie den Körperscan, indem Sie dreimal tief einatmen und langsam ausatmen. Sagen Sie sich nach dem dritten Atemzug: *Ich bin völlig entspannt.*

Schritt 3: Energetisierende Imagination. Stellen Sie sich vor, wie ein kraftvolles Leuchten tief aus Ihrem Inneren hervortritt und langsam Ihren ganzen Körper mit erfrischender Energie durchströmt. Spüren Sie in Ihrer Körpermitte die warme, belebende Energie, die sich sanft in alle Richtungen ausbreitet und Ihren ganzen Körper mit einem leuchtenden Glanz umgibt.

Schritt 4: Einfließen der Energie. Nehmen Sie sich einige Augenblicke Zeit, damit genügend kraftvolle Energie einströmen kann. Konzentrieren Sie sich auf bestimmte Körperregionen, spezielle Gelenke oder kleine Muskelgruppen, und achten Sie auf das tiefe Einströmen der Energie. Sollte eine Schwachstelle oder eine Anspannung zurückbleiben, dann stellen Sie sich diese als eine Verfärbung vor, und ersetzen Sie sie sofort mit dem belebenden Leuchten der Energie.

Schritt 5: Affirmation. Bleiben Sie entspannt und voller Energie, und sprechen Sie folgende Affirmation: *Mein ganzes Wesen ist geistig, spirituell und körperlich von kraftvoller, positiver Energie durchströmt. Ich bin umhüllt vom Licht der Liebe, des Friedens und der Kraft.* Benennen Sie jetzt Ihre Ziele, und stellen Sie sich diese als Realitäten vor. Bestätigen Sie sich, daß Sie die Macht haben, sie zu erreichen.

Schritt 6: Abschließende Aurabetrachtung. Beenden Sie die Übung, indem Sie noch einmal Ihre Aura mit Hilfe der gleichen Methode betrachten wie in Schritt 1. Achten Sie auf Veränderungen.

Vergleichen wir die Aura vor und nach der Übung, so zeigt sich eine deutliche Zunahme an Ausdehnung und Helligkeit. Obwohl die Übung vor allem dazu gedacht ist, die Aura mit Energie zu versorgen, ist sie zugleich eine ausgezeichnete Technik zur Streßbewältigung. Regelmäßig angewendet erweist sie sich als sehr erfolgreich bei der Bekämpfung von Mutlosigkeit und bei der Beseitigung vieler streßbegleitender Symptome wie Erschöpfung, Schlafstörungen und Reizbarkeit. Weil diese Übung unsere innere Fähigkeit berücksichtigt, die Kräfte, die unser Leben beeinflussen, zu kontrollieren, führt die Übung zu Selbstachtung und starken Selbstwertgefühlen – beide tragen entscheidend zu unserem Wohlbefinden bei.

Diese Methode ist besonders dazu geeignet, uns beim Erreichen unserer Ziele zu unterstützen. Schritt 5 der Übung dient genau diesem Zweck. Ob Sie aufhören möchten zu rauchen oder Ihre Karriere fördern wollen, dieser Schritt bereitet den Erfolg vor. Wenn Sie das Ziel, das Sie mit der Stärkung erreichen wollen, klar benennen und sich zugleich dazugehörige Bilder vorstellen und kraftvolle Affirmationen formulieren, erwächst daraus eine unfehlbare Erfolgsorientiertheit. Collegestudenten haben die Übung eingesetzt, um ihren Notendurchschnitt zu erhöhen, sich Zugang zu Veranstaltungen für Fortgeschrittene zu verschaffen und schließlich den Job zu bekommen, den sie wollten. Im Beruf kann die Übung angewendet werden, um den Aufstieg zu beschleunigen oder eine Vielzahl von Problemen, die sich in Zusammenhang mit der Arbeit ergeben, zu lösen.

Mit Hilfe dieser Übung werden selbst entfernte, unwahrscheinlich klingende Ziele aussichtsreich. Die sofortigen Energetisierungseffekte, die sich in der Aura widerspiegeln, stellen eine konkrete Bestätigung der weitreichenden Möglichkeiten dar.

Ausrichtung auf den Kosmos

Daß wir als menschliche Wesen im Universum unendlich weiterbestehen, ist kein Zufall, sondern folgt einem Plan. Wir existieren in einem vieldimensionalen kosmischen Plan, zu dem höhere Energieebenen gehören, die über Zeit, Raum und Materie hinausreichen. Aber nur zu oft verlieren wir die Verbindung zu unserem Höheren Selbst und entfremden uns von den höheren kosmischen Bereichen der Kraft. Wir verlieren die grenzenlosen Potentiale in uns und die unerschöpflichen Gelegenheiten um uns herum aus den Augen. Unser Wachstum wird unterbrochen, und schließlich sind wir in einer abwärts gerichteten Spirale aus Hoffnungslosigkeit gefangen, weil unser Leben zunehmend außer Kontrolle gerät.

Glücklicherweise können wir uns wieder mit den höchsten Quellen der Kraft verbinden – sowohl in uns als auch darüber hinaus. Das Konzept der Stärkung des sensitiven Potentials erinnert uns daran, daß wir die starken Neigungen, in Kleingeistigkeit und Verzweiflung zu verfallen, aufhalten können. Wir können die reichhaltigen Ressourcen entdecken, die uns jederzeit zur Verfügung stehen. Wir können wieder den Reiz verspüren, der von Selbsterfahrung und Selbststärkung ausgeht. Wir können aufs neue Hoffnung, Frieden und Kraft erleben.

Die Ausrichtung auf den Kosmos ist eine Methode, uns selbst Macht zu verleihen. Sie beruht auf unserer Fähigkeit, in uns und mit dem Universum eins zu werden, und geht davon aus, daß wir zwei Kraftquellen haben: Eine hat ihr Zentrum im Höheren Selbst, die andere im höheren Teil des Kosmos. Indem wir uns auf den Kosmos konzentrieren, können wir uns sehr eng mit beiden verbinden. Dadurch erreichen wir einen kraftvollen Zustand völligen inneren und äußeren Einklangs. Die Methode geht davon aus, daß uns nur dann wirklich Macht zuwachsen kann, wenn wir auf den Kosmos ausgerichtet, ausgeglichen und in Einklang mit allen inneren und äußeren Quellen der Kraft sind, die uns zur Verfügung stehen.

Die Übung beginnt und endet mit einer Selbstbetrachtung der Aura, damit Sie vergleichen können. Sie sollten ca. 30 Minuten für diese Übung ansetzen, die idealerweise in einem angenehmen, störungsfreien Rahmen durchgeführt wird. Wir empfehlen eine liegende Position, die Beine sollen nicht überkreuzt sein und die Arme locker seitlich liegen.

Schritt 1: Anfängliche Aurabetrachtung. Betrachten Sie Ihre Aura mit Hilfe einer der Selbstbetrachtungstechniken, die wir bereits detailliert beschrieben haben. Achten Sie auf die spezifischen Auramerkmale wie Färbung, Helligkeit und Ausdehnung.

Schritt 2: Körperliche Entspannung. Machen Sie es sich bequem, schließen Sie Ihre Augen, und konzentrieren Sie sich nur auf Ihre Atmung. Atmen Sie tief und rhythmisch, und entspannen Sie sich allmählich. Nehmen Sie sich einige Augenblicke Zeit, sich eine

friedliche Szene vorzustellen, z. B. eine Quellwolke, die sanft vor
einem klaren blauen Himmel dahintreibt, und sprechen Sie dann
die Affirmation: *Ich bin in Frieden mit mir selbst und dem
Kosmos.*

Schritt 3: Innere Achtsamkeit. Richten Sie Ihre ganze Aufmerksamkeit auf den innersten Teil Ihres Selbst. Stellen Sie sich einen
leuchtenden inneren Kern in Ihrem Solarplexus vor. Betrachten
Sie ihn als ein Energiekraftwerk, das unerschöpfliche Energie
ausstrahlt, die Ihr ganzes Wesen in Schwung hält – geistig, körperlich und spirituell.

Schritt 4: Einfließen der Energie. Achten Sie auf das kraftvolle
Einströmen von glänzender Energie. Stellen Sie sich vor, daß Ihr
Körper in ein strahlendes Leuchten eingehüllt ist, und sprechen
Sie die Affirmation: *Ich bin von kraftvoller, strahlender Energie
erfüllt.*

Schritt 5: Kosmische Imagination. Stellen Sie sich das entfernte
Zentrum des Kosmos als einen strahlenden Kern kraftvoller Energie vor. Betrachten Sie diesen Kern als das kosmische Kraftwerk,
das das Universum mit Energie versorgt. Konzentrieren Sie Ihre
ganze Aufmerksamkeit auf seine grenzenlose Kraft.

Schritt 6: Kosmische Stärkung. Stellen Sie sich ein kraftvolles Band
aus hellem Licht vor, das den leuchtenden Kern Ihres inneren
Wesens mit dem strahlenden Kern des äußeren Kosmos verbindet. Stellen Sie sich weiterhin das leuchtende Band reinen Lichts
vor, und lassen Sie sich ganz von reiner kosmischer Energie durchströmen. Sprechen Sie die Affirmationen: *Ich bin im Einklang mit
dem Kosmos und gestärkt durch unerschöpfliche kosmische
Energie. Ich bin voller Energie und geistig, körperlich und spirituell ausgeglichen.*

Schritt 7: Abschließende Aurabetrachtung. Beenden Sie die Übung,
indem Sie noch einmal Ihre Aura betrachten und dabei besonders
auf Veränderungen in der Farbgebung und Intensität achten.

Zusätzlich zu ihrer ausgleichenden und zentrierenden Wirkung
kann die Ausrichtung auf den Kosmos leicht zu einer Technik abge-

wandelt werden, mit deren Hilfe wir unser schöpferisches Potential freisetzen und zu völlig neuen Einsichten gelangen können. Zu diesem Zweck wird Schritt 6 der Übung um passende Affirmationen erweitert, wie etwa: *Ich bin im Einklang mit den inneren und äußeren Quellen der schöpferischen Kraft; meine schöpferischen Fähigkeiten sind jetzt freigesetzt.* Nehmen Sie sich dann Zeit, damit schöpferische Vorstellungen, Bilder und Ideen auftauchen können. Maler, Bildhauer, Designer, Architekten und Schriftsteller, die diese Methode ausprobiert haben, bestätigen, daß ihre Kreativität stimuliert wurde. Sie haben herausgefunden, daß schon wenige Augenblicke, die sie in diese Methode investieren, das kreative Denken anregen und eine beeindruckende Vielfalt kreativer Ergebnisse hervorbringen können.

Am College erwies sich die Ausrichtung auf den Kosmos als erfolgreich, insofern sie die Motivation von Studenten und ihre Leistungen auf verschiedenen akademischen Ebenen steigerte. Bei Collegestudenten, die an Förderkursen teilnahmen, war ein schneller Fortschritt zu beobachten, wenn die Übungen zur Bereicherung durchgeführt wurden. Ähnliche Ergebnisse wurden bei Studenten beobachtet, die Kurse im Hauptstudium besuchten. Es ist denkbar, daß sich auf jedem akademischen Niveau die kognitive Entwicklung durch die Ausrichtung auf den Kosmos beschleunigen läßt.

Diese Ausrichtung hat sich zur Entwicklung des sensitiven Potentials als ungewöhnlich erfolgreiche Technik erwiesen. Wichtige sensitive Eindrücke, besonders solche, die in die Zukunft weisen, können während dieser Übung auftauchen. Da diese Übung spontan das Bewußtsein für sensitive Phänomene stimuliert und auf geistiges Wissen zugreift, gilt sie als die Channelingmethode schlechthin, bei der wir aus erster Hand die höchsten kosmischen Quellen der Erkenntnis und der Macht erfahren.

Die Auramassage

Die Auramassage ist eine Methode, bei der es zu einer energetischen Wechselwirkung zwischen zwei Aurasystemen kommt – dem des Auramasseurs und dem des Behandelten. Bei diesem Verfahren werden Handmassagetechniken einige Zentimeter vom Körper des Massierten entfernt eingesetzt, wobei die Handflächen diesem normalerweise zugewandt sind und körperlicher Kontakt sorgfältig vermieden wird. Jeder körperliche Kontakt während der Massage kann den energetischen Fluß unterbrechen und die kräftigenden Einflüsse der Massage aufheben.

Eine Auramassage baut auf der Vorstellung auf, daß das Aurasystem, obwohl es einfach aufgebaut ist und normalerweise störungsfrei funktioniert, beeinträchtigt werden kann und somit seine Aufgaben nicht mehr erfüllt. Das Aurasystem verfügt zwar, ebenso wie Geist und Körper, über ein breites Spektrum an Anpassungs- und Reparaturmechanismen, doch kann eine Reihe von Faktoren seinen Energiefluß blockieren und seine kraftgebende Wirkung stören. Als Beispiele erscheinen häufig chronischer Streß, ein großes Unglück, belastende Beziehungen, körperliche Krankheiten, Gefühlsaufruhr, innere Konflikte, ehrgeizige Bemühungen, die erfolglos bleiben, sowie eine Reihe äußerer Einflüsse, die so unterschwellig sein können, daß wir uns ihrer Existenz nicht bewußt sind. Glücklicherweise sind die schwächenden Auswirkungen dieser Zustände auf Geist, Körper und Seele für gewöhnlich in der Aura sichtbar, so daß sie ein konkretes Umfeld bietet, das man ausgleichend beeinflussen kann.

Die Auramassage dient als Behandlungsmethode ausdrücklich dazu, das Aurasystem zu kräftigen, indem sie seine funktionellen Eigenschaften maximiert. Sie stärkt die Anpassungsprozesse der Aura und fördert das Gleichgewicht des Systems. Sie kann gezielt auf schadhafte oder funktionsgestörte Bereiche einwirken und den Genesungsprozeß in Schwung bringen. Sie kann verlorengegangene Funktionen wieder herstellen und ein geschwächtes Aurasystem neu beleben.

Obwohl die Auramassage ursprünglich als Hcilmethode entwikkelt worden ist, wird sie heute genauso wegen ihrer Fähigkeit geschätzt, eine gesunde, funktionstüchtige Aura mit zusätzlicher Energie zu versorgen. Die Massage kann die wechselseitig aufeinander einwirkenden Funktionen der Aura trainieren und völlig neue Wachstumsmöglichkeiten einleiten. Sie kann vorhandene Aura-Energien sammeln und sie auf ein bestimmtes Ziel hin fokussieren. Außerdem läßt sich ein Synergie-Effekt erzielen, weil sie die Energien von Geist, Körper und Seele miteinander verbindet und je nach Bedarf im Aurasystem verteilt.

Es deutet immer mehr darauf hin, daß die Auramassage Gesundheit und Fitneß verbessern kann. Man kann inzwischen davon ausgehen, daß die Auramassage, richtig angewendet, als vorbeugende Maßnahme die Widerstandsfähigkeit gegen Krankheiten erhöht, indem sie das Immunsystem des Körpers stärkt. Es gibt auch klare Hinweise darauf, daß sie den Heilungsprozeß direkt beschleunigt. Genauso wichtig sind die lindernden Effekte der Massage: Sie kann chronisch Kranken und Menschen, die geistig überlastet sind, sehr wohltun. Sie kann als Schmerzbewältigungsstrategie Schmerzen lindern und sie manchmal sogar vollständig beseitigen. Aufgeschlossene Fachleute im Gesundheitswesen der USA setzen die Auramassage wegen ihrer beruhigenden und heilenden Wirkungen immer öfter in unterschiedlichen Situationen ein. Die Massage kann auf gestörte Organe oder geschädigtes Gewebe einwirken und sie direkt mit leuchtender, gesunder Energie durchströmen. Viele der folgenden Massagetechniken können leicht abgewandelt werden, um bestimmte Ziele im Bereich »Gesundheit und Fitneß« zu erreichen.

Die Auramassage ist mehr als eine mechanische Beeinflussung der Aura eines anderen Menschen. Bei der Massage kommt es zwar nicht zu körperlicher Berührung, aber es kann zwischen den beiden Aurasystemen eine kraftvolle energetische Wechselwirkung stattfinden. Während der Massagefachmann gezielt in Hinblick auf die vorgegebenen Ziele massiert, kommt es immer wieder zu spontanen Effekten, wie z. B. einer dynamischen Übertragung von Aura-Energie. Das Ergebnis ist ein gegenseitiger stärkender Austausch, der die positiven, kreativen Fähigkeiten beider Aurasysteme trainiert.

Die wesentlichen Voraussetzungen für die Auramassage sind die Empfänglichkeit des Massierten und ein erfahrener Auramasseur mit einem funktionstüchtigen Aurasystem. Letzterer muß über eine große Menge Aura-Energie verfügen und dem Behandelten als einem wertvollen und würdigen Menschen aufrichtigen Respekt entgegenbringen. Der Massage geht ein eingehendes Vorbereitungsgespräch voraus, in dem eine positive Beziehung errichtet wird und die jeweiligen Ziele der Massage formuliert werden. Eine typische Massage wird von positiven Affirmationen begleitet, die eine fruchtbare Beziehung zwischen den Beteiligten für die Dauer der ganzen Behandlung aufrechterhalten. Die Massage endet im allgemeinen mit einem Gedankenaustausch und einer Auswertung der Massage.

Eine Auramassage kann entweder allgemein oder spezifisch sein. Eine allgemeine Massage richtet sich an das gesamte Aurasystem, während eine spezifische auf eine bestimmte Region der Aura oder auf ein ganz bestimmtes Ziel, das gestärkt werden soll, konzentriert ist. In der Praxis wird die normale Auramassage jedoch sowohl allgemeine als auch spezifische Komponenten beinhalten. Die allgemeine Massage wird fast immer bestimmte Bedürfnisse in der Aura ausfindig machen und Techniken einsetzen, die diesen Bedürfnissen gerecht werden. Ähnlich wird die spezielle Auramassage normalerweise über ihr begrenztes Behandlungsziel hinausgehen und mit allgemeinen Techniken enden, die die gesamte Aura energetisieren.

Es ist wichtig zu betonen, daß für eine erfolgreiche Auramassage, sei sie allgemein oder spezifisch, nichts so entscheidend ist wie eine positive Beziehung zwischen dem Auramasseur und seinem Klienten, die durch angemessene Affirmationen während der Behandlung gewährleistet wird. Geeignete Affirmationen, die in wichtigen Momenten während der Massage ausgesprochen werden, rufen starke Selbstwertgefühle und eine positive Erwartungshaltung hervor. Unabhängig davon, ob die positiven Affirmationen der Stärkung der gesamten Aura dienen oder ihren sehr spezifischen Bedürfnissen entgegenkommen, tragen sie dazu bei, jeglichen Widerstand gegen die Massage aufzuheben und gleichzeitig starke neue Wachstumsenergien freizusetzen.

Für eine normale Massage sollten etwa 30 Minuten eingeplant werden. Die äußere Umgebung sollte ruhig und entspannt sein. Der Klient kann entweder stehen oder sich sitzend oder liegend entspannen.

Die allgemeine Auramassage

Eine allgemeine Auramassage stärkt auf zweierlei Weise: Sie setzt einen umfangreichen Energievorrat frei, der in das Aurasystem des Behandelten einströmt, und sie bereitet die Anwendung der spezielleren Massagetechniken vor, die den sehr spezifischen Bedürfnissen der Aura entgegenkommen sollen. Das Verfahren besteht aus folgenden acht Schritten:

Schritt 1: Orientierung. Obwohl dieser entscheidende Schritt von Natur aus im wesentlichen der Einleitung dient, bestimmt er über Erfolg oder Mißerfolg der allgemeinen Massage. Erklären Sie Ihrem Klienten, der sich in stehender, sitzender oder liegender Position entspannt, die Art der Massage und ihre möglichen Vorteile. Beziehen Sie ihn in ein Gespräch mit ein, und sprechen Sie freimütig alle aufkommenden Bedenken oder Fragen an. Bringen Sie zusammen mit dem Klienten die Ziele der Massage auf verständnisvolle, nicht wertende Weise zur Sprache.

Schritt 2: Eigene energetische Vorbereitung. Nehmen Sie sich einige Augenblicke Zeit, um Ihren Kopf freizumachen und Ihr Aurasystem mit positiver Energie zu kräftigen. Stellen Sie sich vor, wie Ihre Aura vor unerschöpflicher Energie leuchtet, und sprechen Sie im stillen Affirmationen: *Mein ganzes Wesen ist von unerschöpflicher Energie durchströmt. Geistig, körperlich und spirituell bin ich ausgeglichen und im inneren Einklang. Ich werde während der ganzen Behandlung voll energetisiert sein.*

Schritt 3: Empfangsbereitschaft des Klienten. Versetzen Sie Ihren Klienten in einen aufnahmefähigen, entspannten Zustand, indem Sie wohlwollende, auf die Person ausgerichtete Äußerungen wie die folgenden aussprechen: *Erlauben Sie sich, es sich noch bequemer zu machen und sich zu entspannen. Lassen Sie Frieden und Ruhe in Ihr Wesen einströmen. Erinnern Sie sich daran, daß Sie unerschöpfliches inneres Potential haben. Sie sind jetzt für neues Wachstum und neue Erfüllung bereit.* Setzen Sie während der Massage nach Bedarf zusätzliche positive Affirmationen ein.

Schritt 4: Aurabetrachtung vor der Massage. Betrachten Sie die Aura des Klienten, und achten Sie auf Charakteristika wie Färbung, Größe und ungewöhnliche Muster. Nehmen Sie Kenntnis von Schwächen und Stärken in der Aura, und schenken Sie nicht richtig funktionierenden oder schwachen Bereichen besondere Aufmerksamkeit. Besprechen Sie Ihre Beobachtungen konstruktiv mit dem Klienten. Weitere Aurabetrachtungen können in den verbleibenden Behandlungsschritten eingestreut werden. Geschulte Massagespezialisten betrachten die Aura zwar während der Dauer der Massage fortwährend, aber periodisches Betrachten reicht für gewöhnlich aus, um die Wirkung der Massage zu beurteilen.

Schritt 5: Die kreisende Massage. Nach der vorbereitenden Aurabetrachtung beginnen Sie die eigentliche Massage mit sanften, kreisenden Handbewegungen, die die Aura stärken und unruhige Bereiche besänftigen sollen. Ihre Handflächen zeigen dabei immer auf den Empfänger. Beginnen Sie im Kopfbereich, und arbei-

ten Sie sich mit langsam kreisenden Bewegungen nach unten
voran. Vermeiden Sie körperlichen Kontakt mit Ihrem Klienten,
und lassen Sie Ihre beiden Hände verschiedene Bewegungskombi-
nationen im und gegen den Uhrzeigersinn ausführen.

Schritt 6: Die vertikale Massage. Setzen Sie nach Abschluß der
kreisenden die vertikale Massage ein, um die Aura-Energien
gleichmäßig zu verteilen und weitere Störungen der Aura abzubauen. Wie die kreisende Massage beginnt auch die vertikale am
Kopf und wird nach unten fortgesetzt. Mit den Handflächen zum
Empfänger gerichtet werden langsame, nach unten gehende vertikale Streichbewegungen ausgeführt, die mit einem abrupten
Auswärtsfegen der Hand enden. Während dieses Ausstreichens
können Sie Ihre Aufmerksamkeit auf bestimmte Auramerkmale,
einschließlich der Schwächen und Problemzonen, richten. Jede
der spezielleren Massagetechniken, die weiter unten in diesem
Kapitel besprochen werden, kann dann sofort oder im Anschluß
an andere Methoden angewendet werden. Viele Massagespezialisten ziehen es vor, die spezielle Massage hintanzustellen, damit sie
erst weitere wichtige Informationen sammeln können, die ihnen
helfen, die besonderen Bedürfnisse auszumachen und entsprechende Techniken auszuwählen.

Schritt 7: Aurabetrachtung nach der Massage. Betrachten Sie nach
Abschluß der Massage noch einmal die Aura Ihres Klienten. Auch
wenn Sie wahrscheinlich die Auswirkungen der Massage bereits
während der Behandlung verfolgt haben, sollten Sie abschließend
noch einmal überprüfen, wie sich das Gesamtergebnis im ganzen
Aurasystem niederschlägt.

Schritt 8: Gespräch nach der Massage. Der Zweck dieses letzten
Schritts besteht darin, die Massage auszuwerten und ihre Ergeb-
nisse mit Ihrem Klienten zusammen zu besprechen. Zu diesem
Schritt gehört für gewöhnlich ein Gespräch über die sichtbaren
Veränderungen, die durch die Massage in der Aura des Klienten
erzielt wurden. Es ist allerdings wichtig, daran zu erinnern, daß
die beste Beurteilung der Auramassage die Selbsteinschätzung des
Klienten ist. Dieser abschließende Schritt konzentriert sich auf die
Empfindungen, Eindrücke und die Reaktionen des Empfängers
auf die Massage. Um die Auswertung abzurunden, werden erfah-

rene Massagespezialisten dem Klienten an dieser Stelle ggf. einige Techniken zur Auraselbstbetrachtung empfehlen. Die Behandlung wird mit konstruktiven Hinweisen und, wenn möglich, mit hoffnungsvollen Prognosen für die Ziele, die der Klient anstrebt, abgeschlossen.

Es ist wichtig, sich immer wieder klarzumachen, daß Merkmale, die man in der Aura beobachten kann, häufig Manifestationen eines tieferen inneren Zustands sind. Viele der Schwächen und Störungen, die in der Aura sichtbar sind, haben ihren Ursprung in unterdrückten Erfahrungen, die, weil sie der bewußten Wahrnehmung verlorengegangen sind, fortwährend im Unbewußten wirken. Weil wir den Hintergrund und die Geschichte des Klienten oft nur in eingeschränktem Maße kennen, ist es wichtig, für die Dauer der Massage medial aufnahmebereit und eingestimmt zu bleiben. Unsere Energien tauschen wir mit denen des Klienten aus, und deshalb werden sich oft wichtige sensitive Eindrücke ergeben. Eine Auramassage setzt zwar keine breiten psychologischen oder analytischen Kenntnisse über den Empfänger voraus, doch können wir geeignete Massagetechniken gezielter auswählen und anwenden, wenn wir uns der unbemerkten Dynamiken in der Aura bewußt sind. Das Wissen über die unbewußten Ursprünge einer Störung in der Aura kann zu wichtigen Affirmationen führen, die das Unbewußte direkt ansprechen. Beispiele für geeignete Affirmationen sind etwa: *Wenn Ihre Aura energetisiert und harmonisiert ist, werden Sie auch in Ihrem Inneren energetisiert und ausgeglichen sein. Selbst Ihr tiefstes Unbewußtes ist für die kraftvollen Energien Ihrer Aura empfänglich.* Dann können weitere positive Affirmationen, die sich auf besondere innere Zustände beziehen, angeboten werden.

In vielen Fällen hängen Anomalien oder Beeinträchtigungen der Aura direkt mit Erfahrungen in früheren Leben des Betreffenden zusammen. Die menschliche Aura ist ein Phänomen, das sich ständig entwickelt und eine ausgedehnte Past-Life-Vorgeschichte hat. Viele unserer Konflikte und Ängste gehen bekanntlich auf Erfahrungen in früheren Leben zurück, die so intensiv waren, daß ihre Auswirkungen in die Aura projiziert und in nachfolgende Leben weitergeleitet wurden. Als Beispiele seien Blockaden und Fixierungen in der Aura genannt, die ihren Ursprung in Traumata aus früheren Leben haben. Diese schwierigen Bedingungen kann man beeinflussen, indem man sich Erkenntnisse über die betreffenden

Past-Life-Ursachen verschafft. Hierbei können allerdings Maßnahmen erforderlich sein, die über eine Auramassage hinausgehen. Um
Einflüsse früherer Leben auf die Aura zu erkennen, sind Rückführungen mit Hilfe von Hypnose und ausgereiften Regressionstechni-
ken mit Astralreisen besonders nützlich. (Vergleichen Sie dazu mein
Buch *Astral Projection and Psychic Empowerment* mit einer detail-
lierten Besprechung von Rückführungen mit Hilfe außerkörperli-
cher Erfahrung.)

Ein tieferes Verständnis für die Ursprünge bestimmter Auramerkmale in früheren Leben kann bei einer allgemeinen Massage enorm
helfen, weil es uns auf spezifische Techniken, einschließlich Affirmationen, aufmerksam machen kann, die sich nicht nur auf das
Symptom richten, sondern auch auf die Ursache. In Fällen von
Einflüssen aus früheren Leben werden z. B. folgende Affirmationen
empfohlen: *Wenn Ihre Aura mit Energie aufgeladen ist, werden Sie
für Einsichten aus ferner Vergangenheit empfänglich. Selbsterkenntnis ist Selbstvertrauen. Die Kenntnis Ihrer Vergangenheit wird
Ihnen in der Gegenwart helfen, Ihre inneren Ressourcen zu aktivieren und Ihre höchsten Ziele zu erreichen.* Diese ein wenig allgemeinen Affirmationen können mit spezielleren Affirmationen ergänzt
werden, die sich auf ein bestimmtes Auramerkmal und seine Ursache in einem früheren Leben beziehen.

Die spezielle Auramassage

Wie bereits angemerkt, können spezielle Massagetechniken während einer allgemeinen Massage zum Einsatz kommen oder in einer
zusätzlichen Behandlung angewendet werden. Eine spezielle Massage richtet sich auf zwei Ziele: bestimmte Funktionen der Aura zu
fördern und spezifische Schwächen auszugleichen oder Funktionsstörungen zu beseitigen. Achtsamkeit und Empfindsamkeit während der Massage, Intuition und mediale Eindrücke eingeschlossen,
sind wichtig, wenn wir die besonderen Bedürfnisse des Klienten
verstehen und somit unseren Erfolg sichern wollen, diesen Bedürfnissen zu entsprechen.

Wie andere Techniken zur Aurastärkung erfordert auch die spezielle Massage die Fähigkeit, die Aura zu sehen, bestimmte Aurabe-
dürfnisse zu identifizieren, die geeigneten Maßnahmen auszuwählen und sie wirksam anzuwenden. Unabhängig davon, ob man eine

»ausgelaugte« Aura energetisiert, eine verletzte Aura wiederherstellt, eine starre Aura flexibler macht oder einer geschwächten Aura Farbe und Leuchtkraft gibt, erfordern spezielle Methoden Präzision, damit das angestrebte Ziel erreicht werden kann. Nur durch Übung und Erfahrung können wir die spezifischen Massagefähigkeiten erlernen, die für einen wirksamen Eingriff in die vielfältigen Funktionen der Aura nötig sind.

Die Bodybuildingmassage für die Aura

Es kann aufgrund von Streß oder der Vernachlässigung geistiger, körperlicher oder spiritueller Bedürfnisse dazu kommen, daß die Energien der Aura schwach oder ungleichmäßig verteilt sind. Bestimmte geschwächte Bereiche sind im allgemeinen entweder als Vertiefungen an der Außenseite der Aura sichtbar oder als »verwaschene« Gebiete von schwächerer Farbintensität und geringerer Leuchtkraft als die Umgebung. Wie beim körperlichen Bodybuilding sollen die speziellen Techniken des Aurabodybuildings Schwächen beseitigen, indem die Fähigkeiten der Aura, kräftiger zu werden, trainiert werden. Beim Aurabodybuilding werden geschwächte Bereiche dadurch gestärkt, daß die umgebende Aura stimuliert und der angegriffene Bereich speziell energetisiert werden.

Das Aurabodybuilding ist eine spezielle Massage und wird normalerweise nach einer allgemeinen Auramassage durchgeführt. Es beginnt mit einer diagnostischen Aurabetrachtung, der eine konventionelle kreisende Handmassage um die beobachteten Schwachstellen herum folgt, um auf diese Weise Farbe aus dem umliegenden in den geschwächten Bereich zu lenken. Nach einigen Augenblicken konventioneller kreisender Massagebewegungen, wird die Richtung der Handbewegung umgekehrt, um Helligkeit in die Aura zu bringen. Anschließend gehen wir zur konventionellen vertikalen Massage über, konzentrieren uns dabei aber auf die geschwächten Bereiche und ihre unmittelbare Umgebung. Die Massage endet mit wenigen zunächst kreisenden, dann vertikalen Massagebewegungen über die ganze Aura.

Das Aurabodybuilding wird begleitet von geeigneten Affirmationen: *Deine Aura wird stark und voller Energie sein. Geschwächte Bereiche in deiner Aura werden gestärkt und wiederbelebt. Helle, kraftvolle Energie strömt jetzt durch dein ganzes Aurasystem.*

Auch im Sport wurde das Aurabodybuilding bereits überraschend erfolgreich in traditionelle Bodybuilding-Programme integriert. Es steigert die Motivation, das Selbstvertrauen und die körperliche Ausdauer. Die Methode war ähnlich erfolgreich, als sie in das Trainingsprogramm verschiedener anderer Sportarten aufgenommen wurde. Sie beschleunigt die Entwicklung sportlicher Fertigkeiten und steigert die Leistungen in ganz unterschiedlichen Einzel- und Mannschaftsportarten, wie z.B. Ringen, Gymnastik, Volleyball, Golf, Fußball und Bogenschießen. Im allgemeinen reagieren männliche und weibliche Sportler aller Altersstufen auf diese Übung.

Die Auraheilmassage

Beim menschlichen Aurasystem kann es nicht nur durch Angriffe von außen zu Verletzungen kommen, sondern auch durch potentiell schädigende Kräfte, die sich im Selbst befinden. Die Aura ist zwar wie der physische Körper mit einem widerstandsfähigen Abwehrsystem ausgestattet, doch können negative Kräfte unsere Schwachstellen plötzlich ins Visier nehmen, einen Überraschungsangriff starten und den stärksten Schutz überwinden.

Unsere beste Abwehr gegen Beschädigungen an der Aura ist ein gestärktes Energiesystem. Aber auch wenn Abwehrkräfte vorhanden sind, kann es zu Schäden an der Aura kommen. Sehr verbreitet sind folgende: a) Risse in der Aura, die durch Betrug oder aufgrund anderer abträglicher Beziehungen entstanden sind, und b) dunkle Punkte, die entweder auf Verwundbarkeit hinweisen oder auf einen erfolgten Angriff von außen auf das Aurasystem zurückgehen.

Risse deuten an, daß die zentrale Struktur der Aura ernsthaft Schaden erlitten hat. Wenn man sich nicht um einen Riß kümmert, kann er allmählich immer schlimmer werden, bis seine Auswirkungen in der gesamten Aura als schwächende Verfärbung oder Turbulenz sichtbar werden. Die Lage des Risses gibt uns einen wichtigen Hinweis auf seinen Ursprung. Normalerweise wird ein Riß in der äußeren Aura mit Schäden assoziiert, die auf externe Kräfte zurückgehen, während ein Riß in den inneren Bereichen mit inneren Einflüssen in Verbindung gebracht wird, die die Aurafunktionen stören.

Im Gegensatz zu Rissen, die im allgemeinen in den Grenzregionen der Aura auftreten, können dunkle Punkte sich überall in der Aura zeigen. Wenn sie von trüber Verfärbung umgeben sind, werden sie auf den Angriff eines anderen Energiesystems zurückgeführt, das der Aura ihre Energie entzogen hat. In einem späteren Kapitel werden wir dieses Phänomen, das oft »psychischer Vampirismus« genannt wird, eingehender besprechen.

Wenn das unmittelbare Abwehrsystem der Aura versagt, ist es wichtig, mit gezielten Methoden einzugreifen, um ihre normalen Funktionen wieder herzustellen. Die Auraheilmassage ist speziell dazu gedacht, die Aura wiederherzustellen und zu stärken, besonders wenn es sich bei den Schäden um Risse oder dunkle Stellen handelt. Wie andere spezielle Techniken muß auch die Auraheilmassage den Merkmalen und Bedürfnissen des Individuums angepaßt werden. Diese Massage dient zwar dazu, eine beschädigte Aura zu reparieren, lädt jedoch zunächst einmal automatisch den Energievorrat der Aura wieder auf und initiiert zugleich neues Wachstum und die weitere Heilung. Wichtig ist, darauf zu achten, daß schwere Schäden an der Aura oft zusätzliche Maßnahmen erfordern, die sich darauf richten, neue Fertigkeiten zu entwickeln, um sich selbst Macht zu verleihen. Die Auraheilmassage besteht aus vier Schritten:

Schritt 1: Diagnostische Aurabetrachtung. Betrachten Sie sorgfältig die Aura Ihres Klienten, und achten Sie auf ihre einzigartigen Merkmale und spezifischen Charakteristiken. Inspizieren Sie die Aura auf Schäden, indem Sie einen sorgfältigen dreiteiligen Aurascan durchführen. Tasten Sie zuerst den äußeren Bereich der Aura ab, und achten Sie dabei besonders auf alle Irregularitäten an den äußeren Rändern. Tasten Sie dann den innersten Aurabereich ab, wobei Sie Unterbrechungen nahe am physischen Körper besondere Aufmerksamkeit schenken. Scannen Sie zum Abschluß die ganze Aura, und achten Sie dabei besonders auf alle Abweichungen in ihrem Zentralbereich. Teilen Sie Ihrem Klienten Ihre Beobachtungen mit, und versuchen Sie herauszufinden, was die an der Aura wahrgenommenen Schäden jeweils bedeuten.

Schritt 2: Aurareparaturplan. Formulieren Sie, ausgehend von Schritt 1, zusammen mit Ihrem Klienten einen Reparaturplan. Eine geeignete Formulierung wäre z.B.: *Wir werden die Aurareparaturmassage dazu benutzen, eine Öffnung in Ihrer Aura zu schließen* (beschreiben Sie genau die Beschaffenheit der Öffnung und ihre Position). *Wir werden Heilprozesse aktivieren, die überall in Ihrem Aurasystem und in Ihnen selbst zu spüren sein werden.*

Schritt 3: Die Reparaturmassage. *a) Risse.* Streichen Sie bei Rissen sanft mit kreisenden Bewegungen über das umliegende Gebiet, um positive Energie um den Riß herum aufzubauen. Erklären Sie Ihrem Klienten den Zweck des Vorgehens, sprechen Sie die Affirmation: *Kraftvolle Energie versammelt sich jetzt um die Wunde in Ihrer Aura.* Richten Sie als nächstes Ihre Handflächen auf die betroffenen Stellen, wobei Sie körperliche Berührung sorgfältig vermeiden. Legen Sie direkt über der Öffnung langsam Ihre Hände aneinander, wobei sich Ihre Handflächen anschauen. Bleiben Sie in dieser Stellung, und bekräftigen Sie: *Heilende Energien verschmelzen jetzt miteinander, um die Öffnung in Ihrer Aura zu schließen.* Wiederholen Sie diesen Teil der Massage einige Male. Sie werden spüren, wenn die Öffnung sich geschlossen hat. Beenden Sie die Reparaturmassage mit der Affirmation: *Die Öffnung in Ihrer Aura ist jetzt geschlossen, der Heilungsprozeß aktiviert. Ihr ganzes Wesen ist von kraftvoller Energie erfüllt.*
b) Dunkle Stellen. Beginnen Sie bei dunklen Stellen in der Aura die Massage mit kreisenden Bewegungen im Bereich des Solarplexus, und massieren Sie dann sanft weiter in Richtung Öffnung. Wiederholen Sie diese kreisförmige Massage mehrere Male, um Energie vom Solarplexus, der im allgemeinen über eine hohe Konzentration an Energie verfügt, auf die geschwächte Stelle zu übertragen. Sprechen Sie in diesem Stadium die Affirmation: *Kraftvolle Energie umgibt den verletzten Bereich Ihrer Aura.* Wenn Sie spüren, daß sich im Bereich der Öffnung genügend Energie befindet, halten Sie eine Hand mit der Handfläche nach unten direkt über den betroffenen Bereich, und bewegen Sie sie mit sanft pumpenden Bewegungen in Richtung auf den Körper zu und wieder weg. Halten Sie dabei die Hand geöffnet, und vermeiden Sie jeglichen Kontakt mit dem physischen Körper. Lassen Sie den pumpenden Bewegungen sanfte kreisende Bewegungen direkt über dem angegriffenen Bereich folgen. Dabei sprechen Sie folgende Affirmation: *Heilende Energie füllt jetzt die Öffnung in Ihrer Aura. In Ihrem ganzen Wesen wird jetzt kraftvolle heilende Energie freigesetzt.*

Schritt 4: Abschluß. Beenden Sie die Übung mit einer kurzen, allgemeinen Massage der ganzen Aura, wobei Sie sowohl kreisende als auch vertikale Bewegungen in Verbindung mit unterstützenden Affirmationen einsetzen. Es folgt eine abschließende Aurabetrachtung und ein kurzer Austausch mit Ihrem Klienten, bei dem die kräftigenden Ziele und die potentiellen Wohltaten der Behandlung zusammengefaßt werden.

Die Auraheilmassage kann zwar Risse und dunkle Stellen in der Aura erfolgreich schließen, wirkt aber nicht sofort heilend. Eine vollständige Heilung schwerer Schäden erfolgt allmählich und kann weitere Maßnahmen erforderlich machen, besonders wenn der Defekt im Bereich des Solarplexus auftritt. Chronische Funktionsstörungen in diesem Bereich weisen auf einen Verschleiß des ganzen Aurasystems hin. Schließlich wirken die Anpassungsfunktionen der Aura gar nicht mehr, und ihr Energievorrat sinkt auf ein bedrohliches Niveau. Dieser Zustand ist manchmal bei Menschen zu beobachten, die das Opfer einer lang anhaltenden Mißbrauchsbeziehung geworden sind. Auch wenn die Auramassage Erleichterung verschafft und den Heilungsprozeß in Gang setzt, ist eine völlige Heilung ein langwieriger Prozeß, der vor allem eine Beendigung der mißbräuchlichen Beziehung voraussetzt.

Die Aura-Elastizitätsmassage

Die Aura-Elastizitätsmassage eignet sich besonders dazu, genügend Flexibilität in der Aura zu erzeugen, damit leere Räume geschlossen und die normalen Energiefunktionen der Aura wiederhergestellt werden. Lücken gehören zu den am meisten verbreiteten Anomalien, die in der menschlichen Aura anzutreffen sind. Es sind transparente, funktionslose Bereiche ohne jegliche Energie. Ihr Ursprung liegt im allgemeinen im psychischen Bereich, und sie bleiben erhalten, wenn die Aura inflexibel ist oder über zuwenig Energie verfügt, um sie zu überbrücken. Obwohl überall in der Aura Lücken entstehen können, scheinen sie am häufigsten in den oberen Bereichen aufzutreten. Ist eine Lücke vorhanden, so ist oft die ganze Aura eingeschnürt. Das ist auf mangelnde Elastizität zurückzuführen, was gleichzeitig die Lücke erhält. Lücken sind oft in den Auren von Menschen zu finden, die in schwierigen zwischenmenschlichen Beziehungen leben, Gefühle von Leere und Entfremdung erfahren und keinen Sinn in ihrem Leben sehen.

Außer dem Schließen von Lücken und der Wiederherstellung normaler Funktionen dient die Aura-Elastizitätsmassage dazu, die gesamte Aura mit unerschöpflicher neuer Energie zu versorgen und dem Klienten seine in ihm ruhenden inneren Ressourcen bewußtzumachen:

Schritt 1: Aurabetrachtung. Betrachten Sie die Aura Ihres Klienten, und achten Sie, wenn Sie eine Lücke entdecken, besonders auf ihre Lage und Größe. Teilen Sie Ihrem Klienten Ihre Beobachtungen mit. Beschreiben Sie die Lücke, ihre Form, Größe und Anordnung. Helfen Sie Ihrem Klienten, die Lücke genau so zu visualisieren, wie sie in der Aura erscheint. Ergründen Sie, ohne zu urteilen, mit Ihrem Klienten zusammen die Bedeutung der Lücke.

Schritt 2: Zielformulierung und Orientierung. Formulieren Sie unter aktiver Teilnahme Ihres Klienten die Ziele der Massage. Geben Sie präzise, positive Ergebnisse an, wie z. B.: *Wir wollen die Massage dazu nutzen, genügend Energie und Flexibilität in Ihrer Aura zu erzeugen, um alle vorhandenen Lücken zu schließen. Wenn eine Lücke geschlossen ist, werden Sie neue Kraftquellen in Ihrem Leben entdecken. Sie werden neue Wege finden, die Ihnen guttun und Ihnen Kraft verleihen.* Informieren Sie Ihren Klienten über die Elastizitätsmassage und ihre Wirkung auf Lücken in der Aura. Die Wirksamkeit der Massage beim Schließen der Lücken hängt zu einem großen Teil von der Fähigkeit Ihres Klienten ab zu visualisieren, wie die Lücke kleiner wird und schließlich verschwindet.

Schritt 3: Kugelförmige Massage. Beginnen Sie die Massage, indem Sie Ihre Hände wölben. Halten Sie jeweils eine Hand auf jede Seite der Lücke, und stellen Sie sich vor, daß eine Kugel aus strahlender Energie zwischen Ihren Handflächen die Lücke und ihre unmittelbare Umgebung völlig einhüllt. Massieren Sie die visualisierte Kugel langsam mit sanften fließenden Handbewegungen. Wenn Sie Ihre Hände über der Lücke immer näher zusammenbringen, spüren Sie, wie sie immer mehr schrumpft, bis sie schließlich völlig verschwunden ist. Legen Sie Ihre Handflächen aneinander, halten Sie Ihre Hände über die jetzt geschlossene Lücke, und sprechen Sie die Affirmation: *Die Lücke in Ihrer Aura ist jetzt durch helle, schwingende Energie ersetzt.*

Schritt 4: Kreisförmige Massage. Massieren Sie mit den üblichen kreisförmigen Bewegungen den Bereich der ehemaligen Lücke, und sprechen Sie die Affirmation: *Mit Ihrer energetisierten Aura werden Sie einen neuen Schatz an inneren Potentialen entdecken.* Erweitern Sie die kreisförmige Massage allmählich, um größere Bereiche der Aura abzudecken, und sprechen Sie die Affirmation: *Ihre Aura ist jetzt gestärkt und voll funktionstüchtig. Sie sind umgeben von unbegrenzten Möglichkeiten, Ihr Leben vielfältiger zu gestalten und Erfolg zu haben.* Formulieren Sie andere stärkende Affirmationen, die die spezifischen Wachstumsbedürfnisse Ihres Klienten gezielt zum Ausdruck bringen.

Schritt 5: Abschluß. Betrachten Sie noch einmal die ganze Aura Ihres Klienten, und achten Sie besonders auf die ausgeglichene Energie und die konzentrierte Helligkeit im Bereich der vormaligen Lücke. Beenden Sie die Behandlung, indem Sie Ihrem Klienten die abschließenden Beobachtungen mitteilen.

Die Aurafarbmassage

Farbe ist einer der wichtigsten Bestandteile der Aura. Die Bedeutung der Farben in der menschlichen Aura wird im folgenden kurz zusammengefaßt:

1. Wie andere Aurasignatur-Merkmale kommt Farbe in einer relativ stabilen Aurastruktur vor.
2. Auch wenn die Farbmuster stark variieren, wird die Aura im allgemeinen durch eine dominante Farbe gekennzeichnet, wozu weitere weniger hervortretende Farben in einer Vielzahl von Formen kommen.
3. Die Regenbogenaura besteht aus Schichten mehrerer Farben, die entweder den ganzen Körper oder nur einen Teilbereich, bevorzugt Kopf und Schultern, umgeben.
4. Eine einfarbige Aura ist relativ selten und zeichnet sich durch eine breite Variation der Farbintensität aus. Zum äußeren Randbereich der Aura hin verblaßt die Farbe dann normalerweise.

5. In der Aura können einzelne Farben auch vorübergehend auftreten und dann für eine gewisse Zeit die ganze Aura oder Teilbereiche ausfüllen. Diese Erscheinung kann eine wichtige geistige, körperliche und spirituelle Bedeutung haben.
6. Bereiche matter Verfärbung werden für gewöhnlich als schwächend erachtet, weil sie dazu tendieren, die Funktionen der Aura, besonders die Energieerzeugung, zu behindern.
7. Die Leuchtkraft einer bestimmten Farbe in der Aura gibt einen Hinweis auf ihre Stärkungskapazität, wobei diese um so größer ist, je mehr die Farbe leuchtet.
8. Es können zwar weiße, schwarze und farblose Bereiche in der Aura auftreten, doch ist die menschliche Aura niemals völlig weiß, schwarz oder farblos.
9. Zwischen der Aurafärbung und anderen Persönlichkeitsmerkmalen, seien sie geistig, körperlich oder spirituell, ist eine Beziehung festgestellt worden. Einige der Farben, die in der menschlichen Aura normalerweise anzutreffen sind, und einige der Persönlichkeitszüge, die mit ihnen assoziiert werden, sind im folgenden beschrieben:

Blau: *Gelassenheit, Gleichgewicht, Flexibilität, Optimismus und, wenn es ein tiefer Farbton ist, geistige Wachheit sowie emotionale Kontrolle.*
Gelb: *Intelligenz, Geselligkeit und Zuverlässigkeit.*
Grün: *Heilung und Selbstverwirklichung.*
Pink: *Jugend, Verjüngung, Empfindsamkeit, Idealismus und Begabung.*
Braun: *Praktische Veranlagung, Stabilität, Interesse an Aktivitäten im Freien und Unabhängigkeit.*
Purpur: *Philosophische und abstrakte Interessen.*
Orange: *Extrovertiertheit und Konkurrenzdenken.*
Grau: *Unglück oder bevorstehendes Mißgeschick.*

Die Aurafarbmassage hat zwei Hauptfunktionen. Die erste, »Farbsättigung« genannt, vertieft die Färbung, indem sie die Sättigung der vorhandenen Farben steigert. Die zweite, »Farbvermehrung« genannt, führt der Aura völlig neue Farben zu, entweder gehäuft an einer Stelle oder als Schicht, die die Aura völlig umhüllt. Beide Funktionen beruhen auf der Vorstellung, daß jede Farbe der Aura eine unterschiedliche Energie mit einem jeweils einzigartigen Kräftigungspotential repräsentiert. Beide Funktionen würdigen die Fähigkeit der Aura, ein Energieprodukt zu erzeugen und es einem anderen Aurasystem in einer farbigen Gestalt zu übertragen. Während der ganzen Behandlung werden positive Affirmationen sowie Erklärungen zu den spezifischen Massagetechniken und ihren Zwecken eingestreut.

Bei der Auramassage hebt die Farbsättigung die positiven Züge hervor, die mit einer bestimmten, in der Aura bereits vorhandenen Farbe in Verbindung gebracht werden. Bei der Behandlung wird aus den Charakterzügen, die mit einer Farbe assoziiert werden, ein bestimmter ausgewählt, und dann wird mit Hilfe geeigneter Techniken eine leuchtende, kräftige Konzentration der gewünschten Farbe mit dem entsprechenden Begleitmerkmal im Aurasystem hervorgerufen. Erhöht man z. B. in der Aura die Sättigung der Farbe Pink, so kann das jugendliche Energie erzeugen, eine bestimmte Begabung fördern oder bei dem Betreffenden die Fähigkeit zur Empfindsamkeit entfalten, je nachdem, welches Merkmal hervorgehoben werden sollte. Wenn man mehr Gelb in die Aura bringt, kann das wiederum die Intelligenz, die Geselligkeit oder die Zuverlässigkeit steigern, je nachdem, welches Merkmal man bevorzugt ansprechen möchte. Unsere Laborversuche ergaben, daß eine höhere Sättigung des Gelbs in der Aura den IQ erhöhte, was durch vorher und nachher durchgeführte Intelligenztests gemessen wurde. Dies geschah aber nur, wenn das zuvor festgelegte Ziel der Kräftigung darin bestand, die intellektuellen Fähigkeiten zu erhöhen. Von besonderem Interesse war eine erhebliche Verbesserung der Redegewandtheit, die nicht nur mit Intelligenz, sondern auch mit Geselligkeit in Verbindung gebracht wird, was, wie angemerkt, eine weitere Eigenschaft der Farbe Gelb ist.

Farbvermehrung ist ein stärkerer Eingriff als Farbsättigung, weil die Farbstruktur der Aura direkt verändert wird, wenn eine völlig neue Farbe hinzukommt, entweder gehäuft an einer bestimmten Stelle oder als neue Schicht, die die ganze Aura umhüllt. Es gibt zwar gewisse Hinweise darauf, daß jede menschliche Aura in einem bestimmten Ausmaß alle vorstellbaren Farben sowie die entsprechenden Energien enthalten kann, dennoch scheinen in der sichtbaren Aura manchmal bestimmte Farben zu fehlen. Die Technik der Farbvermehrung geht davon aus, daß die Einführung einer ganz neuen Farbenergie in das Aurasystem jedes der mit dieser Farbe verknüpften Persönlichkeitsmerkmale einführen könnte. Die Farbvermehrung ist der Farbsättigung insofern ähnlich, als zunächst festgelegt wird, welches zusätzliche Persönlichkeitsmerkmal gewünscht wird. Dann wird die Behandlung so gestaltet, daß sie das fehlende Merkmal ergänzt. Wenn z. B. praktische Veranlagung der gewünschte Zusatz ist, würde die Farbe Braun, die mit diesem Merkmal assoziiert wird, der Aura hinzugefügt werden. Oder wenn der gewünschte Zusatz Heilung ist, würde leuchtendgrüne Energie hinzugefügt werden, normalerweise in der Nähe des funktionsgestörten Bereichs. Die Behandlung würde dann so aufgebaut, daß die gewünschte Farbe und damit ihre Eigenschaft eingeführt werden. Auch wenn weitere Eigenschaften, die mit einer bestimmten Farbe assoziiert werden, bei der Farbsättigung oder der -vermehrung zusätzlich vermittelt werden mögen, wird das spezifische Merkmal dennoch dominant sein. Denn es kommen vor allem Imaginationen und Affirmationen selektiv und gezielt zum Einsatz. Wir weisen darauf hin, daß letztendlich die der Aura hinzugefügte Farbe verblaßt, daß aber die mit ihr assoziierten Eigenschaften, durch die uns Stärke zuwachsen soll, im allgemeinen erhalten bleiben.

Die Aurafarbmassage umfaßt Behandlungsvorschläge für die Farbsättigung und die Farbvermehrung:

Schritt 1: Aurabetrachtung. Betrachten Sie die Aura Ihres Klienten, und schenken Sie Phänomenen wie Schwachstellen, Verfärbungen und anderen Einschränkungen, die auf eine notwendige Farbsättigung hinweisen könnten, besondere Aufmerksamkeit.

Schritt 2: Zielformulierung. Formulieren Sie zusammen mit Ihrem Klienten spezielle Massageziele. Das kann z. B. die Sättigung einer vorhandenen Farbe sein, um dadurch eine bestimmte Eigenschaft, die mit der Farbe assoziiert wird, weiter zu verbessern. Oder es kann die Ergänzung der Aura mit einer neuen Farbe sein, um eine völlig neue Eigenschaft zu entwickeln.

Schritt 3: Kraftwirbel. Stellen Sie sich neben Ihren Klienten, der ebenfalls stehen sollte, und beginnen Sie die Massage, indem Sie in der Mitte des Rumpfes einen Kraftwirbel aus Energie erzeugen. Machen Sie nur kreisförmige Bewegungen, mit der einen Hand auf der Brust- und der anderen Hand auf der Rückenseite des Klienten. Weiten Sie Ihre Bewegungen allmählich aus, bis sie den ganzen zentralen Körperbereich umfassen. Massieren Sie beim liegenden Klienten nur die Vorderseite des Rumpfes mit kreisenden Bewegungen.

Schritt 4: Energiekonzentration. Reiben Sie nach Fertigstellung des Kraftwirbels Ihre Handflächen aneinander, um die Energie zwischen ihnen zu konzentrieren. Stellen Sie sich, unabhängig davon, ob Sie eine vorhandene Farbe sättigen oder der Aura eine neue Farbe hinzufügen wollen, die gewünschte Farbe als leuchtenden Energiekörper vor. Lösen Sie Ihre Hände voneinander, wölben Sie sie, und bewegen Sie Ihre Handflächen mehrere Male aufeinander zu, um auf diese Weise zwischen Ihren Händen eine Energiekugel zu formen. Machen Sie mit den rhythmischen Bewegungen, die Hände einander anzunähern und wieder auseinanderzunehmen, weiter, bis die Kugel aus konzentrierter Energie Gestalt angenommen hat. Zu diesem Zeitpunkt der Behandlung wird zwischen Ihren gewölbten Händen eine leuchtende Energiekugel sichtbar werden. Halten Sie Ihre Hände mit der Energiekugel in denjenigen Bereich der Aura, der Energie bekommen soll.

Schritt 5: Beeinflussung der Farben. Dieser Schritt bietet Ihnen drei Möglichkeiten, die Farbgebung der Aura zu beeinflussen: die Farbsättigung, die Farbvermehrung und die Hinzufügung einer Farbschicht. Positive Affirmationen sind zusammen mit den entsprechenden Erläuterungen bei jeder dieser Möglichkeiten entscheidend.

a) *Farbsättigung.* Halten Sie, um eine in der Aura vorhandene Farbe zu sättigen, Ihre gewölbten Hände mit der Energiekugel in den Bereich der Aura, der gekräftigt werden soll. Übergeben Sie die Kugel der Aura Ihres Klienten, indem Sie Ihre Handflächen dem Klienten zuwenden. Wenn die helle Kugel an Ort und Stelle ist, massieren Sie den Farbbereich sanft mit kreisenden Bewegungen, die sich zunächst auf die Energiekugel konzentrieren und dann allmählich weiter werden, um größere Aurabereiche mit einzubeziehen.

b) *Farbvermehrung.* Um in ein räumlich begrenztes Gebiet der Aura eine völlig neue Farbe einzuführen, bringen Sie die Energiekugel in die Mitte des betreffenden Bereichs, und massieren Sie sie sanft mit kreisenden Bewegungen in die Aura ein. Bei dieser

Behandlung beschränkt sich die Massage auf einen räumlich begrenzten Bereich.

c) *Hinzufügung einer Farbschicht.* Halten Sie, um eine neue Farbschicht in die Aura einzuführen, die Energiekugel in die Nähe des
Solarplexus, und verteilen Sie die neue Energie, indem Sie die
Aura mit sanften kreisenden Handbewegungen massieren, wobei
Sie am Solarplexus anfangen und die Massage allmählich ausdehnen, bis sie die ganze Aura umfaßt. Eine neue Farbschicht hinzuzufügen ist eine ausgezeichnete Methode, um die Aura vor einem
Angriff oder dem Eindringen negativer Kräfte zu schützen. Für
diesen Zweck empfehlen wir als Farben ein leuchtendes Blau für
den geistigen Schutz, kräftiges Grün für körperlichen Schutz und
ein leuchtendes Purpur für den spirituellen Schutz.

Schritt 6. Allgemeine Massage. Beenden Sie die Behandlung mit
einer allgemeinen Massage, bei der Sie eine Kombination aus
kreisenden und vertikalen Bewegungen über das gesamte Aurasystem anwenden sollten.

Die Farbsättigung und die Farbvermehrung verleihen der Aura
Kraft, was weitreichende Folgen hat. In einer Vielzahl unterschiedlicher Bereiche – Ausbildung, Rehabilitation, Gefängnis, Medizin
und Psychotherapie – besitzt die Aurafarbmassage als eine kräftigende Technik fast unbegrenzte Möglichkeiten, um positive
Veränderungen herbeizuführen. Sie stimuliert die vorhandenen
Fähigkeiten der Aura und führt in einigen Fällen völlig neue Wachstumsressourcen und Energiecluster in Form neuer Farben ein. Wie
bereits angemerkt, können wir Intelligenz direkt steigern, indem wir
Gelb einbringen, das Altern durch Pink verlangsamen und mit Hilfe
von Grün Heilung beschleunigen. Unsere Untersuchungen ergaben,
daß sich Gehirnwellen bei der Einführung von Blau änderten und in
den Alphazustand kamen, der mit Ruhe und innerem Frieden assoziiert wird. Es wäre plausibel, wenn es für jedes menschliche Streben
eine Aurafarbe oder eine Farbkombination gäbe.

Warnend sei erwähnt, daß man niemals versuchen sollte, mit
Hilfe einer Auramassage der Aura Grau hinzuzufügen oder sie matt
zu verfärben. Jeder gezielte Versuch, entkräftende Verfärbungen
oder andere negative Einflüsse auf ein anderes Aurasystem zu übertragen, ist immer selbstschädigend.

Die Auramassage zur Schmerzbewältigung

Gemäß dem Konzept der Stärkung des sensitiven Potentials ist das Ziel der Schmerzbewältigung: 1. Schmerz zu lindern oder zu beseitigen und 2. Schmerz durch Heilungsenergie zu ersetzen. Auch wenn die Pharmazie weiterhin die konventionelle Methode bleiben wird, Schmerz zu bewältigen, ist sie nicht immer erfolgreich. Mittlerweile gibt es etliche innovative Vorgehensweisen, die auf der Verbindung von Geist und Körper beruhen, darunter Selbsthypnose, Biofeedback, Meditation und Entspannung. Diese Methoden, die als wesentliche Ergänzungen zu konventionellen Ansätzen angesehen werden sollten, respektieren die Kraft des Geistes, biologische Prozesse zu beeinflussen, auch solche, die mit Schmerz in Beziehung stehen.

Die Auramassage zur Schmerzbewältigung unterscheidet sich von anderen Schmerzbewältigungstechniken. Sie konzentriert sich auf die Aura als interaktives Energiesystem mit der speziellen Fähigkeit, Schmerz zu lindern oder zu beseitigen, während sie zugleich auf die dem Schmerz zugrundeliegenden psychologischen und biologischen Faktoren eingeht. Bei der Auramassage zur Schmerzbewältigung verwenden wir eine Schmerzintensitäts-Skala und beziehen bei der Veränderung des Schmerzniveaus den Klienten aktiv mit ein. Die Methode sollte unter entsprechender medizinischer Aufsicht durchgeführt werden:

Schritt 1: Beurteilung des Ausgangszustands und Zielformulierung. Besprechen Sie mit Ihrem Klienten zuerst seine Schmerzgeschichte. Benennen Sie soweit wie möglich die Ursachen und Dynamiken des Schmerzes. Finden Sie dann gemeinsam heraus, wo der Schmerz tatsächlich sitzt und welche Merkmale er hat, z.B. stumpf, scharf, ausstrahlend, klopfend, brennend, hell usw. Helfen Sie Ihrem Klienten, die Heftigkeit seiner Schmerzen auf einer Zehn-Punkte-Skala einzuordnen, wobei eins für »kein Schmerz« und zehn für »starker Schmerz« steht (siehe Abbildung 5).

Formulieren Sie unter aktiver Teilnahme Ihres Klienten die Ziele der Schmerzbewältigung, die von völliger Beseitigung bis zur Absenkung der Schmerzintensität auf einen niedrigeren Punkt auf der Skala reichen können. Weisen Sie Ihren Klienten an, auf der

1	2	3	4	5	6	7	8	9	10

Kein   Mäßiger   Starker
Schmerz   Schmerz   Schmerz

Abbildung 5. Schmerzintensitäts-Skala
Für die Einstufung der Schmerzintensität auf einer Skala von 1 bis 10.

Skala eine zweite Stelle als Ziel der Schmerzbewältigung zu markieren. Erklären Sie Ihrem Klienten, daß es sich bei Schmerz um eine körperliche Empfindung und nicht um ein Persönlichkeitsmerkmal handelt, das man besitzt und für das man belohnt wird. Beziehen Sie sich auf Schmerz allgemein als »den Schmerz« oder »die Unannehmlichkeit« und nicht auf »Ihren Schmerz« oder »Ihre Beschwerden«. Ermutigen Sie Ihren Klienten, objektiv über den Schmerz zu sprechen, weil subjektive Bezeichnungen wie »mein Schmerz« oder »meine Beschwerden« eine Vorstellung von persönlichem Besitz des Schmerzes vermitteln und mögliche Widerstände, ihn zu lindern oder zu beseitigen, aufrechterhalten können.

Schritt 2: Auramassage. Massieren Sie die ganze Aura Ihres Klienten von oben nach unten mit sanften kreisenden Handbewegungen, die dazu beitragen sollen, die Aura-Energien gleichmäßig zu verteilen und Turbulenzen zu minimieren, die oft durch körperlichen Schmerz hervorgerufen werden. Begleiten Sie die Massage mit positiven Affirmationen wie: *Sie werden ausgeglichen und geistig, körperlich und spirituell in Einklang sein.* Setzen Sie die kreisende Massage fort, aber begrenzen Sie sie auf den Schmerzbereich. Bitten Sie dann Ihren Klienten, sich die Schmerzintensitäts-Skala vorzustellen, wobei das Schmerzniveau langsam abfallen soll, bis es den gewünschten Grad erreicht. Nehmen Sie sich viel Zeit, damit die Schmerzintensität auf das gewünschte Niveau sinken kann. Reiben Sie, wenn das markierte Ziel erreicht ist, Ihre Handflächen aneinander, und stellen Sie sich dabei vor, daß sich in Ihren Händen eine leuchtendgrüne Energie formt. Halten Sie dann Ihre Handflächen für einige Augenblicke über den betroffenen Körperbereich, und lassen Sie im Geiste die helle Konzentration wohltuender, heilender Energie in die Aura Ihres Klienten einströmen.

Schritt 3: Unterstützende Affirmationen. Beenden Sie die Behandlung mit unterstützenden Affirmationen wie der folgenden: *Sie sind jetzt ganz mit kraftvoller, wohltuender Energie erfüllt. Ihre inneren Heilungsressourcen sind freigesetzt und durchdringen Ihr ganzes Wesen. Sie können in Zukunft jeden Schmerz vertreiben, indem Sie sich vorstellen, daß Sie in strahlende Energie eingehüllt sind.*

Diese Methode kann leicht abgewandelt als Selbsthilfemethode zur Schmerzbewältigung eingesetzt werden. In diesem Falle wird die Massage der ganzen Aura durch eine örtliche Massage im Schmerzbereich ersetzt. Die lokale Massage wird dann zunehmend begrenzt, bis sie sich auf den Schmerzbereich konzentriert.

Die Leuchtmassage

Die Leuchtmassage soll das gesamte Aurasystem mit Leuchtkraft und unerschöpflicher Energie erfüllen. Sie ist die Auramassage schlechthin. Sie hat das Potential, dem Klienten und dem Behandelnden Kraft zu verleihen. Die Behandlung erhellt die Aura, versucht aber nicht, sie zu reinigen, was im übrigen auch eine falsche Bezeichnung ist, da die Aura nie unsauber wird; besser gesagt wird sie funktionsuntüchtig und kann dadurch ihre Aufgaben nicht mehr erfüllen. Eine matte, trübe oder verfärbte Aura ist nicht »schmutzig«, sondern es mangelt ihr an Leuchtkraft oder Energie.

Im Gegensatz zur Farbmassage greift die Leuchtmassage nicht in die Farbgebung der Aura ein. Sie dient nicht dazu, vorhandene Farben zu sättigen oder neue hinzuzufügen. Sie trägt nicht dazu bei, Aura-Energie neu zu verteilen oder ein beschädigtes Aurasystem zu reparieren. Ihr hauptsächliches Ziel ist es, den Klienten an einer kraftspendenden Interaktion zu beteiligen, die darin gipfelt, die Aura mit einer Infusion von leuchtender kosmischer Energie ganz zu erfüllen.

Die Leuchtmassage hat etwas Geheimnisvolles an sich, weil der Behandelnde als ein Medium dient, durch das reine kosmische Energie zum Klienten geleitet wird. Bei dieser Methode vermischen sich die Energien des Behandelnden mit den höheren Energien des Kosmos, so daß kugelförmige Energie entsteht, die dann als helles Licht in die Aura des Klienten übertragen wird. Die gesamte Aura des Klienten, einschließlich der Lücken, der matten oder verfärbten Bereiche wird von strahlender neuer Energie durchströmt. Die ersten drei Behandlungsschritte bereiten den Massagespezialisten auf Schritt 4 und damit auf die direkte Übertragung kosmischer Energie auf den Klienten vor:

Schritt 1: Innere Einstimmung. Lassen Sie Ihren Klienten sich bequem hinsetzen, und bereiten Sie sich auf die Massage vor, indem Sie alle aktiven Gedanken, die Ihnen durch den Kopf gehen, loslassen. Lassen Sie alle Probleme, Sorgen und Anspannungen ziehen. Schließen Sie Ihre Augen, und stellen Sie sich vor, daß der Mittelpunkt Ihres Wesens in alle Richtungen kraftvolle Energie in Form weißen Lichts aussendet. Sie durchströmt Ihr ganzes Energiesystem und belebt es neu. Spüren Sie die pulsierende Energie, die Ihren ganzen physischen Körper durchdringt. Nehmen Sie mit jeder Faser Ihres Wesens Gelassenheit auf. Sprechen Sie im stillen folgende Affirmation: *Mein Geist, mein Körper und meine Seele sind ganz vom Licht der Liebe, des Friedens und der Kraft erfüllt.*

Schritt 2: Einstimmung auf den Kosmos. Halten Sie Ihre Augen geschlossen, und stellen Sie sich vor, wie das weit entfernte Zentrum des Kosmos reines, weißes Licht aussendet. Drehen Sie Ihre Handflächen nach oben, und visualisieren Sie, wie strahlende kosmische Energie in Ihre Hände strömt, mit Ihrem Energiesystem verschmilzt und sich zu einer kraftvollen Energie in ihrer reinsten Form ausbildet. Spüren Sie zuerst in Ihren Händen und dann in Ihrem ganzen Körper das Einströmen der reinen kosmischen Energie. Sprechen Sie im stillen zu sich: *Ich werde geistig, körperlich und spirituell von reiner, kosmischer Energie erfüllt.*

Schritt 3: Energieverdichtung. Wölben Sie Ihre Handflächen, und drehen Sie sie einander zu. Visualisieren Sie eine Kugel weißen Lichts, die zwischen Ihren gewölbten Händen Gestalt annimmt. Massieren Sie die Kugel sanft, bis Sie ihre Wärme und Lebenskraft spüren. Massieren Sie weiter, während sich die Intensität der Energiekugel weiter verstärkt. Sie können spüren, wie sich die

Energiekonzentration in Ihren Händen formt. Sie kann als weißes Leuchten wahrgenommen werden, wenn Sie Ihre Hände auf Armeslänge wegstrecken und Ihre Aufmerksamkeit auf die Mitte zwischen Ihren gewölbten Händen richten. Wir nennen diese Erscheinung eine »Materialisation von Licht«.

Schritt 4: Energietransfer. Halten Sie Ihre gewölbten Hände, zwischen denen sich das weiße Leuchten der Energie befindet, einige Zentimeter oberhalb des Kopfes Ihres Klienten, und geben Sie die Kugel frei, indem Sie Ihre Hände langsam auseinanderbewegen. Mit der schwebenden Kugel oberhalb des Kopfes beginnend, massieren Sie jetzt sanft die Aura Ihres Klienten mit abwärts gerichteten Streichbewegungen, um die Energiekonzentration über die Aura zu verteilen. Geben Sie der Aura viel Zeit, damit sie die Energiekugel ganz absorbieren kann.

Schritt 5: Affirmation: Beenden Sie den Energiezufluß, indem Sie Affirmationen sprechen, wie etwa: *Ihr ganzes Wesen ist jetzt mit reiner, strahlender Energie erfüllt. Sie sind umgeben vom Licht der Liebe, des Friedens und der Kraft. Geistig, körperlich und spirituell sind Sie in Einklang mit dem Kosmos und voller Energie.*

Die Leuchtmassage ist eine fortgeschrittene Massagemethode. Ihre Anwendung ist nur empfehlenswert, wenn man bereits andere Auramassagetechniken geübt hat. Wenn Massagespezialisten diese Methode einige Male angewendet haben, entwickeln viele die Fähigkeit, eine konzentrierte Kugel leuchtender Energie zu erzeugen, die sowohl für den Klienten als auch für andere bei der Massage Anwesende deutlich zu sehen ist. Sogar während der Energieübertragung in Schritt 4 ist im allgemeinen die leuchtende Kugel für kurze Zeit über dem Kopf des Klienten sichtbar, bevor sie sanft von der Aura aufgenommen wird. Nach dieser Massage vergrößert sich die Aura und nimmt einen funkelnden Glanz an, eine Wirkung, die recht lange anhält. Manche Massageklienten bezeichnen die Leuchtmassage als eine Gipfelerfahrung, die für immer in ihr Wesen integriert ist.

Wie die Massage zur Schmerzbewältigung kann man auch die Leuchtmassage mit nur geringen Abwandlungen bei sich selbst durchführen.

Die Auraselbstmassage

Positive Interaktionen mit uns selbst können uns ebenso Erkenntnis vermitteln, mit Energie aufladen und stärken wie solche mit anderen Menschen. Das Konzept der Stärkung des sensitiven Potentials beruht auf dieser einfachen Annahme. Wir können gezielt positive Gedanken hervorrufen, die unser Selbstvertrauen und Selbstwertgefühl stärken. Wir können positive geistige Bilder erschaffen, die uns die Kraft geben, unsere persönlichen und beruflichen Ziele zu erreichen. Wir können einen kraftvollen Austausch zwischen Geist und Körper herbeiführen, der Gesundheit und Fitneß fördert. Mit Hilfe der Auraselbstmassage können wir mit unserem eigenen Aurasystem interagieren und seine höchsten Fähigkeiten, uns Kraft zu schenken, aktivieren.

Bei der Auraselbstmassage handelt es sich nicht um eine einzelne Behandlungsmethode, sondern um eine Kombination von mehreren Techniken, die jeweils unterschiedliche Ziele verfolgen. Im Gegensatz zu anderen Massagemethoden kommt es bei der Selbstmassage gelegentlich zum Körperkontakt, wenn es angezeigt ist.

Die X-Selbstmassage

Die X-Selbstmassage ist eine Selbstenergetisierungsmethode, die das Aurasystem stimulieren und ihre Energien gleichmäßiger verteilen soll. Als Folge wird die Aura stärker und dehnt sich aus, was viele angenehme Nebeneffekte mit sich bringt. Für diese Behandlung empfehlen wir, sich bequem hinzulegen.

Schritt 1: Die X-Position. Beginnen Sie die X-Selbstmassage, indem Sie Ihre Augen schließen und sie für die Dauer der Behandlung auch geschlossen halten. Ihre Arme kreuzen Sie so, daß sie über der Brust ein X bilden. Ihre gekreuzten Arme liegen auf Ihrer Brust auf. Legen Sie Ihre Hände auf die Schultern, und atmen Sie langsam, tief und regelmäßig. Nehmen Sie sich einige Augenblicke Zeit, um zu entspannen und die aktiven Gedanken aus Ihrem Kopf loszulassen.

Schritt 2: Aura-Imagination. Bleiben Sie in der X-Position, und stellen Sie sich Ihre ganze Aura vor; achten Sie dabei auf ihre Farben, Muster und ihre charakteristischen Merkmale. Schenken Sie dem Aurabereich um Ihren Oberkörper herum besondere Aufmerksamkeit.

Schritt 3: Zweiteilige Massage. *Teil 1.* Lassen Sie Ihre Arme gekreuzt, und heben Sie sie einige Zentimeter von Ihrem Körper ab; streichen Sie dann sanft mit langsamen, kreisenden Bewegungen über die Aura um Ihre Brust und Ihre Schultern. Stellen Sie sich die Aura um Ihre Hände und Arme vor, die mit der Aura interagiert, die Ihre Brust und Schultern umgibt. Spüren Sie die energetisierende Wirkung der Massage tief in Ihrem Körper.
Teil 2. Lösen Sie das Kreuz Ihrer Arme auf, und legen Sie Ihre Hände neben Ihren Kopf. Wenden Sie Ihre Handflächen Ihren Schläfen zu, und massieren Sie die Aura sanft mit kreisenden Bewegungen, wobei Sie körperliche Berührung sorgfältig vermeiden. Dehnen Sie die kreisende Massage aus, indem Sie nach und nach Schultern, Brust, Bauch und Hüften mit einbeziehen. Erweitern Sie die Massage mit abrupten, vertikalen Bewegungen, um die Energien vom Rumpf nach unten zu fegen. Verändern Sie die Richtung, und massieren Sie langsam aufwärts mit kreisendem Streichen, das schließlich im Kopfbereich endet.

Schritt 4: Affirmation zur Selbststärkung. Bringen Sie Ihre Arme wieder in die ursprüngliche, gekreuzte Position, und sprechen Sie, während Ihre Hände auf Ihren Schultern liegen, die Affirmationen: *Ich bin in positive, kraftvolle Energie gehüllt. Ich befinde mich geistig, körperlich und spirituell auf einem Höhepunkt. Ich habe die Macht, die höchsten Ziele zu erreichen.*

Die X-Selbstmassage eignet sich zum Erreichen unterschiedlicher Ziele. Studenten, die sie regelmäßig durchführen, berichten von einer deutlichen Verbesserung ihrer Leistungen an der Universität. Unmittelbar vor einer Abschlußprüfung regt sie klares Denken und eine bessere Erinnerung an den Seminarstoff an. Andere Vorzüge, von denen berichtet wird, bestehen in größerem Selbstvertrauen, Gefühlen von Geborgenheit und Selbstwert.

Im klinischen Umfeld erwies sich die Methode als sehr erfolgreich bei der Streßreduzierung und -bewältigung. Sie war auch sehr erfolgreich in Programmen zur Behandlung von Alkohol- und Drogenproblemen.

Wird die X-Selbstmassage regelmäßig durchgeführt, trägt sie dazu bei, Selbstachtung, Motivation und eine starke Erfolgsorientierung aufzubauen. Die X-Selbstmassage wird ebenso als Methode für den psychischen Selbstschutz geschätzt. Sie baut ein kraftvolles Aurasystem auf, das dem Eindringen negativer Einflüsse, wie plötzlicher Auseinandersetzungen, Überlastungen oder Bedrohungen des Selbst, Widerstand leistet. Hat man diese Methode praktiziert, so reicht nach Aussagen vieler Klienten einfaches Kreuzen der Arme, die dann ein X über der Brust bilden, um die Aura augenblicklich zu energetisieren und sie vor irgendwelchen Angriffen und negativen Kräften zu schützen.

Die Verjüngungsselbstmassage

Obwohl Verjüngung ein angenehmer Nebeneffekt vieler Auramassagetechniken ist, erfordert die Maximierung der Verjüngungsfähigkeiten der Aura besondere Methoden, die sich direkt auf den Alterungsprozeß richten. Die Verjüngungsselbstmassage dient speziell dazu, Altern entweder zu verlangsamen oder umzukehren, indem die Verjüngungsenergien der Aura aktiviert und gezielt zu bestimmten Zielen geleitet werden.

Die Verjüngungsselbstmassage basiert auf der Voraussetzung, daß Altern ein facettenreiches interaktives Phänomen ist, das von vielen Faktoren bestimmt wird. Körperliche, geistige und spirituelle Elemente kommen zusammen und beeinflussen das Altern. Wenn wir auf einen dieser Einflußfaktoren einwirken, können wir die Wirkung verändern und den Alterungsprozeß beeinflussen.

Obwohl Altern ein typisch unwillkürlicher Prozeß ist, können negative Einflüsse ihn beschleunigen. Übermäßiger Streß, Hilflosigkeitsgefühle, unterschwellige Feindseligkeit, ungelöste Konflikte und geringe Selbstachtung neigen allesamt dazu, unsere Ressourcen zur Regulierung zu erschöpfen, unsere Widerstandsfähigkeit gegen Krankheiten herabzusetzen, unsere biologischen Systeme zu schwächen und indirekt das Altern zu beschleunigen. Demgegenüber wirken eine positive Geisteshaltung, ein gesundes Selbstvertrauen, Humor und ein optimistischer Blick in die Zukunft immer kräftigend, verjüngend und gesundheitsfördernd.

Die Verjüngungsselbstmassage bietet uns Techniken an, die das Aurasystem sowie die dem Altern zugrundeliegenden biologischen und psychologischen Faktoren neu beleben. Die Methode benutzt die verjüngenden Kräfte der konstruktiven Imaginationen und positiven Affirmationen. Sie stellt einzigartige Massagebewegungen vor, die dazu dienen, die Aura zu »liften« und einen aufwärts gerichteten Energiefluß in Gang zu setzen. Die Methode wird im allgemeinen in sitzender oder liegender Position bei geschlossenen Augen durchgeführt.

Schritt 1: Entspannung. Atmen Sie langsamer, und stellen Sie sich vor, daß um Sie herum sanfter Nebel aufsteigt, der Ihren ganzen Körper umgibt. In dem Maß, wie der Nebel sich langsam erhebt, entspannen Sie Ihren Körper. Machen Sie sich klar, daß der Dunst für eine höhere kosmische Energie steht, die Ihren physischen Körper und Ihr Aurasystem kräftigt. Ist Ihr Körper ganz umhüllt, dann lassen Sie es zu, daß sich der Nebel in ein schillerndes Leuchten verwandelt. Atmen Sie das Leuchten langsam ein, und sprechen Sie zu sich selbst: *Ich nehme mit meinem ganzen Wesen Frieden und Gelassenheit auf.*

Schritt 2: Verjüngungs-Rückführung. Reisen Sie mental in der Zeit zurück, und stellen Sie sich vor, wie Sie selbst als Jugendlicher beispielsweise vor einem großen Spiegel stehen, nackt und vor jugendlicher Energie strahlend. Achten Sie besonders auf das Leuchten, das Ihren Körper umgibt, und das jugendliche Funkeln Ihrer Augen, wenn Sie die Affirmation sprechen: *Dies ist mein wahres Ich.* Konzentrieren Sie Ihre Aufmerksamkeit auf den Bereich Ihres Solarplexus, das Verjüngungszentrum Ihres Aurasystems. Atmen Sie das Leuchten der Jugend ein, das Ihren Körper umgibt, und nehmen Sie dadurch die verjüngende Energie tief in sich auf. Sprechen Sie die Affirmation: *Mein ganzes Wesen ist vollständig von verjüngender Energie erfüllt.* Spüren Sie, wie die Energien der Jugend Ihren Körper durchströmen.

Schritt 3: Zweistufige Verjüngungsmassage. *Stufe 1.* Massieren Sie die Aura, die aus Ihrer Körpermitte hervortritt, mit langsamen, aufwärts gerichteten Streichbewegungen, die mit einer sanften Wischbewegung nach außen enden. Konzentrieren Sie sich zunächst auf den unteren Bereich, und arbeiten Sie sich dann mit vertikalen Streichbewegungen und nach außen gerichtetem Wischen aufwärts, wobei Sie die ganze Zeit Körperkontakt vermeiden sollen. Stellen Sie sich die mit dem Altern in Verbindung stehenden Energien als Verfärbungen vor, die aus Ihrem Aurasystem herausgefegt werden. Setzen Sie, wenn Sie den Kopfbereich erreichen, die aufwärts gerichteten Bewegungen fort, und lassen Sie sie dann mit sanftem, nach hinten gerichteten Streichen an den Seiten Ihres Kopfes ausklingen. Beenden Sie diese Phase der Massage mit einem aufwärts gerichteten Streichen vor Ihrem Gesicht, wodurch die Aura, die aus Ihrem Gesicht hervortritt, sanft gestreichelt wird. Machen Sie dabei aufwärts gerichtete Handbewegungen, die Sie über dem Kopf mit einem Streichen nach hinten ausklingen lassen, während Sie sich ein strahlendes Leuchten verjüngender Energie um Ihren Körper herum vorstellen.

Stufe 2. Reiben Sie sanft Ihre Hände aneinander, und stellen Sie sich dabei vor, wie sich verjüngende Energie in der Form leuchtenden pinkfarbenen Lichts in Ihren Handflächen konzentriert. Massieren Sie noch einmal Ihre Aura, wie in Stufe 1 beschrieben, wobei Sie in der Mitte des Körpers beginnen und mit der Gesichtsmassage enden. Stellen Sie sich vor, wie Ihre Aura das pinkfarbene Leuchten der Jugend annimmt. Wenn Sie über die Aura Ihres Gesichts streichen, dann beachten Sie das verjüngende Prikkeln. Lassen Sie zu, daß Ihre Gesichtsmuskeln auf die aufwärts gerichteten Streichbewegungen reagieren, indem Sie die verjüngende Energie aufsaugen.

Schritt 4: Abschließende Affirmationen und Hinweise, die sich aus der Massage ergeben. Dieser Schritt verfolgt zwei Ziele: Erstens soll er die unmittelbaren Ergebnisse der Massage festigen, und zweitens soll er die aufwärts gerichtete Streichbewegung vor dem Gesicht als einen Hinweis installieren, damit die Verjüngung auf die Aufforderung hin sofort aktiviert wird. Stellen Sie sich, um dieses Ziel zu erreichen, noch einmal vor, wie Ihr Körper in strahlende Energie eingehüllt ist, und sprechen Sie dabei die Affirmation: *Mein ganzes Wesen ist neu belebt und verjüngt. Ich werde nach entsprechender Aufforderung sofort Verjüngung aktivieren, indem ich die Energien, die aus meinem Gesicht hervortreten, nach oben streiche und mir dabei zugleich das strahlende Leuchten vorstelle, das meinen Körper umgibt.*

Das aufwärts gerichtete Streichen über das Gesicht als Maßnahme zur Verjüngung kann fast überall und so oft wie nötig eingesetzt werden. Häufiger Einsatz dieser Verjüngungsbewegung kann ein sichtbares Leuchten um das Gesicht hervorbringen, wobei es die Anzeichen des Alterns, wie z. B. Falten am Hals und im Gesicht, lindert oder ihnen vorbeugt. Obwohl die Verjüngungsselbstmassage eine der führenden Techniken zur Kräftigung ist, ist das nach oben gerichtete Streichen über das Gesicht als eine dem Altern trotzende Bewegung nicht neu. Eine 97jährige frühere Lehrerin, die für ihre geistige Regheit und ihr unglaublich jugendliches Aussehen bekannt ist, berichtet, daß sie das aufwärts gerichtete Fegen über das Gesicht (obwohl sie es nicht so bezeichnet) regelmäßig einsetzt. Ihre jugendliche Erscheinung führt sie zwar auf das Aufwärtsfegen zurück, doch glaubt sie, daß sie ihr langes Leben zum Teil dem energetisierenden Einfluß eines Smaragdrings verdankt, einem geliebten Erbstück, das sie täglich trägt. Das Aufwärtsfegen, der Ring und – vielleicht noch entscheidender – ihr bemerkenswerter Humor zusammen scheinen sie mit den wesentlichen Ressourcen für Verjüngung und Langlebigkeit auszustatten. Im weiteren Verlauf werden wir die Wirkung eines Smaragds und anderer Edelsteine auf das menschliche Aurasystem beschreiben.

Die Aura-Selbstheilungsmassage

Der physische Körper ist ein wunderbar komplexes Gebilde mit vielen Organen, Funktionen und Systemen, die auf unvorstellbare Weise in perfekter Harmonie zusammenwirken. Er kann mit einem außergewöhnlichen Computersystem verglichen werden, das ständigen Input angemessen verarbeiten und sinnvoll in ein flexibles anpassungsfähiges System integrieren kann. Aber genauso wie die ausgefeiltesten Computersysteme ist auch der physische Körper anfällig für Energieausfall, Überlastung und Funktionsstörungen in seinen Bestandteilen und bei seinen Aktivitäten. Eindringlinge können das System verunreinigen und seine Funktionen stören. Das kann ein Herunterladen, einen Kaltstart oder eine Neuprogrammierung erforderlich machen. In schweren Fällen wird der physische Körper sich wie ein Computer ausschalten.

Die Aura-Selbstheilungsmassage dient dazu, dem physischen Körper neue Heilungsenergien zu schenken und, wo es nötig ist, die

normalen Funktionen bestimmter Organe und Systeme wiederherzustellen. Sie richtet sich auf das Zusammenwirken von Geist, Körper und Seele, wobei sie unterstreicht, daß die Beteiligten die Fähigkeit besitzen, wechselseitig aufeinander zu reagieren. Indem die
Massage diese Interaktionen gezielt mit positiven Energien versorgt,
reichert sie das ganze System an. Genauer gesagt: sie überträgt den
geschwächten Elementen und Funktionen positive Heilenergie. Mit
Hilfe von Energie in ihrer reinsten Form kräftigt sie das ganze
Aurasystem. Die Aura-Selbstheilungsmassage beachtet ebenso die
Heilkraft in uns selbst wie unsere Fähigkeit, Zugang zu höheren
Quellen der Heilung, wie spirituellen Dimensionen und helfenden
Wesen, zu erlangen und mit ihnen in Kontakt zu treten. (Eine
eingehendere Beschreibung höherer Quellen der Heilenergie finden
Sie in meinem Buch *Psychic Empowerment for Health and Fitness*.)
Die Behandlung dauert ca. 30 Minuten, und wir benötigen einen
ruhigen, angenehmen Raum, in dem wir ungestört sind.

Schritt 1: Körperliche Entspannung. Setzen oder legen Sie sich
bequem hin, atmen Sie einige Male tief ein und langsam wieder
aus. Tasten Sie im Geist Ihren Körper von oben nach unten ab,
wobei Sie an angespannten Stellen eine Pause einlegen und jede
Faser, jedes Gelenk und jede Sehne entspannen. Stellen Sie sich
Entspannung als sanftes Licht vor, das den Körperscan begleitet
und langsam Ihren ganzen Körper aufhellt. Lassen Sie die Entspannung in die innersten Körperregionen eindringen, damit jedes Organ von ihr durchdrungen wird.

Schritt 2: Innerer Energiezufluß. Wenn Ihr physischer Körper jetzt
vollständig entspannt ist, stellen Sie sich den hellen inneren Kern
Ihres Aurasystems im Bereich Ihres Solarplexus vor. Spüren Sie
die pulsierende Energie, die aus dem leuchtenden Kern hervorströmt und sich im ganzen Körper in allen Richtungen ausbreitet.
Nehmen Sie sich einige Augenblicke Zeit, damit der Energiezufluß alle Stellen erreichen kann.

Schritt 3: Solarplexus-Auramassage. Massieren Sie mit sanften
kreisenden Handbewegungen die Aura im Bereich Ihres Solarplexus. Lassen Sie der kreisenden Massage vertikale Bewegungen
folgen, wobei Sie beide Hände einsetzen, um die Heilenergie
gleichmäßig im oberen und unteren Teil Ihres Körpers zu vertei-

len. Beenden Sie die Auramassage mit großräumigen, kreisenden Bewegungen, und stellen Sie sich vor, wie sich jedes Organ Ihres Körpers mit hellglänzender Energie füllt. Stellen Sie sich vor, wie die Heilenergie in Ihrem Kreislauf leuchtet und an jede Faser Ihres Körpers weitergeleitet wird. Geben Sie dem Prozeß des Einströmens ausreichend Zeit, um zum Abschluß zu kommen, und sprechen Sie dann die Affirmation: *Jetzt ist die Heilkraft in mir freigesetzt und durchdringt meinen ganzen Körper mit Heilenergie.*

Schritt 4: Energiezufluß aus dem Kosmos. Malen Sie sich den Mittelpunkt des Kosmos als eine glänzende Kugel reiner strahlender Energie aus. Visualisieren Sie den kraftvollen kosmischen Kern, wie er unermeßliche Kraft ausstrahlt, die das Universum unterhält. Betrachten Sie Ihre Hände als Antennen Ihres Körpers, die die heilende Energie aus dem Mittelpunkt des Kosmos aufnehmen können. Heben Sie Ihre Hände, drehen Sie Ihre Handflächen nach oben, und visualisieren Sie, wie Ströme heller Energie aus dem kosmischen Kern in Ihre Handflächen eintreten und sich mit dem Kern Ihres eigenen Energiesystems verbinden. Dabei strömt grenzenlose Kraft ein, wodurch es energetisiert wird. Richten Sie Ihre Aufmerksamkeit darauf, in Ihrem Inneren heilende Energie zu sammeln. Geben Sie dem kosmischen Einströmungsprozeß einige Augenblicke Zeit, damit er zum Abschluß kommen kann.

Schritt 5: Kosmische Auramassage. Verteilen Sie, wenn Sie die kraftvolle Energieverbindung im Zentrum Ihres Aurasystems visualisieren, kosmische Heilenergie über Ihren ganzen Körper, indem Sie die Solarplexus-Massage aus Schritt 3 oben wiederholen. Beginnen Sie mit kreisenden Bewegungen, denen vertikale Bewegungen folgen, und schließen Sie mit weiteren kreisenden Bewegungen ab. Visualisieren Sie, wie helle kosmische Energie in Ihrem Körper verteilt wird. Spüren Sie den pulsierenden Erneuerungsprozeß in Ihrem Körper.

Schritt 6: Fokussierte Massage. Richten Sie, um heilende Energie auf einen bestimmten Körperbereich, ein Organ oder ein System zu konzentrieren, die Auramassage mit Hilfe von langsamen kreisenden Bewegungen auf diesen Bereich aus. Stellen Sie sich während der fokussierten Massage vor, wie leuchtende Heilenergie in den benannten Bereich einströmt.

Schritt 7: Abschließende Affirmationen. Beenden Sie die Behandlung mit geeigneten Affirmationen wie: *Ich stehe geistig, körperlich und spirituell in Einklang mit den höchsten Kraftquellen.
Mein ganzes Wesen ist voll von überströmender Kraft. Gesundheit und Vitalität geben meinem Körper Energie. Geistig bin ich
in Frieden. Spirituell bin ich gestärkt durch eine neue Bewußtheit
der höchsten Kraft in mir. Ich bin auf dem Höhepunkt des Einsseins mit der kosmischen Quelle meiner Existenz.*

Viele Menschen, die diese Massage durchführen, erleben eine tiefgreifende spirituelle Erleuchtung oder eine neue Bewußtheit höherer
Dimensionen der Kraft. In Schritt 4 der Behandlung kommt es
spontan zu Kontakten mit helfenden Engeln und Geistführern,
wenn kosmische Energie mit dem inneren Kern der Aura verschmilzt. Indem man Schritt 4 einfach ausdehnt, können wir gezielt
Zugang zu höheren spirituellen Dimensionen bekommen und uns
auf tiefgehende Interaktionen mit diesen Führern einlassen.

6

Hypnose und
die menschliche Aura

*Wenn ich mein Leben noch einmal leben könnte, würde ich es mir
wünschen, wie es war. Ich würde nur meine Augen etwas mehr öffnen.*

Jules Renard: *Tagebuch* (März 1906)

WENN WIR HYPNOSE einsetzen, um uns persönlich zu stärken,
beruht das auf zwei Voraussetzungen: Zunächst einmal steckt
in jedem von uns ein vielfältiges, unergründliches Wachstumspotential, und zweitens können wir mit Hilfe der geeigneten Techniken
diese Potentiale aktivieren, um uns Macht zu verleihen und unser
Leben erfüllter zu gestalten. Aus der Sicht des Konzepts der Stärkung des sensitiven Potentials sind wir die Summe all dessen, was
wir erfahren haben. Aber vieles aus unserer Vergangenheit liegt
außerhalb unseres Bewußtseins in dem immensen, unergründeten
Bereich, den wir »Unbewußtes« nennen. Dort sind außer großen,
zumeist aber schlafenden Wachstumsressourcen alle zurückliegenden Erfahrungen gespeichert, die unserer bewußten Aufmerksamkeit derzeit nicht zugänglich sind. Das Unbewußte fordert uns allein
aufgrund seiner Existenz heraus, die innersten Bereiche zu erforschen und die Fülle verborgenen Wissens sowie die Wachstumspotentiale zu entdecken.

Hypnose ist eines der wirksamsten Mittel zur Stärkung der Persönlichkeit, bekannt dafür, den Zugang zum Unbewußten zu eröffnen und neue Wachstumsmöglichkeiten aufzuzeigen. Hypnose
kann schlafendes Potential wecken, verborgene, blockierte Wachs-
tumskanäle wieder zugänglich machen und ungeheure neue Kräfte
freisetzen. Als Folge werden Ziele, die ansonsten unerreichbar
scheinen, plötzlich zu realistischen Möglichkeiten.

Hypnose kann einfach als Trancezustand definiert werden, in dem unsere Empfänglichkeit für Suggestion erhöht ist. Die Tiefe der Trance kann von einem Zustand sanft erhöhter Empfänglichkeit bis zu einem tiefgehenden, dem Schlafwandel ähnlichen Zustand veränderten Bewußtseins reichen. Die leichte bis gemäßigte Trance ist für die meisten Ziele, die wir mit der Stärkung erreichen wollen, im allgemeinen ausreichend. Zu diesen teilweise sehr spezifischen Zielen gehören z. B. die Kontrolle des Gewichts, das Abgewöhnen des Rauchens, der Abbau von Streß, die Steigerung der Kreativität, die Verbesserung des Gedächtnisses und die Erhöhung der Lerngeschwindigkeit, um nur einige zu nennen. Ein tieferer Trancezustand ist u. a. für Rückführungen und das Aufdecken schmerzhafter Erinnerungen, die tief in unserem Unbewußten begraben liegen, erforderlich. Posthypnotische Suggestionen können in jeder Trancetiefe wirken.

Es gibt mehrere Hinweise darauf, daß Hypnose sehr komplexe, voll ausgereifte Fähigkeiten, wie z. B. das sofortige Beherrschen einer neuen Sprache oder die unmittelbare Kenntnis neuen Wissens, geradezu erschaffen kann. Weil dieses bemerkenswerte Phänomen, manchmal »Hypno-Produktion« genannt, gelegentlich während hypnotischer Rückführungen beobachtet wird, schreibt man es oft dem Erwachen verborgener Fähigkeiten oder Erinnerungen aus früheren Leben zu, die im Unbewußten aufgezeichnet sind.

Wir können Hypnose nutzen, um unsere medialen Fähigkeiten zu entdecken und unsere sensitive Entwicklung zu stimulieren. In unserem Unbewußten scheinen viele sensitive Potentiale vorhanden zu sein. Da sie sich außerhalb der Reichweite des Bewußtseins befinden, kommen sie nur sporadisch über subtile Kanäle, wie Träume, Déjà-vu-Erlebnisse oder Intuitionen an die Oberfläche. Unter Hypnose zeigen sich geistige Manifestationen, wie z. B. Präkognition, Telepathie, Hellsichtigkeit, außerkörperliche Erfahrungen und Regressionen in frühere Leben, oft spontan und direkt. Zahlreiche Hypnoseverfahren sind bereits entwickelt worden, damit wir unsere medialen Fähigkeiten üben und bestimmte sensitive Funktionen aktivieren können. (Eine detaillierte Beschreibung der Hypnose als Technik für die Entwicklung medialer Fähigkeiten finden Sie in *Psychic Empowerment: A 7-Day Plan for Self-Development*.)

Benutzt man Hypnose, um seine persönliche Kraft zu stärken, ist Selbsthypnose die bevorzugte Technik. In Wirklichkeit ist jede Hypnose eine Selbsthypnose, weil der Trancezustand nicht eintreten wird, wenn die Testperson dafür nicht empfänglich ist. Selbsthypnose unterscheidet sich von Hypnose nur insofern, als der Trancezustand selbstinduziert und selbstgesteuert ist. Wenn man die Selbsthypnose einmal beherrscht, kann sie zu den gleichen Zielen führen wie die Hypnose, in den meisten Fällen sogar mit noch größerem Erfolg.

Selbsthypnose ist aus mehreren Gründen wichtig für unsere Untersuchung der menschlichen Aura. Dadurch, daß eine Selbsthypnose unser Unbewußtes anzapft, eröffnet sie einen völlig neuen Weg, um die Aura zu sehen und mit ihr zu interagieren. Sie kann sensitive Fähigkeiten wie Hellsichtigkeit und Psychokinese (PK) aktivieren, die bei unseren Bemühungen, unsere Aura selbst zu beeinflussen, besonders wichtig sind. Sie kann uns Ressourcen eröffnen, die im Unbewußten verborgen sind, und diese einsetzen, um die Aura mit Energie zu versorgen und uns Macht zu verleihen. Viele Menschen berichten, daß sie ihre Aura zum ersten Mal während eines selbstinduzierten Trancezustands ganz gesehen hätten. Eine bewußte Wahrnehmung der Aura erfolgt unter Hypnose zwar oft spontan, aber sie kann gezielt mit Hilfe spezieller Trancemethoden hervorgerufen werden, die wir später beschreiben werden.

Selbsthypnose ist natürlich nur eine von mehreren Techniken, die uns in die Lage versetzen, unsere Aura zu sehen und mit ihr zu interagieren. Ein großer Vorteil der Selbsthypnose liegt in ihrer Fähigkeit, zugleich die volle Aura sichtbar zu machen und ein direktes Eingreifen in ihre verschiedenen Funktionen zu ermöglichen. Selbstbetrachtungstechniken bieten häufig nur einen Ausschnitt der Aura und liefern uns deshalb nur beschränkte Möglichkeiten, selbst in ihre Funktionen einzugreifen. Ein umfassender Anblick der Aura erlaubt eigene Eingriffe, die sich gezielt auf einzelne Problembereiche, wie Lücken, Risse und Verfärbungen richten und überall in der Aura auftreten können.

Wenn die Aura mit Hilfe der Selbsthypnose ganz sichtbar ist, können wir gezielt eingreifen, um bestimmte Funktionen zu beeinflussen, selbst wenn wir in dem Trancezustand bleiben. Der Trancezustand allein ist zwar schon lohnend, aber er wird vor allem als Mittel zum Zweck geschätzt. Durch Hypnose können wir die Aura energetisieren, Veränderungen in der Färbung herbeiführen, Energiemuster regulieren, funktionsuntüchtige Bereiche aktivieren und die Balance zwischen den Funktionen fördern. Von gleicher oder sogar größerer Bedeutung ist, daß wir nach der Hypnose Suggestio-

nen einsetzen können, damit wir die Wahrnehmung und Interpretation unserer Aura sowie unsere Fähigkeit, sie zu beeinflussen, steigern können.

Es ist wichtig zu beachten, daß der Prozeß, der die Trance indu-
ziert, oft mit sichtbaren Veränderungen in der Aura einhergeht.
Unsere Untersuchungen ergaben, daß die Auswirkungen einer sich
anschließenden Trance auf die Aura weitgehend von der Methode
abhängt, mit der die Hypnose eingeleitet wird. Die konventionelle,
autoritäre, restriktive und fordernde Art der Herbeiführung, die
von einigen professionellen Hypnotiseuren angewendet wird,
scheint die Aura des Klienten einzuengen und ihren Glanz zu verringern – Erscheinungen, die für die Dauer der Trance fortbestehen.
Diese Reaktionen beruhen wahrscheinlich auf der natürlichen Tendenz, sich negativen Einflüssen, wie den Anforderungen, die ein
dominanter Hypnotiseur stellt, zu widersetzen. Wie vielleicht zu
erwarten, erweitern die eher freizügigen Methoden, die positive
Techniken wie Imaginationen friedvoller Natur oder körperliche
Entspannung einsetzen, die Aura und hellen sie auf. Wenn der
Trancezustand mit Hilfe positiver Einleitungsverfahren erreicht ist,
nimmt die Aura normalerweise wieder den normalen Zustand an,
den sie vor der Hypnose hatte.

Wir empfehlen eine positive Selbstinduktionstechnik, um einen
leichten bis mittleren Trancezustand zu erreichen, unabhängig davon, ob man einfach die eigene Aura sehen oder auch in ihre Funktionen eingreifen möchte. In einigen Fällen kann ein tiefer Trancezustand nämlich unsere Fähigkeit beeinträchtigen, die Aura zu sehen
und mit ihr zu arbeiten. Von den zahlreichen Selbstinduktionstech-
niken, die zur Verfügung stehen, sind das Fingerspreizen und das
periphere Leuchten die beiden erfolgreichsten Methoden. Beide setzen positive Techniken ein, die auf das Zusammenwirken von Geist,
Körper und Seele sowie unsere Fähigkeit, dieses Zusammenspiel
gezielt zu beeinflussen, Rücksicht nehmen. Richtig ausgeführt, eignen sich beide Methoden gleichermaßen, um die Aura sehen und
kleinere Änderungen, wie eine stärkere Farbsättigung und eine
größere Leuchtkraft, herbeiführen zu können. Für schwierigere
Eingriffe bzw. radikale Manipulationen an der Aura, wie das Reparieren von Rissen oder das Auffüllen von Lücken, ist das Fingerspreizen im allgemeinen erfolgreicher als das periphere Leuchten.
Beide Methoden ermöglichen das ständige Sehen unserer Aura, was
das eigene Eingreifen erleichtert.

Sowohl das periphere Leuchten als auch das Fingerspreizen werden wegen ihrer Fähigkeit geschätzt, unsere medialen Fähigkeiten zu stimulieren und spontan freizusetzen. Richtig angewendet, können sie unsere Fähigkeit zur Imagination und zum Hellsehen aktivieren, was wesentliche Voraussetzungen sind, um die Aura sehen und während der Hypnose kleinere Veränderungen ihrer Funktionen vornehmen zu können. Das Fingerspreizen ist wirksamer, wenn unsere PK-Fähigkeiten stimuliert werden sollen, die wir benötigen, um direkt auf die Struktur der Aura einzuwirken, besonders um Schäden am Aurasystem reparieren zu können. Sehr wichtig ist, daß beide Methoden dazu eingesetzt werden können, um sehr persönliche machtverleihende Ziele zu erreichen, wie Streß zu reduzieren, den Selbstwert aufzubauen, Wachstumsblockaden zu überwinden und unsere inneren Potentiale zu steigern.

Die Vorbereitungen sind für beide Methoden im Grunde gleich. Man sollte für eine normale Sitzung etwa eine Stunde Zeit veranschlagen, während der es zu keiner Störung kommen darf. Man braucht eine ruhige und angenehme Umgebung, in der man sich sicher fühlt. Wesentlich für beide Methoden ist, daß man seinen Widerstand möglichst weit abbaut, indem man sich erlaubt, in einen Trancezustand einzutreten. Vor der Herbeiführung des Trancezustands werden die Ziele festgelegt und in Form positiver Affirmationen formuliert, wie z.B.:

Während der Hypnose wird die Aura, die meinen Körper umgibt, für mich deutlich sichtbar. Meine Aura ist ein Teil meines ganzen Wesens. Wenn ich Einsicht in die Beschaffenheit meiner Aura erlange, werde ich Einsicht in die Beschaffenheit meiner Existenz erlangen. Ich habe die Macht bekommen, um mit meiner Aura zu interagieren und in ihre Funktionen einzugreifen, um positive Veränderungen herbeizuführen. Diese Erfahrung wird mich bereichern und mir Kraft geben.

Das periphere Leuchten

Das periphere Leuchten ist eine Tranceinduktions- und Stärkungsmethode, die in abgewandelter Form einige Bestandteile der in Kapitel 3 beschriebenen Brennpunkt-Methode zum Aurasehen nutzt. Für diese Methode benötigen wir ein glänzendes Objekt, das über unserem Kopf angebracht ist, damit es uns leichter fällt, nach oben zu schauen. Eine glänzende Heftzwecke an der Decke eignet sich dafür im allgemeinen gut.

Schritt 1: Entspannung. Legen Sie sich bequem auf den Rücken, ohne die Beine zu überkreuzen. Die Arme liegen locker neben Ihrem Körper. Verlangsamen Sie Ihre Atmung, und tasten Sie mit geschlossenen Augen im Geiste Ihren Körper ab, indem Sie an der Stirn beginnen und langsam weiter nach unten fortschreiten. Halten Sie an angespannten, gestreßten Bereichen an, und lassen Sie diese sich ganz entspannen. Sprechen Sie beim Beenden des Körperscans die Affirmation: *Ich erlaube mir jetzt, in die Hypnose zu gehen. Während des Trancezustands werde ich die Kraft haben, meine Aura zu sehen und in ihre Funktionen einzugreifen. Ich werde den Trancezustand beenden, wann immer ich das möchte.*

Schritt 2: Fixierung der Augen. Bleiben Sie entspannt, öffnen Sie die Augen, und richten Sie Ihren Blick auf den glänzenden Gegenstand über Ihrem Kopf. Erweitern Sie allmählich Ihr peripheres Sehen in alle Richtungen um den Gegenstand herum. Wenn Sie dabei an Ihre Grenzen gelangt sind, lassen Sie langsam die Konzentration Ihres Blickes los, indem Sie ihn gewissermaßen unscharf stellen. Sie werden dann ein weißes Leuchten bemerken, das den glänzenden Gegenstand umgibt. Fokussieren Sie den Gegenstand wieder, bis sich das Leuchten bis an die Ränder Ihres peripheren Sehens ausweitet. Schließen Sie dann Ihre Augen, und kehren Sie sie in ihren normalen Zustand zurück. Beachten Sie die tiefe Entspannung, die Ihren Körper durchströmt. Um den Trancezustand auf das gewünschte Niveau zu vertiefen, visualisieren Sie eine ruhige, entspannende Szene – eine Haufenwolke, ein leicht gebauschtes Segel oder eine Landschaft im Mondlicht – und zählen langsam rückwärts von zehn bis eins.

Schritt 3: Innere und äußere Körperbetrachtung. Ziel dieses Schrittes ist es, daß Sie Ihre Fähigkeit trainieren, im Geiste Ihren physischen Körper von einem inneren und einem äußeren Bezugspunkt aus zu betrachten. Ihr innerer Blick erfolgt aus der Perspektive Ihres inneren Beobachtungspunktes, Ihr äußerer Blick aus der Perspektive Ihres äußeren Beobachtungspunktes. Konzentrieren Sie sich, um Ihre innere Sehfähigkeit zu aktivieren, auf Ihren physischen Körper: passiv, ruhig und von einer inneren Perspektive aus. Achten Sie auf körperliche Empfindungen, Wärme, Prikkeln u.a., die in Ihrem Körper entstehen und sich bis an die Oberfläche ausdehnen. Richten Sie Ihre Aufmerksamkeit von Ihrem inneren Blickpunkt aus einige Augenblicke lang auf diese Empfindungen, bevor Sie Ihre Wahrnehmung nach außen über Ihren physischen Körper hinaus erweitern, und nehmen Sie von Ihrem inneren Beobachtungspunkt aus Ihre körperliche Umgebung zur Kenntnis. Nehmen Sie sich genügend Zeit, damit ein detailliertes Bild Ihrer Umgebung entstehen kann. Nachdem Sie kurz Ihre Aufmerksamkeit von Ihrem inneren Fokus aus nach außen gerichtet haben, aktivieren Sie Ihre äußere Wahrnehmungsfähigkeit, indem Sie Ihren Beobachtungspunkt nach außen verlegen und Ihren physischen Körper wie ein außenstehender Beobachter anschauen. Betrachten Sie von dieser äußeren Perspektive aus die Position Ihres Körpers und die Beschaffenheit Ihrer Kleidung. Bemühen Sie sich nicht, Ihr Bewußtsein von Ihrem Körper zu lösen, wenn Sie dieses äußere Bild Ihres Körpers formen. Ein Teil Ihrer Bewußtheit ist zwar projiziert, doch muß Ihr inneres Bewußtsein für die ganze Dauer dieser Behandlung fest mit dem physischen Körper verbunden bleiben. Dies können Sie bewirken, indem Sie während der Behandlung immer wieder die Spitzen Ihrer Daumen und Mittelfinger aneinanderlegen und bekräftigen: *Ich bin völlig eins mit meinem ganzen Selbst – geistig, körperlich und spirituell.* Diese Geste wird weder Ihren Trancezustand unterbrechen noch Ihre Fähigkeit beeinträchtigen, Ihre Aura objektiv zu sehen und mit ihr zu interagieren.

Schritt 4: Aurabetrachtung aus der Ferne. Das Ziel dieses Schrittes ist es, von Ihrem äußeren Beobachtungspunkt aus Ihre ganze Aura zu sehen. Fokussieren Sie, um eine Aurabetrachtung aus der Ferne zu initiieren, von Ihrer äußeren Perspektive aus unvoreingenommen Ihre Stirn, und erweitern Sie dann allmählich Ihr peripheres Sehen, so daß Sie die gesamte Umgebung Ihres Körpers mit einbeziehen. Wenn Sie Ihren Blick jetzt leicht unscharf stellen, werden Sie zuerst um Ihren Kopf herum ein weißes Leuchten sehen, das sich allmählich ausbreitet und schließlich Ihren ganzen Körper umgibt. Fokussieren Sie dieses weiße Leuchten, bis es langsam verblaßt und durch eine farbige Aura ersetzt wird. Achten Sie auf die Färbung, die Strukturmerkmale, das Muster sowie andere Charakteristika der Aura, wenn sie sichtbar geworden ist.

Schenken Sie ihren einzigartigen Mustern und Farbcharakteristika besondere Aufmerksamkeit. Sie betrachten jetzt Ihre Aura von einem externen Beobachtungspunkt aus.

Schritt 5: Aura-Interaktion und Intervention. Setzen Sie jetzt die beiden Energieformen Imagination und positives Denken ein, um die gewünschten Veränderungen in der Farbe und den Energiemerkmalen der Aura einzuleiten, während Ihre Aura für Ihren Blick aus der Ferne sichtbar bleibt. Achten Sie zunächst auf jeden getrübten oder nicht ausreichend gefärbten Bereich, wenn Sie die Farbe verbessern wollen. Visualisieren Sie die gewünschte Farbe, und setzen Sie mentale Botschaften ein, um sie gezielt im gewünschten Bereich Ihrer Aura zu plazieren. Ist der Farbzufluß beendet, dann vermischen Sie mit Hilfe weiterer Imaginationen und geeigneter Affirmationen die Farbenergie mit den umgebenden Bereichen. Um die gesamte Aura mit leuchtender neuer Energie wiederzubeleben, visualisieren Sie strahlende Energie, die aus dem Kern der Aura hervortritt und die sichtbare Aura mit Glanz versieht. Nehmen Sie von Ihrem äußeren Beobachtungspunkt aus wahr, wie sich Ihre Aura ausdehnt, wenn sie das helle Licht absorbiert. Wollen Sie den Interaktionsprozeß beenden, dann verschieben Sie Ihren Beobachtungspunkt nach innen, indem Sie auf Ihre Atmung und unterschiedliche körperliche Empfindungen achten – Wärme, Prickeln, Druck, Gewicht usw. Spüren Sie, wie Frieden und Gelassenheit Ihr Wesen durchströmt und Geist, Körper und Seele sich in einem kraftvollen Gleichgewicht befinden. Sprechen Sie laut die Affirmation: *Ich bin innerlich und äußerlich ausgeglichen. Mein ganzes Wesen ist voller Energie und befindet sich in Einklang.* Jetzt können Sie sich weitere Ziele, die Sie mit Hilfe Ihrer persönlichen Stärkung erreichen wollen, vergegenwärtigen, indem Sie sich diese als zukünftige Wirklichkeiten vorstellen und Ihre Macht bekräftigen, sie erreichen zu können.

Schritt 6: Verlassen der Trance. Jetzt haben Sie Ihren Beobachtungspunkt wieder in sich selbst und sind damit bereit, den Trancezustand zu beenden, indem Sie einfach Ihre Absicht erklären und dann langsam von eins bis fünf zählen: *Ich will jetzt aus der Hypnose kommen, indem ich von eins bis fünf zähle. Bei fünf werde ich völlig klar, voller Energie und Kraft die Augen öffnen. Eins, zwei, drei, vier und fünf.*

Schritt 7: Auflösung. Denken Sie noch einmal über die Tranceerfahrung nach, und schenken Sie ihren energetisierenden Effekten besondere Aufmerksamkeit. Nehmen Sie die Vitalität des Sie umgebenden Energiesystems und den Frieden, das Gleichgewicht und das Wohlgefühl in Ihrem Inneren wahr. Beenden Sie die Übung mit einigen Augenblicken ruhiger Reflexion und der anschließenden Affirmation: *Ich bin geistig, körperlich und spirituell völlig gestärkt.*

Das Fingerspreizen

Das Fingerspreizen ist zwar in mancher Hinsicht dem peripheren Leuchten ähnlich, ist aber wegen seiner einzigartigen Fähigkeit, Psychokinese(PK)-Fähigkeiten zu aktivieren, eine wichtige Technik, um Trancezustände zu induzieren und in die Aura einzugreifen. Wenn die PK mit Hilfe dieses Verfahrens erst einmal aktiviert ist, kann sie dazu genutzt werden, bestimmte Funktionsstörungen in der Aura, wie z.B. Risse, Lücken und Bereiche starker Verfärbung zu verändern.

Schritt 1: Geistige Passivität. Machen Sie es sich bequem, entweder im Sitzen oder im Liegen, legen Sie Ihre Hände mit den Handflächen nach unten auf Ihre Oberschenkel, und entspannen Sie sich völlig. Lassen Sie Ihren Geist passiv werden, indem Sie alle aktiven Gedanken unterbrechen und gezielt wegschieben. Bleiben Sie für einige Augenblicke in einem Zustand geistiger Passivität.

Schritt 2: Tranceinduzierung. Um den Trancezustand einzuleiten, richten Sie Ihre Aufmerksamkeit zunächst auf Ihre Hände, wobei Sie jede Empfindung beachten – Wärme, Kühle, Prickeln, Taubheit, feuchte Hände, die Fasern Ihrer Kleidung, das Gewicht der Hände auf Ihren Oberschenkeln usw. Spreizen Sie als nächstes die Finger Ihrer Hände, und behalten Sie diese gespannte Position bei. Entspannen Sie dann langsam Ihre Hände, und sprechen Sie die Affirmationen: *Ich erlaube mir jetzt, in die Hypnose einzutreten. Indem ich meine Hand entspanne, werde ich den Trancezustand herbeiführen. Wenn meine Hand sich entspannt, trete ich langsam in die Hypnose ein. Wenn meine Hand völlig entspannt ist, werde ich mich in tiefer Trance befinden. Ich werde die Trance*

benutzen, um meine ganze Aura zu sehen und sie zu stärken. Ich
werde während der Dauer der Trance die Kontrolle völlig behal-
ten. Ich werde die Hypnose verlassen, wann ich will.

Ist Ihre Hand erst einmal völlig entspannt, können Sie den Trancezustand je nach Bedarf vertiefen, indem Sie langsam von zehn
aus rückwärts zählen und sich zwischendurch eine tiefere Entspannung suggerieren, bis Sie den gewünschten Grad erreicht
haben.

Schritt 3: Aurabetrachtung. Das Ziel dieses Schrittes ist es, Ihre
Wahrnehmungsfähigkeiten über Ihren physischen Körper hinaus
auszuweiten, damit Sie Ihre Aura beobachten können. Während
dieses Prozesses ist es wichtig, daß Sie sich Ihrer inneren Sinne
bewußt bleiben, während Sie Ihr außersinnliches Bewußtsein erweitern. Visualisieren Sie Ihren physischen Körper, um diesen
erweiterten Bewußtseinszustand zu erreichen, und betrachten Sie
ihn unvoreingenommen. Achten Sie von dieser äußeren Perspektive aus darauf, wie Ihr Körper friedlich im Trancezustand ruht.
Fokussieren Sie dann Ihre Stirn, und erweitern Sie allmählich Ihr
peripheres Sehen, bis es um Ihren Körper herum weiß zu leuchten
beginnt. Fokussieren Sie das flüchtige Leuchten, bis es durch die
farbige Aura ersetzt ist. Achten Sie, wenn Sie die Aura jetzt im
Blick haben, auf die unzähligen Merkmale, besonders ihre charakteristische Färbung, die Ausdehnung und ihre einzigartigen
Muster. Schenken Sie Unterbrechungen der Energiemuster, wie
Lücken, Rissen und Verfärbungen besondere Aufmerksamkeit.

Schritt 4: Psychokinetischer Eingriff. Behalten Sie Ihre Aura im
Blick, und setzen Sie die Kräfte Ihres Geistes ein, damit diese Ihren
Eingriff leiten. Fokussieren Sie Ihre medialen Energien besonders
auf alle Funktionsstörungen in Ihrem Aurasystem. Sollten Lükken vorhanden sein, dann errichten Sie im Geiste eine helle Kup-
pel darüber, die sich langsam mit strahlender Energie füllt. Ziehen
Sie bei Rissen im Geiste helle Energiestränge aus dem umgebenden Bereich, und nähen Sie gewissermaßen mit ihnen den Riß zu.
Formen Sie, falls verfärbte Bereiche auftreten, im Geiste eine
Masse weißer Energie, und benutzen Sie sie wie einen Schwamm,
um den verfärbten Bereich zu waschen und die Leuchtkraft wiederherzustellen. Um die gesamte Aura mit leuchtender Energie zu
füllen, richten Sie Ihre Aufmerksamkeit auf den inneren Kern

Ihres Aurasystems, und stellen Sie es sich als einen pulsierenden Generator reiner Energie vor, der in alle Richtungen strahlendes Licht aussendet. Beobachten Sie im Geiste, wie die Energie in Ihre gesamte Aura einströmt. An dieser Stelle können Sie zusätzliche Ziele, auch sehr persönliche, benennen. Stellen Sie sich diese vor, und bekräftigen Sie Ihren Entschluß, sie zu erreichen.

Schritt 5: Beendigung und Auflösung. In diesem letzten Schritt wird der Trancezustand beendet, und die kräftigenden Folgen der Behandlung werden geprüft. Richten Sie zur Beendigung der Trance Ihre ganze Aufmerksamkeit nach innen, und sprechen Sie Ihre Absicht aus, den hypnotischen Trancezustand zu verlassen, indem Sie langsam von eins bis fünf zählen. Öffnen Sie bei fünf Ihre Augen, und nehmen Sie sich einige Augenblicke Zeit, um über die Erfahrung nachzudenken. Nehmen Sie das Gefühl der Erneuerung und die Vitalität wahr. Beenden Sie den Vorgang mit stärkenden Affirmationen wie: *Jede Faser meines Wesens ist energetisiert und mit positiver Energie versorgt. Ich bin sicher und geschützt. Ich bin in Frieden mit mir selbst. Geistig, körperlich und spirituell bin ich ausgeglichen und befinde mich in Einklang mit dem Universum. Ich habe die Macht, jedes Hindernis zu überwinden und meine höchsten Ziele zu erreichen.*

Alle Wohltaten, die von geübten Auraspezialisten durch Eingriffe in die Aura erzielt werden können, stehen uns mit Hilfe unserer Techniken zur Selbstbehandlung ebenfalls zur Verfügung. Schließlich befindet sich der beste Auraspezialist in Ihnen selbst. Er wartet darauf, daß Sie ihn bemerken, fordert Sie zur Interaktion auf und begrüßt eifrig Ihre Bemühungen, sich selbst zu stärken.

7

Instrumente zur Stärkung der Aura

So wie unsere Augen Licht benötigen, damit sie sehen, benötigt unser Verstand Ideen, damit er denkt.

Nicolas Malebranche: *Über die Suche nach der Wahrheit* (1674/75)

ALS BIOLOGISCHE WESEN leben wir in einer physischen Welt, die das wesentliche Umfeld und die Ressourcen für unser körperliches Überleben bietet: die Luft, die wir atmen, die Nahrung, die wir essen, und das Wasser, das wir trinken. Leider haben wir viele natürliche Rohstoffe der Erde rücksichtslos ausgebeutet. Wir haben die Luft verschmutzt, unsere Wälder dezimiert, und bald wird uns das saubere, reine Wasser ausgehen. Die Folge davon ist, daß unsere Zukunft und die unserer Kinder auf dem Spiel steht. Das Konzept der Stärkung des sensitiven Potentials unterstreicht die Wichtigkeit verantwortlichen Handelns zur Förderung nicht nur unseres persönlichen Wohlergehens, sondern auch des Wohls anderer Menschen und zukünftiger Generationen.

Der zeitliche Rahmen, in dem wir jetzt leben, ist nicht nur wesentlich für unser biologisches Überleben, er stellt auch das Umfeld für unsere persönliche Erfüllung und unsere spirituelle Entwicklung dar. Jedes Ding hier auf Erden ist potentiell ein Mittel zu unserer Stärkung. Wir werden von der Schönheit der Berge, Flüsse, Ozeane und Weiten der Erde angeregt. Der Urwald mit seinen hoch aufragenden Bäumen, seinem üppigen Unterholz und dem grünen Boden gibt uns Energie durch ein tieferes Gewahrsein der unbegrenzten Kraft hinter der ganzen Schöpfung. Die majestätischen Berge der Erde fordern uns nicht nur dazu heraus, auf ihre Höhen zu klettern, sondern, was noch wichtiger ist, unsere eigenen Gipfel der Bewußtheit und Kraft zu erreichen. Die unvergleichliche Kraft des sich ständig ausweitenden Universums mit seinen Milliarden von

Galaxien erinnert uns an ebendiese Kraft, die unserer Existenz zugrunde liegt und sie aufrechterhält.

Wir können kaum den Umfang und die Pracht der Schöpfung und die unendliche Kraft hinter ihr begreifen; dennoch gleicht die Herrlichkeit des Kosmos in vieler Hinsicht der Schönheit und dem meisterlichen Entwurf unserer eigenen Existenz. Der energetisierende Nabel des Kosmos z. B. hat seine Entsprechung in dem energetisierenden inneren Kern unseres Wesens. Darüber hinaus entwickeln wir uns wie der Kosmos ständig weiter. Außerordentliche Wachstumsressourcen mit unerschöpflichen Möglichkeiten sind sowohl in uns als auch im gesamten Universum vorhanden. Wir sind mit grenzenlosem Potential ausgestattet und von unzähligen Gegenständen umgeben, die uns Kraft verleihen können. Ein Hauptanliegen des Konzepts der Stärkung des sensitiven Potentials ist die Entdeckung konkreter Instrumente, die die Fähigkeit besitzen, unser Leben zu bereichern, und die Entwicklung von Techniken, diese erfolgreich einzusetzen. Mit Hilfe der geeigneten Mittel und Techniken können wir die unendliche Kraft, die unserer Existenz und dem Universum zugrunde liegt, freisetzen.

Es gibt unendlich viele und verschiedenartige konkrete Instrumente zur Stärkung unserer sensitiven Fähigkeiten. Sie reichen von einem einfachen Gegenstand, der eine bestimmte Bedeutung für uns besitzt, bis zu einem entfernten Stern, der unsere Aufmerksamkeit auf sich zieht und uns neue Hoffnung gibt. Es kann sich um etwas so Einfaches handeln wie einen Vogel im Flug, ein Blatt, das vom Wind getragen wird, oder eine geheimnisvolle, vom Mond erleuchtete Bucht. Es kann ein bestimmter Ort sein, an den wir uns begeben, um erneuert und inspiriert zu werden, eine schneebedeckte Landschaft, ein aufregendes Sommergewitter oder ein wunderschöner Sonnenuntergang – jedes Mittel hat die Kraft, unser Bewußtsein zu steigern und uns neue Energie zu schenken.

Erlebnisse in natürlicher Umgebung während unserer Entwicklungsjahre können besonders kräftigend sein. Ein Collegeprofessor erinnerte sich, daß ein Felsvorsprung über einem smaragdgrünen See ihm in seinen Teenagerjahren Kraft gegeben hat. »Seine Schönheit und Ruhe«, so erinnert er sich, »zogen mich immer wieder zu ihm zurück. Das ruhige Bild hat sich mir so sehr eingeprägt, daß ich es immer noch als eine Quelle der Inspiration und Kraft wachrufen kann.« Eine Krankenschwester berichtete, daß eine riesige Eiche, unter der sie als Kind oft gespielt hat, ihr besonders viel Kraft gegeben hat. »Ihr unregelmäßiger Schatten ist in meiner Erinnerung immer noch ein sorgenfreier Spielplatz.«

Viele konkrete Gegenstände wirken vor allem deswegen stärkend, weil man ihnen eine bestimmte Bedeutung beimißt. Bekannte Beispiele dafür sind Erbstücke oder Gegenstände, die wir geschenkt bekommen haben. Ein Profisportler erinnert sich: »Für mich hatte ein Füllfederhalter, den ich von meinem Vater zum High-School-Abschluß geschenkt bekommen hatte, eine besondere Bedeutung. Während meines Collegestudiums fand ich heraus, daß meine Gedanken angeregt und ein Fluß neuer Ideen freigesetzt wurden, wenn ich mit diesem besonderen Füller schrieb. Der ›magische Füller‹ wurde ein wichtiger Gegenstand, der mir während meiner College-jahre Kraft schenkte.«

Weil unsere Existenz auf Interaktion beruht, stärkt jeder Zustand oder jedes Erlebnis, das uns geistig, körperlich oder spirituell kräftigt, zugleich auch unser Aurasystem. Tiefgreifende Erlebnisse wie ein Gipfelerlebnis oder ein sogenanntes »Aha-Erlebnis« erleuchten uns nicht nur geistig, sie hellen auch unsere Aura auf und vitalisieren sie. Auf ähnliche Weise verleihen oft bedeutungsvolle Begegnungen mit der Natur und die Einsichten, die wir dadurch erlangen, unserem ganzen Wesen immer wieder Macht. Dies zeigt das Beispiel einer Collegestudentin, die in einer leuchtenden Sternschnuppe Trost fand, die kurz nach dem tödlichen Autounfall ihres Bruders über den Sommerhimmel zog. Sie wertete die Sternschnuppe als ein Signal dafür, daß ihr Bruder einen freudvollen Übergang in eine wunderbare Dimension von Licht und Liebe hatte. Das Erlebnis dauerte nur Sekunden, aber die kraftverleihende Wirkung war dauerhaft. In einem ähnlichen Fall entdeckte eine Collegeangestellte, die den Mut verloren hatte, nachdem bei ihr eine lebensgefährliche Krankheit diagnostiziert worden war, eine ganz neue Dimension in ihrem Leben: Eine ältere Magnolie, die sie von ihrem Bürofenster aus sehen konnte, brach unerwartet in volle Blüte aus und durchflutete ihr Büro mit einem frischen, energiespendenden Duft. Dieses zauberhafte Erlebnis war ein Wendepunkt in ihrem Leben. Inspiriert und voller Schwung, begann für sie die produktivste und dankbarste Phase ihres Lebens. Jetzt ist sie von einer Krankheit, die anfangs ein Todesurteil zu sein schien, völlig genesen, und versichert mit Überzeugung: »Ich wurde von einem betagten Magnolienbaum wieder zum Leben erweckt.«

Der kräftigende Spaziergang in der Natur

Viele von uns haben bereits entdeckt, daß ungezwungene Begegnungen mit der Natur äußerst kräftigend sein können. Ein gemütlicher Spaziergang am Strand oder im Wald reicht oft aus, um den Kopf freizubekommen, den Körper wiederzubeleben und die Aura geradezu zu erleuchten. Die vielfältigen Wohltaten dieser ungezwungenen Begegnungen weisen auf die Möglichkeit hin, daß systematisierte Methoden in gleicher Weise oder vielleicht noch mehr dazu beitragen können, uns zu stärken. Der kräftigende Spaziergang in der Natur ist ein methodisch aufgebautes Verfahren, das die Aura mit Energie auflädt und uns zugleich die Kraft geben soll, klar formulierte persönliche Ziele durch geführte Begegnungen mit der Natur zu erreichen.

Jeder kann von einem kräftigenden Spaziergang in der Natur profitieren. Er kann uns zu Einsichten verhelfen, Probleme lösen, die Kreativität anregen, Streß reduzieren, Wohlbefinden erhöhen und einen Strom pulsierender Energie freisetzen. Menschen, die die Hoffnung verloren oder die im privaten oder beruflichen Bereich Rückschläge erlitten haben, finden mit Hilfe dieser Methode oft neue Wege und neue Kraft. Ein derartiger Spaziergang ist unmittelbar wohltuend, und seine Folgen dauern für gewöhnlich an.

Auch wenn die meisten natürlichen Umgebungen für den kräftigenden Spaziergang in der Natur geeignet sind, so sind ein landschaftlich schöner Ausblick mit einem gewundenen Pfad oder ein alter Wald mit seiner gewachsenen Lebensgemeinschaft ideal. Allein schon einen herrlichen Baum zu berühren oder den Duft einer Blume einzuatmen kann die Aura aufhellen:

Schritt 1: Anfängliche Aurabetrachtung. Beobachten Sie vor dem Spaziergang Ihre Aura mit Hilfe einer der Selbstbetrachtungstechniken, die wir bereits besprochen haben.

Schritt 2: Zielformulierung. Lehnen Sie sich zurück, formulieren Sie mit geschlossenen Augen ihre nächsten Ziele, und benennen Sie sie so präzise wie möglich. Fragen Sie sich: »Was hoffe ich, mit diesem Spaziergang in der Natur zu erreichen?« Ihr Ziel kann einfach sein, Ihr Aurasystem mit Energie aufzuladen oder den Spaziergang nur zu genießen. Aber vielleicht wollen Sie auch eine bestimmte Wachstumsblockade auflösen, Erkenntnis über sich selbst erlangen, eine Lösung für ein bestimmtes Problem finden oder einen persönlichen Konflikt lösen.

Schritt 3: Der Spaziergang. Suchen Sie sich für Ihren Spaziergang einen sicheren, vertrauten Ort aus. Gehen Sie in einem angenehmen Tempo, und nehmen Sie sich Zeit für Ihre Umgebung. Stellen Sie sich die einzelnen Bestandteile um Sie herum – Pflanzen, Tiere, Steine und Flüsse – als energiegeladene Geschöpfe der Natur vor, die Kraft besitzen, um sie weiterzugeben. Lassen Sie sie zu sich sprechen, wenn Sie die vibrierende Energie, die sich um Sie herum ansammelt, absorbieren. Betrachten Sie Ihre Umgebung als Partner auf Ihrem stärkenden Ausflug. Genießen Sie die Sie umgebenden Wunder des Lebens. Achten Sie auf das Gefühl des Einsseins mit der Natur, und sagen Sie zu sich: *Ich bin ein integraler Bestandteil von allem, was existiert.* Überdenken Sie noch einmal die Ziele, wie Sie sie in Schritt 1 formuliert haben, und bestätigen Sie Ihre Kraft, sie zu erreichen.

Schritt 4: Reflexion. Schauen Sie am Ende des Spaziergangs auf Ihr Erlebnis zurück, und denken Sie noch einmal über die Begegnungen nach, die sich ereignet haben. Lassen Sie im Geiste detaillierte Bilder von diesem Spaziergang entstehen, und legen Sie sie in Ihrem Gedächtnis als Schnappschüsse ab, auf die Sie in Zukunft zurückgreifen können. Überprüfen Sie die kraftverleihende Wirkung des Spaziergangs, und sprechen Sie die Affirmation: *Ich habe durch dieses Erlebnis Kraft bekommen. Indem ich die entsprechenden Bilder wachrufe, kann ich in jedem Augenblick meines Lebens einen Strom pulsierender Energie freisetzen.*

Schritt 5: Abschließende Aurabetrachtung und Auswertung. Betrachten Sie noch einmal Ihre Aura mit Hilfe der gleichen Selbstbetrachtungsmethode wie in Schritt 1, und achten Sie auf die Veränderungen. Bestätigen Sie erneut die kräftigenden Wirkungen des Erlebnisses.

Der kräftigende Spaziergang in der Natur ist zwar relativ strukturiert, doch ist er so flexibel, daß er unter verschiedensten Bedingungen durchgeführt werden kann. Es können Tages- oder Nachtspaziergänge sein, Spaziergänge mit einem Partner oder einem Hund.

Wanderungen im Mondlicht geben besonders viel Kraft. Spaziergänge in der Gruppe sind ebenfalls sehr wirksam, besonders wenn im Anschluß gemeinsam darüber gesprochen wird.

Der kräftigende Naturspaziergang kann auf alle Altersgruppen, von Vorschulkindern bis zu Betagten, angepaßt werden. Er kann unsere Bewußtheit für unsere natürliche Umgebung steigern und uns helfen, den Wert des Kontakts mit der Natur zu entdecken. Die Methode kann leicht in eine Vielzahl von Unterrichtsprogrammen integriert werden, besonders in Kursen, bei denen es um Wertschätzung und Erhalt unserer natürlichen Ressourcen geht.

Der kräftigende Naturspaziergang ist besonders hilfreich, um Spannung abzubauen und sich wohl zu fühlen. Fast immer geht friedliche Gelassenheit mit diesem Erlebnis einher, und oft tauchen während des Spaziergangs spontan Lösungen für Probleme auf. Dies zeigt das Beispiel eines Ingenieurs, der diese Methode angewendet hat, um ein wichtige berufliche Entscheidung zu treffen. »Vor einigen Jahren war ich in der schwierigen Situation, daß ich zwischen zwei Karrieremöglichkeiten wählen mußte, wobei jede Vor- und Nachteile hatte. Meine Analyse der Situation verwirrte mich nur noch mehr. Während eines Spaziergangs am späten Nachmittag in der Natur kam mir plötzlich die Lösung. Ich wählte die Möglichkeit, die sich mir während der Wanderung offenbart hatte, und meine Karriere war sehr erfolgreich. Hätte ich die andere Möglichkeit gewählt, wäre meine Karriere zu Ende gewesen.«

Zu einem kräftigenden Spaziergang in der Natur gehören normalerweise Begegnungen mit den vielen Elementen der Natur. Dadurch fühlen wir uns allgemein gestärkt und erreichen bestimmte Fortschritte bei einzelnen Zielen. Die lang anhaltenden Folgen der Methode können dadurch verstärkt werden, daß man sich in periodischen Abständen die Bilder, die man sich bei dieser Naturbegegnung eingeprägt hat, wachruft.

Die Wirksamkeit des kräftigenden Spaziergangs in der Natur legt nahe, daß andere, konzentriertere Methoden, die Begegnungen mit ausgewählten Elementen der Natur anbieten, uns genauso Kraft verleihen könnten. Bäume, der Mond und Sterne gehören zu den konkreten Dingen in der Natur, die ein ungeheures Stärkungspotential haben, wenn sie als Kraftinstrumente in eine systematische Methode eingebaut sind.

Die kraftvolle Begegnung mit Bäumen

Die kraftvolle Begegnung mit Bäumen ist ein methodisch aufgebautes Verfahren, das einen Baum mit einem konkreten, interaktiven Ziel einsetzt. Sie beruht auf unserem natürlichen Hang zum Kontakt mit der Natur und den stärkenden Möglichkeiten in solchen Begegnungen. Genauer gesagt unterstreicht sie das enorme Kräftigungspotential der Kontakte mit verschiedenen Bäumen, und sie hebt die unterschiedlichen Wirkungen dieser Interaktionen auf das Aurasystem hervor.

Ein Baum ist ein komplexes Energiesystem, das im Laufe seines Lebens ständig weiterwächst. Einige Bäume, unter ihnen die riesigen Redwoods, sind mehr als 3000 Jahre alt. Als das älteste und größte Lebewesen des Planeten ist ein hochaufragender Baum die Antenne der Erde zum Universum. Er erinnert uns greifbar an unsere eigene Verbindung mit dem Kosmos und an unsere Fähigkeit zu endlosem Wachstum.

Zwar können alle Bäume als Energiegeneratoren betrachtet werden, doch variieren ihre machtverleihenden Einflüsse in Abhängigkeit von ihren besonderen Merkmalen und der Art unseres Kontakts mit ihnen. Je älter ein Baum ist, desto mehr inspiriert und energetisiert er im allgemeinen. Jahreszeiten scheinen die kräftigende Wirkung der Bäume nicht zu beeinflussen.

Für die Übung der kraftvollen Begegnung mit Bäumen zur Stärkung unserer Aura benötigen wir spezifische Ziele und einen geeigneten Baum. Der Baum ist dabei eher ein kooperativer Partner denn ein rein konkreter Gegenstand, den man als Mittel benutzt, um ein bestimmtes Ziel zu erreichen. Sich darüber im klaren zu sein, daß der Baum ein Energiesystem ist, und seine Pracht als meisterliche Schöpfung der Natur zu respektieren ist entscheidend für den Erfolg der Methode.

Bei der kraftvollen Begegnung mit Bäumen beginnt die kraftverleihende Wirkung mit der Auswahl des Baumes. Wir wählen den Baum aus, aber gleichzeitig wählt der Baum uns aus. Diese wechselseitige Beziehung wird dann besonders offensichtlich, wenn mehrere Bäume unsere Aufmerksamkeit auf sich ziehen und uns durch ihre Stattlichkeit und Schönheit ansprechen. Manche Bäume scheinen uns gewissermaßen zu sich zu rufen, als ob sie unser Bedürfnis, gestärkt zu werden, erkennen würden. Still locken sie uns, sie zu berühren, mit ihnen in Kontakt zu treten und Kraft von ihnen zu bekommen. Unterschiedliche Bäume wirken jeweils auf ihre eigene Weise auf die menschliche Aura.

Die königliche Eiche

Die Eiche ist ein Baum für alle Ziele und mit Abstand der begehrteste. Bei unserer Untersuchung von 350 Studenten, die nach dem Zufallsprinzip aus allen Collegestudenten ausgewählt worden waren, bezeichneten acht Prozent die Eiche als ihren liebsten Baum. Eine derart deutliche Vorliebe könnte zum größten Teil darauf zurückgehen, daß die mächtige Eiche sofort das menschliche Aurasystem mit Energie auflädt. Allein die Anwesenheit der Eiche erweitert die Aura, verdrängt zugleich eventuelle Verfärbungen und führt eine Reihe leuchtender Farben ein. Indem man gezielt mit diesem stattlichen Baum in Wechselwirkung tritt, kann man die Aura außerdem aufhellen und ihre Grenzen erweitern, um ein noch größeres Spektrum an neuen Farbenergien unterzubringen – je nachdem, welche Ziele wir mit der Kräftigung erreichen wollen.

Die liebenswürdige Pappel

Die Pappel kam in unserer Umfrage unter den Collegestudenten auf den zweiten Platz ihrer Lieblingsbäume. Von diesem liebenswürdigen Baum scheinen Heilungs- und Verjüngungsenergien auszugehen. Seine Energiefrequenzen sind fein gestimmt, und sie haben die Tendenz, das menschliche Aurasystem in Einklang mit sich selbst zu bringen und zu harmonisieren. Die Kontrolle in Form einer Aurabetrachtung während des körperlichen Kontakts ergibt, daß die Pappel einen stabilisierenden Effekt ausübt und gewisse Farbveränderungen herbeiführt, z. B. ein leuchtendes Einströmen von hellrosafarbener Energie am äußeren Rand der sichtbaren Aura.

Fotografien eines Pappelblattes mittels elektrofotografischem Verfahren zeigen ein kompliziertes, symmetrisches Muster sich ausdehnender Energie, die das Blatt umgibt. Typisch für das Pappelblatt ist der Phantomblatteffekt, eine recht seltene Erscheinung, bei der das Energiemuster, das ein ganzes Blatt umgibt, erhalten bleibt, auch wenn ein Teil des Blattes entfernt wird. Bei diesem Phänomen kommt die Neigung der Pappel zur körperlichen Wiederherstellung und die Heilkraft ihres unerschöpflichen Energiesystems zum Ausdruck. Es fördert die Gesundheit, wenn man sich mit seinem Körper der Pappel aussetzt.

Auch wenn einige Menschen der Ansicht sind, daß die Heilkraft, die diesem Baum zugesprochen wird, eher Magie als Wissenschaft zu sein scheint, weisen Forschungsergebnisse deutlich darauf hin, daß im Rahmen der Übung »Die kraftvolle Begegnung mit Bäumen« ein Kontakt mit einer Pappel die physische Gesundheit steigern kann. Unsere Laboruntersuchungen ergaben, daß sich die Aura unmittelbar vor dem Ausbruch einer körperlichen Erkrankung oft verfärbt und aus dem Gleichgewicht gerät. Eine Begegnung mit einer Pappel versorgt die Aura mit leuchtender, gesunder Energie, was unmittelbar nach der Begegnung in der ganzen Aura zu sehen ist.

Daraus folgt, daß mehrfache Kontakte mit der Pappel unsere Widerstandsfähigkeit gegen Krankheiten steigern könnten, und diese Schlußfolgerung wird von mindestens zwei Untersuchungen gestützt. Collegestudenten, die während einer Erkältungs- und Grippewelle die Übung »Die kraftvolle Begegnung mit Bäumen« mehrfach mit der Pappel durchgeführt hatten, berichteten von weniger Krankheitsfällen im Vergleich zu einer Kontrollgruppe, die diese Methode nicht angewendet hatte. Bei einer anderen Untersuchung stellten Menschen, die schon seit langem unter immer wieder auftretenden Kopfschmerzen litten, eine allmähliche Abnahme der Häufigkeit und der Intensität ihrer Kopfschmerzen fest, was sie den täglichen Kontakten mit einer Pappel zuschrieben.

Außer den Vorteilen für unsere körperliche Gesundheit erweist sich die Methode »Die kraftvolle Begegnung mit Bäumen« auch als Technik zur Steigerung der geistigen Gesundheit als erfolgversprechend. Bei unseren Untersuchungen beobachteten Patienten, die unter Depressionen oder Angst litten, daß schon wenige Kontakte mit diesem Baum ihr Selbstwertgefühl steigerten und ihnen neue Hoffnung gaben. Die Methode erwies sich als besonders erfolgreich beim Abbau von Ängsten und Sorgen in Zusammenhang mit Panikanfällen und Phobien. Patienten mit Schlafstörungen berichteten außerdem, daß sie schneller einschliefen und ihr Schlaf nach einem Kontakt mit einer Pappel ungestörter verlief. Unsere Untersuchungen ergaben, daß ein Blatt des Baumes, das man in einen Umschlag unter sein Kopfkissen legt, die kräftigenden Folgen dieser Methode weiter steigert. Eine Durchführung dieser Methode unter Anleitung vermittelte den Teilnehmern fast ausnahmslos ein Gefühl von Macht über ihre Symptome und einen stärkeren Glauben an sich.

Es bedarf zwar weiterer Forschung, um die positiven Auswirkungen auf die körperliche und geistige Gesundheit zu bestätigen, doch weisen die derzeitigen Ergebnisse bereits daraufhin, daß fast jeder von den Begegnungen mit diesem liebenswerten Baum profitieren kann.

Die kräftige Kiefer

Begegnungen mit der Kiefer haben die Tendenz, einen unerschöpflichen, oft aber nur zeitweiligen Vorrat kraftvoller Energie zu erzeugen, die im allgemeinen als heller Glanz in der Aura sichtbar wird. Für viele Alltagssituationen benötigen wir einen sofortigen kraftvollen Schub neuer Energie. Die vielen Anforderungen des täglichen Lebens, beruflich wie familiär, können unseren Energievorrat erschöpfen. Interaktionen mit einer Kiefer wiederbeleben die Aura, oft blitzt die neue Energie sichtbar auf. Zu ihr gehört auch die Farbe Rot, die den energetisierenden Fähigkeiten der Aura eine Starthilfe zu geben scheint. Als Folge fließt in die Aura unerschöpfliche Energie ein.

Interaktionen mit der Kiefer sind besonders wertvoll, weil sie uns helfen, unter Druck kontrolliert und gelassen zu bleiben. Bei unseren Untersuchungen berichteten Manager, daß sich ihre Führungsqualitäten deutlich verbessert hätten, besonders im Umgang mit schwierigen Menschen.

Der robuste Hickorybaum

Mit diesem Baum werden positive soziale Beziehungen, persönlicher Erfolg, beschleunigtes Lernen und emotionale Stabilität assoziiert. Zu den aus den Kontakten resultierenden Veränderungen des Aurasystems gehören im allgemeinen ein leuchtendes Einströmen von Gelb, besonders in die inneren Auraregionen. Menschen, die sich im persönlichen oder beruflichen Bereich gerade in einer Übergangsphase befinden, werden durch Begegnungen mit diesem Baum besonders mit Energie aufgeladen.

Kontakte mit dem Hickorybaum führen zu einem beschleunigten

Lernen und einer besseren Merkfähigkeit. Unsere Untersuchungen ergaben, daß sich die Leistungen von Studenten, die sich einer akademischen Probezeit unterziehen mußten, schnell verbesserten und sie schließlich ihre Gesamtpunktzahl durch regelmäßige Begegnungen mit dem Hickorybaum anheben konnten. Außerdem sind die positiven Auswirkungen, die mit diesem Baum in Verbindung gebracht werden, lang anhaltend.

Die unvergängliche Zeder

Die Zeder ist ein kraftvoller Baum, der Dauerhaftigkeit und Standhaftigkeit symbolisiert. Sie widersteht den Elementen und den Spuren, die die Zeit hinterläßt. Begegnungen mit diesem knorrigen Baum erfüllen die Aura mit einem unerschöpflichen Energievorrat, der uns vor jeglichem Eindringen äußerer Kräfte schützt, die ansonsten unser Energiesystem ausbeuten könnten. Wenn das Aurasystem angegriffen wird, bieten Kontakte mit der Zeder einen äußeren Schutzschild, der die ganze Aura umgibt. Schwache und verwundbare Stellen in der Aura wie Lücken oder Risse bleiben im allgemeinen erhalten, werden aber vom Schutzschild sicher abgeschirmt.

Begegnungen mit Bäumen sind z.B. ebenfalls möglich mit der Walnuß, die der Aura Braun hinzufügt, was mit praktischer Veranlagung assoziiert wird; mit der Buche, die Orange einführt, was mit finanziellem Erfolg verbunden ist; dem Redwood, der wie die Zeder der Aura neue Kraft gibt und mit dem ebenfalls Dauerhaftigkeit und Standhaftigkeit assoziiert wird; die Platane, die die Aura erweitert, wird mit Selbstentdeckung und Erkenntnis gleichgesetzt; Fichte und Tanne energetisieren beide die Aura und werden mit Erfolg in Verbindung gebracht, und der Ginkgo, der der Aura Purpurrot hinzufügt, wird mit der Entwicklung medialer Fähigkeiten und universeller Weisheit assoziiert. Das Ausmaß der Veränderung in der Aura hängt im allgemeinen von der Intensität und der Häufigkeit unserer Interaktionen mit dem Baum ab.

Für die Übung »Die kraftvolle Begegnung mit Bäumen« benötigen wir die Anwesenheit eines Baums als kräftigenden Gegenstand. Entscheidend für den Erfolg der Methode sind klare Ziele, die wir mit der Kräftigung erreichen wollen, sowie die Auswahl eines für diese Ziele geeigneten Baums. Die Übung beginnt und endet mit

Aurabetrachtungen, die für die Beurteilung der Wirksamkeit des Verfahrens grundlegend sind:

Schritt 1: Aurabetrachtung. Schauen Sie Ihre Aura mit Hilfe einer der Selbstbetrachtungsmethoden an, die wir bereits beschrieben haben. Achten Sie besonders auf Farbe, Helligkeit und Größe Ihrer Aura.

Schritt 2: Zielformulierung. Formulieren Sie Ihr(e) Ziel(e) der Begegnung. Dies kann sein, Ihre Aura mit gesunder Energie zu durchtränken, einen inaktiven Bereich in Ihrem Energiesystem zu energetisieren, Ihrer Aura eine weitere Farbe hinzuzufügen, eine Funktionsstörung zu beheben oder die ganze Aura aufzuhellen, um nur einige Möglichkeiten aufzulisten. Weitere Ziele, die nicht direkt mit der Aura verbunden sind, können dem breiten Spektrum persönlicher Themen entstammen: Gesundheit, Gefühle, Sozialkontakte, Beruf.

Schritt 3: Die Auswahl des Baums. Die Auswahl eines Baumes eröffnet den interaktiven Prozeß. Es ist wichtig, einen Baum auszuwählen, der Sie persönlich anspricht und für Ihre besonderen Ziele geeignet erscheint. Es kann ein Ihnen vertrauter Baum sein oder einer, der Ihnen zum ersten Mal auffällt. Er kann vereinzelt stehen oder von anderen Bäumen dicht umgeben sein. Wenn Sie einen Baum ausgewählt haben, achten Sie auf das Gefühl der Verbundenheit mit ihm. Bevor sie sich dem Baum nähern, nehmen Sie Kontakt zu ihm auf, indem Sie sich seine Unterscheidungsmerkmale, wie Höhe, Proportionen und Struktur, anschauen. Engagieren Sie den Baum im Geist als aufnahmebereiten Partner bei Ihren Kräftigungsbemühungen. Respektieren Sie den Baum als herrliche Schöpfung der Natur mit einem unendlichen Energievorrat.

Schritt 4: Einströmen der Kraft. Spüren Sie, wenn Sie sich dem Baum nähern, wie das ihn umgebende Energiefeld mit Ihrem Energiefeld zusammenwirkt. Berühren Sie den Baum zuerst mit Ihren Fingerspitzen, wodurch Sie die Antennen Ihres Körpers mit dem Baum als der kraftvollen Antenne der Erde verbinden. Beachten Sie das Einströmen kosmischer Energie, die Ihr gesamtes Energiesystem durchtränkt. Legen Sie Ihre Handflächen gegen den Baum, und nehmen Sie einen noch größeren Zufluß intensiver Kraft wahr. Ihr ganzes Wesen ist jetzt nicht nur mit dem Baum, sondern mit der grenzenlosen Kraft des Kosmos verbunden.

Schritt 5: Begegnung mit der Kraft der Bäume. Halten Sie Ihre Handflächen weiterhin gegen den Baum, und visualisieren Sie, wie Ihr Aurasystem mit dem Energiesystem des Baums interagiert. Nehmen Sie die starken Veränderungen an Ihrer Aura von ihren äußeren Rändern bis zum innersten Kern wahr. Streicheln Sie den Baum sanft, und lassen Sie ihn zu sich sprechen. Bestätigen Sie Ihre Verbindung zur unendlichen Kraft des Kosmos.

Schritt 6: Reflexion. Lösen Sie sich von dem Baum, und falten Sie Ihre Hände. Denken Sie über die kraftvolle Begegnung nach. Schauen Sie an dem Baum hoch, und gehen Sie noch einmal Ihre Kräftigungsziele durch. Sprechen Sie den Baum an, und affirmieren Sie Ihre Ziele als gegenwärtige Realität. Wenn es z.B. Ihr Ziel ist, Ihre Aura mit Energie zu versorgen, bekräftigen Sie: *Ich bin geistig, körperlich und spirituell vollkommen von unerschöpflicher Energie durchströmt.* Zugleich stellen Sie sich vor, daß Ihre Aura vor heller Energie leuchtet. Wenn Ihr Ziel eine bessere Gesundheit ist, sprechen Sie die Affirmation: *Ich bin jetzt ganz von gesunder Energie erfüllt.* Wenn es Ihr Ziel ist, das Rauchen aufzugeben, bestätigen Sie: *Ich bin jetzt Nichtraucher.* Selbst Ziele, die in einer fernen Zukunft liegen, können als gegenwärtige Realitäten bekräftigt werden. Wenn Sie ein Student sind und Ihr Ziel eine bevorstehende erfolgreiche Karriere ist, affirmieren Sie: *Eine erfolgreiche Karriere ist mir vorbestimmt.* Visualisieren Sie zusätzlich zu Ihren Affirmationen zielorientierte Vorstellungsbilder, um die machtverleihenden Folgen der Übung weiter zu stärken.

Schritt 7: Abschließende Aurabetrachtung und Bewertung. Betrachten Sie Ihre Aura, und vergleichen Sie sie mit ihrem Aussehen vor Beginn der Übung. Achten Sie auf die Veränderungen, besonders in Farbgebung, Helligkeit und Größe.

Später können Sie die kräftigenden Resultate der Methode wieder aktivieren, indem Sie sich die Bilder, die Sie sich von dem Baum gemacht haben, erneut ins Gedächtnis rufen.

Fast jeder, der die Übung »Die kraftvolle Begegnung mit Bäumen« gemacht hat, fühlt sich zu bestimmten Bäumen hingezogen, die jeweils eine besondere individuelle Bedeutung haben. Zu meinen Lieblingsbäumen für diese Übung gehört eine riesige Eiche, die vor meinem Büro steht. Diese hundertjährige majestätische Erscheinung der Natur scheint kräftigende Energie in alle Richtungen zu verteilen. Vor einigen Jahren wurde sie von einem Blitz getroffen, hat diesen Angriff, der nur eine charakteristische Narbe an ihrem rauhen Stamm hinterlassen hat, aber auf wunderbare Weise überlebt. Heute ist sie eine hoheitsvolle Gestalt von ungeheurer gleichmäßig verteilter Kraft, so daß alle, die sich ihr nähern, mit ihr in Kontakt treten können.

Die Kraft des Mondes

Der Mond, unser einziger natürlicher Satellit und nächster Nachbar im Weltraum, hat seit Jahrhunderten unaufhörlich Poeten, Schriftsteller, Musiker, Wissenschaftler und Künstler inspiriert. Shakespeare verglich ihn mit »einem Silberbogen, am Himmel neugespannt«. Klopstock begrüßte ihn mit »Willkommen, o silberner Mond, schöner, stiller Gefährte der Nacht!« Zwei Gutenachtlieder beziehen sich auf den Mond: »Guter Mond, du gehst so stille« und »Der Mond ist aufgegangen«. Amerikanische Musiker schrieben, vom Mond inspiriert, beliebte Songs wie *Blue Moon, Moonlight and Roses, Moonlight Bay, Moon over Miami, Moon River, By the Light of the Silvery Moon* und *Shine on, Harvest Moon*. Die *Mondschein-Sonate* ist eines der beliebtesten Werke Beethovens.

Viele alte Kulturen schrieben dem Mond göttliche Eigenschaften zu. Die alten Römer nannten ihren Mond »Diana«, Göttin der Jagd, deren Bogen der zunehmende Mond und deren Pfeile die Mondstrahlen waren. Eingeborenenstämme in Amerika unterteilten wie viele andere Kulturen die Zeit mit Hilfe des Mondes. »Vor vielen Monden« ist ein Überrest dieser Tradition.

Über den Mond und seine Kräfte wird unendlich viel spekuliert. Der Mond ist natürlich dafür bekannt, daß er die Gezeiten verursacht, und Untersuchungen weisen darauf hin, daß er menschliches Verhalten direkt beeinflußt. Wir haben bereits erwähnt, daß sich die Inspirationen durch den Mond in den herausragenden Schöpfungen der Vergangenheit und Gegenwart widerspiegeln. Wie die antiken

Kulturen sind auch wir immer wieder begeistert, wie schön und geheimnisvoll der Mond ist. Er fesselt unsere Vorstellungskraft und regt uns zu künstlerischem Schaffen an, während er unserer Existenz zugleich eine große, magische Dimension hinzufügt.

Die unmittelbare Kraft des Mondes, den menschlichen Geist zu den erhabensten Äußerungen anzuregen, weist auf starkes Kräftigungspotential hin. Bei der Hypnose kann z.B. die Vorstellung des Mondes die Empfänglichkeit für den Prozeß des Einfließens erhöhen. Menschen, die eine Hypnose mitgemacht haben, berichten oft, daß sie allein der Klang des Wortes »Mond« ruhig und gelassen werden ließ und die Empfänglichkeit für Suggestionen erhöhte. Setzt man das Bild des Mondes als posthypnotisches Zeichen ein, so erweist er sich als sehr wirksames Mittel, um das Kräftigungspotential von Suggestionen zu erhöhen, die während einer Hypnose angeboten werden.

Unsere ersten Anstrengungen, im Zusammenhang mit dem Mond Techniken zur Kräftigung zu entwickeln, ergaben, daß entweder der Anblick des Vollmondes oder auch nur die bildliche Vorstellung des Mondes dazu beitrugen, die Aura aufzuhellen und auszudehnen. Später haben wir herausgefunden, daß eine Kugel aus neuer Farbe sowie die damit verbundene Energie in die Aura eingeführt werden konnten, indem man sich einfach einen Mond in der gewünschten Farbe vorstellt. Dann haben wir entdeckt, daß eine Kugel aus Farbenergie bewußt und zielgerichtet in einen bestimmten Aurabereich gelenkt werden konnte, wo sie entweder als konzentrierte Energie bleiben oder von wo sie auf das gesamte Aurasystem verteilt werden konnte. Zum Beispiel konnte die Farbe Grün zur Heilung eingeführt werden, um das Aurasystem mit einem gesund erhaltenden Schild zu versehen, oder sie konnte als eine konzentrierte Kugel in eine bestimmte funktionsgestörte Region gelenkt werden, wo sie in unveränderter Form blieb, bis der Reparaturauftrag abgeschlossen war. Weitere Energiekugeln konnten eingeführt werden, um die Aura mit einer neuen Farbe oder einer neuen Farbschicht zu versehen, wobei die Anordnung der Kugel in der Aura für gewöhnlich anzeigte, welch kräftigende Bedeutung die Farbe hatte. Gelb als Farbe geistigen Wachsens wird für gewöhnlich in konzentrierter Form in die oberen Regionen der Aura eingeführt, während Pink eine verjüngende Farbe ist und als eine innere Schicht jugendlicher Energie, die den physischen Körper völlig umhüllt, hinzugefügt wird.

Auf der Grundlage mehrerer Pilotstudien haben wir die Technik »Die Kraft des Mondes« entwickelt, die den Vollmond oder, wenn kein Mond zu sehen ist, eine Bildvorstellung des Mondes als konkretes Mittel benutzt, um kräftigende Veränderungen im Aurasystem herbeizuführen. Gehen Sie folgendermaßen vor:

Schritt 1: Anfängliche Aurabetrachtung. Schauen Sie Ihre Aura mit Hilfe einer der Betrachtungsmethoden für die gesamte Aura an, die wir bereits beschrieben haben. Schenken Sie der Färbung der Aura und ihrem Bedürfnis nach Eingriffen besondere Aufmerksamkeit.

Schritt 2: Zielformulierung. Benennen Sie Ihre Ziele, die Sie mit der Beeinflussung der Aura erreichen wollen, und bestätigen Sie: *Ich möchte diese Übung nutzen, um diese Ziele zu erreichen.*

Schritt 3: Mondbetrachtung. Betrachten Sie den Vollmond, oder, wenn er nicht zu sehen ist, visualisieren Sie ihn. Lassen Sie es zu, daß sich das Bild des Mondes in Ihrem Kopf festsetzt.

Schritt 4: Mondvorstellung. Stellen Sie sich bei geschlossenen Augen den Vollmond vor, und richten Sie Ihre Aufmerksamkeit auf ihn. Schieben Sie alle anderen Bilder in Ihrem Kopf beiseite. Nehmen Sie sich genügend Zeit, damit der Mond anschaulich werden kann.

Schritt 5: Die Kräftigung. Behalten Sie das Bild des Vollmondes fest vor Ihrem inneren Auge, erinnern Sie sich an jedes Ihrer Ziele, und verpflichten Sie den Mond als Ihren Partner zur Kräftigung. Wenn es Ihr Ziel ist, Ihre Aura mit Leuchtkraft zu versehen, dann stellen Sie sich vor, daß der Mond leuchtende Energie aussendet und Ihr Aurasystem sie absorbiert. Wenn es Ihr Ziel ist, einem genau bezeichneten Bereich Ihrer Aura eine bestimmte Farbe hinzuzufügen, dann stellen Sie sich vor, wie der Mond diese Farbe annimmt und sie entweder als Mondstrahlen oder als eine Farbkugel auf Ihr System überträgt und dabei die bezeichnete Region mit neuer Energie versorgt. Wenn es Ihr Ziel ist, eine neue Farbschicht in Ihre Aura einzuführen, dann stellen Sie sich vor, wie der Mond diese Farbe annimmt und sie als leuchtende Energie in Ihrer ganzen Aura verteilt.

Schritt 6: Abschließende Aurabetrachtung. Betrachten Sie noch einmal Ihre Aura mit Hilfe der gleichen Methode wie in Schritt 1. Achten Sie auf die Änderungen in Ihrer Aura. Beenden Sie die Übung mit einer einfachen Affirmation: *Ich bin völlig gestärkt.*

Die Langzeitfolgen dieser Methode hängen von mehreren Faktoren ab. Die beiden entscheidenden sind, welche Art von Kräftigung Sie benötigen und wie intensiv die in Ihre Aura eingeführte Energiekonzentration ist. In einigen Fällen ist ein einmaliger Eingriff ausreichend, aber es können auch mehrere Eingriffe notwendig sein. Eine Lücke in der Aura oder ein verfärbter Bereich benötigen im allgemeinen nur einen einzigen Eingriff; dagegen erfordern schwerwiegende Strukturschäden an der Aura möglicherweise etliche Anwendungen. Als generelle Regel sei festgehalten, daß eine neue Farbe, die in die Aura eingeführt wird, allmählich verblaßt. Häufige Eingriffe über einen längeren Zeitraum sind für Langzeitziele wie Verjüngung oder körperliche Fitneß erforderlich.

Die Kraft der Sterne

Tief in unserem Inneren befindet sich der innerste Energiekern der Aura, das Kraftzentrum, das unser Wesen mit Energie versorgt. Man kann es sich als die innere Lebenskraft, die Essenz unseres Daseins als eine bewußten Entität im Kosmos, vorstellen. Sie ist unvergänglich und sichert unser Fortbestehen von Leben zu Leben, über das physische Leben hinaus. Sie verbindet uns mit der unendlichen Macht des Kosmos. Wenn wir mit dem Energiekern in unserem Inneren und mit der höheren, kosmischen Quelle der Kraft in Einklang sind, erleben wir größte Harmonie mit dem Kosmos – ein Phänomen, das auch als »Einssein mit dem Kosmos« bezeichnet wird.

Wir alle kennen Momente spontanen Einsseins mit dem Kosmos. Wir erleben sie in den zahlreichen Begegnungen mit der Natur, die unsere Achtsamkeit auf neue Ebenen heben, und in den kostbaren Augenblicken von Freude, Liebe und Frieden, die wir alle täglich erfahren. Die Häufigkeit dieser Erlebnisse spiegelt das in uns liegende Potential für die Einstimmung auf den Kosmos in einem größeren Rahmen wider.

Die Methode »Die Kraft der Sterne« wurde entwickelt, um einen vollständigen Einklang mit dem Kosmos herbeizuführen. Die Technik ist der Ausrichtung auf den Kosmos, die wir oben besprochen haben, insofern ähnlich, als sie versucht, uns wieder mit dem Kosmos zu verbinden und uns auf ihn einzustimmen. Sie ist jedoch dadurch einzigartig, daß sie einen Stern als Verbindung zur kosmischen Dimension unseres Daseins heranzieht.

»Die Kraft der Sterne« hat sich aus einem Experiment entwickelt. 45 Studenten, die sich an der *Athens State University* für einen Abendkurs in Parapsychologie eingeschrieben haben, wurden nacheinander sechs Aufgaben gestellt. Sie erhielten zuerst den Auftrag, sich den entferntesten Bereich des Universums vorzustellen und zu beschreiben, was sie dort sahen. Sie hatten beträchtliche Schwierigkeiten mit dieser Aufgabe, die meisten von ihnen berichteten später nur von Dunkelheit oder sagten, daß sie überhaupt nichts gesehen hätten. Die Gruppe wurde dann beauftragt, sich den Energiekern des Universums vorzustellen und zu berichten, was sie sahen. Bei dieser Aufgabe hatten sie ungewöhnlich viel Erfolg: 31 von den 45 Studenten beschrieben entweder Helligkeit oder eine leuchtende Lebenskraft.

Die Studentengruppe wurde dann aus dem Unterrichtsraum ins Freie geschickt und erhielt den Auftrag, sich einen Stern auszusuchen und ihn anzuschauen. Dabei sollten sich die Studenten vorstellen, daß der Stern ein kleines Abbild des riesigen kosmischen Kerns sei. Dann mußten sie ihre Augen schließen, sich ein Bild von dem Stern machen, den sie gerade angeschaut hatten, und sich wie zuvor vorstellen, daß er ein Ebenbild des kosmischen Zentrums ist. Diese Aufgabe bewältigten ausnahmslos alle. Als nächstes erhielten sie die Anweisung, sich einen Lichtstrahl vorzustellen, der den Stern mit dem strahlenden Nabel des Universums verbindet. Auch dabei waren alle erfolgreich. Zum Abschluß sollten sich die Studenten einen Lichtstrahl vorstellen, der sie mit dem Stern und indirekt mit dem Nabel des Universums verbindet. Alle lösten die Aufgabe erfolgreich, einschließlich der 14 Studenten, die vorher Schwierigkeiten hatten, sich das Energiezentrum des Universums vorzustellen.

Aufbauend auf den Erfahrungen aus dieser Übung entwickelten wir die Technik »Die Kraft der Sterne«, wobei man entweder einen sichtbaren Stern oder die bildhafte Vorstellung eines Sterns als stärkendes Objekt verwendet. Für diese Methode ist es zunächst erforderlich, die Aura zu scannen, anstatt sie zu betrachten. Dies ist eine mentale Übung, die uns hilft, die Aura und ihre Schwingungsmuster zu spüren. Die Methode setzt sich aus 6 Schritten zusammen:

Schritt 1: Körperscan. Lehnen Sie sich zurück, nehmen Sie einige tiefe Atemzüge, und lassen Sie ihren Geist zur Ruhe kommen, indem Sie aktive Gedanken einfach ziehen lassen. Wenn Ihr Kopf frei ist, tasten Sie im Geiste Ihren Körper von oben nach unten ab. Achten Sie auf jede Anspannung, und lösen Sie sie mental auf.

Schritt 2: Aurascan. Dieser Schritt erfordert drei mentale Scans der Aura: den Energiescan, den Farbscan und den Strukturscan. Schließen Sie Ihre Augen, und stellen Sie sich vor, wie Ihre Aura Ihren ganzen physischen Körper umhüllt. Beginnen Sie dann oberhalb Ihres Kopfes, Ihre Aura mental abzutasten, und nehmen Sie ihre energetischen Schwingungen wahr. Achten Sie auf jede Unterbrechung oder Störung in den Schwingungsmustern. Führen Sie nach dem Energiescan einen Farbscan durch, indem Sie wieder an der höchsten Stelle der Aura beginnen und die Aura langsam nach unten hin abtasten. Lassen Sie es zu, daß während des Scans in Ihnen Bilder von der Farbzusammensetzung der Aura entstehen, sowohl aus den Bereichen und umhüllenden Schichten, die mit Farbe versehen sind, als auch aus den Bereichen, die farblos sind. Führen Sie abschließend einen Strukturscan durch, ebenfalls von oben nach unten. Achten Sie auf besondere Strukturmerkmale, die Ihre Aufmerksamkeit auf mögliche Störungen, wie Lücken, Brüche oder Risse lenken.

Schritt 3: Sternbetrachtung. Betrachten Sie den Nachthimmel, und wählen Sie sich einen Stern zum Anschauen aus. Wenn kein Stern zu sehen ist, stellen Sie sich im Geist einen vor. Richten Sie Ihre ganze Aufmerksamkeit auf den Stern – gleichgültig, ob er real oder imaginär ist, und spüren Sie Ihre innere Verbundenheit mit ihm. Geben Sie dem Stern einen Namen – irgendeinen, der Ihnen einfällt –, und wenden Sie sich an den Stern als Ihre vertraute Verbindung zum Kosmos. Betrachten Sie ihn als ein sehr kleines, aber kraftvolles Ebenbild des kosmischen Zentrums. Stellen Sie sich vor, daß der Stern durch einen Lichtstrahl mit dem Zentrum des Kosmos verbunden und mit der gleichen unbegrenzten Kraft ausgestattet ist wie der Nabel des Universums.

Schritt 4: Energie holen. Stellen Sie sich Ihre Aura und einen Lichtstrahl vor, der sie mit Ihrem Stern verbindet. Visualisieren Sie leuchtende kosmische Energie, die vom Stern kommend in Ihr

Aurasystem einströmt, wobei sie zunächst in die oberen Regionen Ihrer Aura fließt und sich allmählich nach unten ausbreitet. Spüren Sie, wie die pulsierende Energie Ihre Aura füllt, in Lücken einfließt und in ihrer Funktion gestörte oder beschädigte Bereiche repariert. Spüren Sie die harmonischen Schwingungen in Ihrer Aura, wenn sie sich mit vibrierender kosmischer Energie füllt.

Schritt 5: Abschließender Aurascan. Wenn Sie spüren, wie die pulsierende kosmische Energie in Ihr Aurasystem einströmt, tasten Sie im Geiste Ihre Aura von oben nach unten ab. Achten Sie auf ihre Schwingung, Ausgeglichenheit und Harmonie. Spüren Sie die harmonischen Frequenzen in Ihrem ganzen Aurasystem. Sie befinden sich jetzt im Einklang mit dem innersten Kern Ihres Wesens und dem kraftvollen Zentrum des Kosmos.

Schritt 6: Abschluß. Beenden Sie die Übung mit einer einfachen Affirmation: *Mein ganzes Wesen ist von reiner kosmischer Energie erfüllt und gestärkt.*

Bis jetzt war unsere Beschreibung der kräftigenden Objekte auf unsere natürliche Umgebung und das Universum ausgerichtet. Erde, Mond, Sterne und die entfernten Weiten des Kosmos erinnern uns ständig an die Kraft der Schöpfung. Sie laden uns zu Begegnungen ein und fordern uns dazu heraus, sie zu erforschen. Sie sind jederzeit zugänglich, und ihre Ressourcen sind unerschöpflich.

Es stehen uns viele weitere kräftigende Objekte von geringerer Größe, aber gleicher Bedeutung zur Verfügung. Sie reichen von sehr persönlichen Dingen, die im Laufe der Zeit wichtige machtverleihende Eigenschaften annehmen, bis zu den vielen konkreten Gegenständen, die in einem größeren, häufig kulturell bedingten Maßstab wegen ihrer stärkenden Rolle geschätzt werden.

Daß konkrete Gegenstände Macht verleihen können, läßt sich aus verschiedenen Perspektiven erklären. Einer Ansicht zufolge wirken bestimmte Objekte aufgrund ihrer inneren Beschaffenheit aktiv kräftigend. Bekannte Beispiele dafür sind der Quarzkristall, die Pyramide und verschiedene Edelsteine. Einige dieser Gegenstände sollen allein aufgrund ihrer Anwesenheit energetisierend wirken. Von anderen nimmt man an, daß sie unser aktives Mitwirken erfordern, damit wir Zugang zu ihren stärkenden Eigenschaften bekommen.

Viele konkrete Objekte werden aufgrund ihrer psychologischen
Bedeutung zwar für inaktiv, aber potentiell stärkend gehalten. Sie
bekommen nur dann psychologische Bedeutung, wenn wir ihnen
gewisse stärkende Eigenschaften zuschreiben. Ein bestimmter konkreter Gegenstand kann z. B. als posthypnotischer Auslöser eingesetzt werden, um Suggestionen aus der Hypnose zu aktivieren. Weitere Beispiele sind der Placebo-Effekt oder unsere positive Erwartungshaltung bei einigen Gegenständen, wie z. B. bei einem Glücks-
bringer oder Kleidungsstück. Wie sehr diese Gegenstände uns Kraft
verleihen, hängt mehr von den Assoziationen ab, die wir mit ihnen
verbinden, als von der Beschaffenheit des Gegenstands selbst.

Gewisse Gegenstände werden wegen ihrer Fähigkeit, uns mit
wichtigen neuen Quellen der Erkenntnis zu verbinden, für kraftver-
leihend gehalten. Sie dienen in erster Linie als Informationskanal;
Beispiele sind das Pendel, die Wünschelrute und ein Tisch beim
Tischerücken. Für gewöhnlich ist physischer Kontakt nötig, um ihre
Fähigkeiten, etwas ausfindig zu machen, auszulösen. Die Information, die wir mit Hilfe dieser Gegenstände erlangen, entstammt
jedoch eher einer äußeren Kraftquelle oder dem Unbewußten des
Betreffenden als dem Gegenstand selbst. Solche Objekte gelten deshalb – abgesehen von ihrer Fähigkeit, andere Kraftquellen zu er-
schließen – als inaktiv und machtlos.

Viele Objekte stärken uns in erster Linie wegen der Bedeutung,
die ihnen durch unsere Gesellschaft zugewiesen wird. Beispiele in
unserer Kultur sind Geld, Aktien und Anleihen, Auszeichnungen,
Zeugnisse und eine Reihe materieller Statussymbole. Leider können
einige von ihnen, außer uns Macht zu verleihen, auch schwächende
Eigenschaften haben. Mit Geld z. B. assoziiert man fast immer
Macht und Ansehen, aber wenn es anfängt, unser Leben zu kontrollieren, kann es tragische Folgen haben; bekannt ist der Selbstmord,
der durch den Verlust eines Vermögens ausgelöst wurde.

Manche Gegenstände verleihen aufgrund ihrer symbolischen Bedeutung Macht; sie können Ergebenheit, Dienst- und Opferbereit-
schaft hervorrufen. Ein Beispiel hierfür ist die Nationalflagge als
Symbol für Freiheit und Patriotismus. Wir legen einen Treueid auf
sie ab, und in der Hymne personifizieren wir sie als tapfer und stolz.
Religionen in aller Welt beziehen konkrete Objekte in ihre Rituale
ein, um Ergebenheit, Opfer, Hingabe und in vielen Fällen die Anwesenheit des Göttlichen darzustellen. Als Beispiele seien eine Ikone,
das Kreuz, der Gebetsteppich oder ein Schrein genannt.

Wegen ihrer einzigartigen Gestalt und Funktion haben einige konkrete Gegenstände besondere Bedeutung für die Stärkung der Aura. Obwohl viele dieser Gegenstände allein aufgrund ihrer Anwesenheit die Aura zu stärken scheinen, erfordern andere gewisse Techniken, die uns gezielt Zugang zu ihren stärkenden Eigenschaften verschaffen. Einige dieser Objekte scheinen ein einziges stärkendes Merkmal zu haben, während andere zahlreiche unterschiedliche Eigenschaften besitzen, die uns Macht verleihen.

Im folgenden werden wir die Bedeutung mehrerer stärkender Objekte beschreiben und Techniken vorstellen, die ihre kraftgebenden Eigenschaften aufs höchste steigern sollen. Wir werden uns besonders auf die Pyramide, den Quarzkristall und einige Edelsteine und Halbedelsteine konzentrieren. Die Pyramide und der Quarzkristall gelten bei vielen als Mittel, die uns in allen Bereichen Kraft schenken. Allgemein läßt sich sagen, daß die Größe des Gegenstands keinen Einfluß auf seine stärkenden Fähigkeiten zu haben scheint. Richtig eingesetzt, kann eine Miniaturausgabe der Großen Pyramide z.B. genauso kräftigend sein wie die Große Pyramide selbst. Ähnlich kann ein kleiner Quarzkristall genausoviel Macht verleihen wie ein großer. Auch wenn unser Augenmerk hier auf der direkten Bedeutung dieser Objekte für die menschliche Aura liegt, werden wir auch andere Anwendungsbereiche berücksichtigen, die zumindest indirekt mit der Aura zusammenhängen.

Die Pyramide

Die Pyramide als Objekt der Kräftigung unseres sensitiven Potentials ist im allgemeinen eine verkleinerte Ausgabe der Großen Pyramide, die König Cheops etwa 2600 v. Chr. in der Nähe von Kairo hat errichten lassen. Wie bereits angemerkt, scheint die Größe einer Pyramide ihre stärkenden Eigenschaften ebensowenig zu beeinflussen, wie ihre Solidität oder das Material, aus dem sie geschaffen ist. Bei unseren Untersuchungen haben wir Pyramiden aus Papier, Glas, Kristall, Holz, Metall, Bernstein, Marmor, Alabaster und Plastik benutzt; alle erwiesen sich als gleich wirksam. Obwohl die Pyramide bei den ersten Anwendungen mit Hilfe eines Kompasses ausgerichtet werden sollte, sagen erfahrene Benutzer, daß die Orientierung nach den Himmelsrichtungen für ihre Nützlichkeit als Stärkungsinstrument nicht entscheidend sei.

Was die Wirksamkeit der Pyramide als Instrument zur Stärkung ausmacht, bleibt ein Rätsel. Die einen vertreten die Ansicht, die Kraft der Pyramide beruhe allein auf unseren Erwartungen. Das würde bedeuten, daß die Energien, die wir in das Objekt hineingeben, und die Ergebnisse, die wir erwarten, die Wirkung ausmachen. Diese Ansicht unterstreicht die Bedeutung von Methoden, die erwartete Ergebnisse hervorheben. Innerhalb dieses Rahmens ist die Pyramide deshalb zu schätzen, weil sie einen konkreten Anknüpfungspunkt für unsere Erwartungen bietet, denen sie zugleich ein gewisses Maß an kräftigender Substanz liefert.

Einer anderen Ansicht zufolge ist die Pyramide an sich mit Kraft ausgestattet, und nicht nur etwas Inaktives oder ein nützliches Mittel zum Zweck. Nach dieser Betrachtungsweise, oft »Pyramidenenergie« genannt, verleiht allein die Anwesenheit einer Pyramide, selbst wenn wir uns ihrer nicht bewußt sind, potentiell Kraft. Die Pyramide erzeugt dementsprechend entweder selbst Energie oder überträgt die Energie einer anderen Quelle. In jedem Falle wird die Pyramide an sich als stärkend betrachtet. Diese Sichtweise respektiert jedoch auch, daß eine aktive Beschäftigung mit der Pyramide ihre kraftverleihende Wirkung bedeutend steigern kann.

Es gibt klare Hinweise, die für die Sichtweise der Pyramidenenergie sprechen. Unsere Untersuchungen ergaben, daß in einem Sportgeschäft die Verkäufe deutlich anstiegen, als eine kleine Pyramide in einer Schachtel über dem Eingang versteckt worden war. Ähnliche Ergebnisse wurden in einer Geschenkboutique und bei einem Videoverleih beobachtet. Ein weiterer Fall berichtet, daß der Gründer einer Ingenieurfirma, die für ihr enormes Wachstum bekannt geworden ist, eingeräumt hat, daß er während des Baus der Firmenzentrale an strategisch günstiger Stelle eine solide Metallpyramide in das Betonfundament eingelassen habe. Er erläuterte: »Ich habe vielleicht nicht unbedingt daran geglaubt, aber ich dachte: ›Was habe ich zu verlieren?‹« Im privaten Gespräch schreibt er heute den Erfolg seiner millionenschweren Firma zu einem großen Teil der Pyramide zu. In eine etwas andere Richtung weist der Fall eines Psychologen, der herausgefunden hat, daß eine kleine Kristallpyramide, die unter einem Tisch in der Mitte des Raumes verborgen war, die Teilnahme an der Gruppentherapie deutlich erhöht und zu positiven Interaktionen in der Gruppe geführt hat.

Bei vielen Untersuchungen, die wir über die Pyramide gemacht haben, zeigte sich, daß sie auf mehrere geistige Funktionen einwirkt, besonders auf Lernen und Erinnern. Untersuchungen von College-studenten ergaben, daß das Tempo assoziativen Lernens von Un-sinnsilben rasch anstieg, wenn beim Lernen eine kleine Glaspyra-mide vorhanden war. Darüber hinaus verbesserten sich in Anwesen-heit einer Pyramide sowohl das Kurzzeit- als auch das Langzeitge-dächtnis. Selbst wenn die Testpersonen nichts von der Anwesenheit einer Pyramide wußten, wurden deutliche Verbesserungen beim Lernen und Erinnern festgestellt. Die Leistungen verbesserten sich jedoch noch mehr, wenn die Betreffenden wußten, daß eine Pyra-mide vorhanden war. Die besten Ergebnisse wurden erzielt, als die Testpersonen nicht nur über die Anwesenheit der Pyramide infor-miert waren, sondern auch über die erwarteten Auswirkungen.

Viele unserer Versuchspersonen legten sich, nachdem sie an unse-ren Pyramidenuntersuchungen teilgenommen hatten, für ihren Alltag eine Pyramide zu. Mehrere von ihnen setzten die Pyramide als Lernhilfe während ihres Grund- und Hauptstudiums ein. Ein Student mit Chemie als Hauptfach fand heraus, daß ihm eine kleine Glaspyramide, die er entweder in der Hand hielt oder wäh-rend der Klausuren auf seinen Tisch stellte, dabei half, sich an den Lernstoff zu erinnern. Eine unserer Testpersonen, heute klinische Psychologin mit eigener Praxis, adoptierte eine kleine Quarzpyra-mide als »akademischen Partner«. Sie berichtet: »Die Pyramide hat mich durch meine Doktorandenzeit begleitet und ist jetzt mein ›Ko-Therapeut‹.« Sie benutzt die Pyramide regelmäßig bei der Me-ditation und als Hilfe zur Einleitung einer Hypnose. Ein weiterer Testteilnehmer, der heute als Rechtsanwalt arbeitet, erzählt, daß eine winzige Kristallpyramide, die er nach wie vor in der Tasche trägt, ihn vor einer Probezeit als ungeprüfter Hauptfachstudent der Politikwissenschaften bewahrt und dann eine Erfolgsspirale einge-leitet hat, die ihn durch ein Jurastudium und in eine erfolgreiche Kanzlei geführt hat.

In eine ganz andere Richtung weisen Belege, die überzeugend verdeutlichen, daß die Pyramide auch als Mittel zur Steigerung der Kreativität genutzt werden kann. Kreativität ist zwar unerschöpf-lich, aber unser Zugang zu ihr kann blockiert sein. Die Pyramide kann die Blockade unserer Schöpferkraft aufheben und kreativen Ausdruck anregen. Dies zeigte sich bei einem Kunststudenten, der glaubte, daß er seine kreativen Möglichkeiten erschöpft hätte, und eine Kristallpyramide einsetzte, um neue Ideen für seine Gemälde zu bekommen. Er konzentrierte sich auf die Pyramide, um einen medi-

tativen Zustand herbeizuführen, dann stellte er sich eine große
Pyramide vor, auf der Bilder für seine nächsten Gemälde erschienen.

Neuere Studien weisen auf zahlreiche Anwendungsmöglichkeiten
der Pyramide als Mittel für Gesundheit und Fitneß hin. Unsere
Untersuchungen ergaben, daß schon die innere Vorstellung, unabhängig davon, ob eine Pyramide anwesend ist oder nicht, einen
ruhigen, gesunden Geisteszustand herbeiführt. Darüber hinaus gibt
es deutliche Anzeichen dafür, daß schon die Anwesenheit einer
Pyramide Heilungsprozesse beschleunigen kann. Wenn zusätzlich
systematische Methoden angewendet werden, scheinen die Gesund-
heits- und Fitneßanwendungen dieses Objektes fast unbegrenzt zu
sein. Sie kann z. B. dabei helfen, das Gewicht zu kontrollieren, sich
das Rauchen abzugewöhnen, Widerstandsfähigkeit gegen Krankheiten aufzubauen und eine Reihe von streßbedingten Störungen zu
überwinden. (Eine detaillierte Beschreibung dieser Anwendungen
finden Sie in meinem Buch *Psychic Empowerment for Health and
Fitness*.)

Die Pyramide der Kraft

Die Pyramide spielt in mehrfacher Hinsicht eine besondere Rolle für
unsere Untersuchungen der menschlichen Aura. Unsere ersten Untersuchungen ergaben, daß die Aura Energie bekommt und sich
erweitert, wenn man die Hände über eine Pyramide hält. Durch
zusätzliche Vorstellung geeigneter Bilder stellten wir einen deutlichen Anstieg der kräftigenden Effekte der Pyramide fest. Ausgehend
von diesen Beobachtungen entwickelten wir »Die Pyramide der
Kraft«, eine Methode, die gezielt dazu dient, das ganze Aurasystem
zu energetisieren, auszudehnen und zu stärken. Die Pyramide für
diese Methode kann jede gewünschte Größe besitzen und aus jedem
Material beschaffen sein.

Schritt 1: **Vorbereitung und Orientierung.** Stellen Sie die Pyramide
so vor sich auf, daß eine Seite der Pyramide zu Ihnen zeigt und Sie
sie bequem anschauen können. Konzentrieren Sie Ihre Aufmerksamkeit auf die Pyramide, machen Sie Ihren Kopf frei, und entspannen Sie sich am ganzen Körper. Geben Sie sich die Erlaubnis,
durch die Pyramide als Kraftgegenstand mit Energie aufgeladen
zu werden.

Schritt 2: Kosmische Verbindung. Stellen Sie sich eine kraftvolle Energiesäule vor, die die Pyramidenspitze mit der höchsten Kraftquelle – dem Zentrum des Kosmos – verbindet. Stellen Sie sich vor, wie die Pyramide, die mit leuchtender kosmischer Energie geladen ist, in alle Richtungen reine Energie abstrahlt.

Schritt 3: Energieübertragung. Halten Sie Ihre Hände über einander gegenüberliegende Seiten der Pyramide, wobei Ihre Handflächen zeigen zur Pyramide und Sie dadurch Kontakt zur kosmischen Quelle der Kraft aufnehmen. Spüren Sie, ohne die Pyramide zu berühren, ihre warme, pulsierende Energie, die in ihren Handflächen nachschwingt und leuchtende neue Energie in ihren ganzen physischen Körper ausstrahlt.

Schritt 4: Einströmen in den inneren Kern. Konzentrieren Sie sich auf Ihren Solarplexus und sein inneres Energiezentrum. Visualisieren Sie, wie Ihr inneres Zentrum mit Energie von der Pyramide erfüllt wird.

Schritt 5: Einströmen in die Aura. Spüren Sie, wie die pulsierende Energie aus Ihrem inneren Energiekern austritt und Ihre ganze Aura durchströmt, so daß sie Ihr ganzes Wesen mit neuer Energie erfüllt. Visualisieren Sie, wie sich Ihre Aura ausdehnt und mit leuchtender Energie erstrahlt.

Schritt 6: Überdenken der Bildvorstellung. Erlauben Sie der kraftvollen Energie, weiterhin einzuströmen, während Sie wiederum über die Abfolge dieser kraftverleihenden Methode nachdenken:
a) Stellen Sie sich noch einmal vor, wie kraftvolle kosmische Energie durch die Spitze in die Pyramide eintritt.
b) Stellen Sie sich vor, wie die Pyramide, die von kosmischer Kraft erfüllt ist, reine Energie in alle Richtungen ausstrahlt.
c) Spüren Sie, wie die Energie von der Pyramide in Ihre Handflächen einströmt und dann zum innersten Zentrum Ihres Energiesystems weitergeleitet wird.
d) Spüren Sie, wie Ihr Energiesystem kraftvolle Energie in Ihr ganzes Aurasystem ausstrahlt.

Schritt 7: Affirmation. Falten Sie Ihre Hände, und sprechen Sie mit geschlossenen Augen folgende Affirmation: *Ich bin geistig, kör-*

perlich und spirituell ausgeglichen und in Einklang mit dem Universum. Ich bin mit glänzender, positiver Energie erfüllt. Ich bin gestärkt!

Diese Übung kann auch an Gruppen angepaßt werden, wobei die Pyramide am besten auf einem Tisch in der Mitte der Gruppe Platz findet. Die Methode kann ebenso abgewandelt werden, um der Aura Farbe hinzuzufügen oder um sich bestimmten Schwachstellen der Aura zu widmen. Wenn Sie der Aura eine bestimmte Farbe hinzufügen möchten, stellen Sie sich vor, wie die Energie der gewünschten Farbe von der Pyramide abgegeben und durch Ihre Handflächen auf Ihr Aurasystem übertragen wird, um eine bestimmte Region der Aura zu kräftigen.

Um Gesundheit und Fitneß zu fördern, läßt sich die Methode auf kosmische Heilenergie ausrichten, die von der Pyramide auf bestimmte Organe oder Körperbereiche übertragen wird. Eine Kombination aus Affirmationen und Imaginationen von Heilenergie, die wie ein Lichtstrahl von der Pyramide ausgeht und sich auf den gewünschten Bereich richtet, kann die Heilung wirkungsvoll beschleunigen und zugleich Schmerzen kontrollieren. Um die Aura in Helligkeit zu baden, was für Gesundheits- und Fitneßanwendungen entscheidend ist, wird den Energieschwingungen, die von der Pyramide ausgehen und sich im innersten Zentrum der Aura konzentrieren, erlaubt, sich weiträumig im ganzen Körper auszubreiten und dabei die vielen Organe und Systeme mit neuer Vitalität und Kraft zu durchdringen.

»Die Pyramide der Kraft« kann, regelmäßig angewendet, den Alterungsprozeß verlangsamen und aufhalten. Wenn es aufgrund von Streß oder Krankheit zu vorzeitigem Altern kommt, kann die Methode den Prozeß tatsächlich umkehren. Dies bestätigte eine Patientin mit chronischen Schmerzen, die die Methode anwendete, um ihre Rückenschmerzen in den Griff zu bekommen. Sie bekam schnell Kontrolle über die Schmerzen, und fast sofort begannen die Anzeichen vorzeitigen Alterns zu verschwinden, und ihre Aura nahm ein gesundes Strahlen an.

»Die Pyramide der Kraft« kann auch andere wichtige Erleichterungen bringen, wie sich am Beispiel eines Verkaufsmanagers zeigen läßt, der die Übung benutzte, um seine Angst vorm Fliegen zu überwinden. Nachdem er die Übung einmal durchgeführt hatte, steckte er sich eine kleine Kristallpyramide in die Tasche und bestieg ohne jede Angst ein Flugzeug, das ihn quer über den Kontinent brachte. Er erinnert sich: »Zum ersten Mal in meinem Leben habe ich Fliegen tatsächlich genossen.« Jetzt ist er von der Flugangst befreit und fliegt regelmäßig, aber immer in Begleitung einer kleinen Pyramide, die er sein »lebenserhaltendes System« nennt.

Bei unseren Untersuchungen beobachteten wir, daß Kinder mit Konzentrationsschwächen bzw. Hyperaktivitätsstörungen ihre Fähigkeit, sich zu konzentrieren und Anweisungen auszuführen, nach nur wenigen Anwendungen der Methode deutlich verbessern konnten. Verbesserungen wurden auch bei Erwachsenen festgestellt, die an Panikattacken litten, wodurch sie in ihrem normalen Tagesablauf stark eingeschränkt waren. Die Intensität der Panikattacken ließ sofort nach, und nachdem die Methode über einen längeren Zeitraum immer wieder angewendet worden war, hörten die Attacken schließlich ganz auf.

Die 4-D-Formel

Auch wenn die Aura voller Energie steckt und ausgedehnt ist, befindet sie sich nicht immer im Einklang mit dem Kosmos. »Die 4-D-Formel« ist eine weitere allgemeine Methode, die die Pyramide einsetzt, und sie soll nicht nur die Aura, sondern den ganzen Menschen ins Gleichgewicht und in Einklang mit sich selbst bringen. Die Methode unterstreicht die Ganzheitlichkeit unseres Wesens. Die menschliche Aura wird als sichtbarer Bestandteil innerhalb eines vielgestaltigen interaktiven Systems betrachtet. Folglich können Bemühungen zur Wiedererlangung des Gleichgewichts und des Einklangs, die sich ausschließlich auf die Aura richten, bestenfalls eingeschränkt wirken. Dies soll die Bedeutung der sichtbaren Aura nicht schmälern, sondern vielmehr den Einfluß anderer wichtiger Facetten, wie geistiger, körperlicher und spiritueller Faktoren, anerkennen.

Bei dieser Methode symbolisiert jede der vier Seiten einer Pyramide eine entscheidende Dimension im Menschen. Die Pyramide ist so ausgerichtet, daß eine Seite zum Übenden zeigt. Die linke Seite steht dann für den Geist, die gegenüberliegende Seite für den Körper und die rechte Seite für die Seele. Die Seite der Pyramide, die dem Übenden zugewendet ist, repräsentiert die Interaktionen des Betreffenden mit den anderen drei Seiten. Die Methode besteht aus sieben Schritten:

Schritt 1: Der äußere Rahmen. Stellen Sie die Pyramide so, daß eine Seite auf Sie zeigt und sie sich in einer Höhe befindet, auf der Sie sie gut anschauen können.

Schritt 2: Die Pyramide. Betrachten Sie die Pyramide, und sehen Sie sie als ein externes Modell Ihres ganzes Wesens, wobei jede Seite der Pyramide eine entscheidende Dimension Ihrer selbst repräsentiert.

Schritt 3: Der Geist. Stellen Sie sich mit geschlossenen Augen die linke Seite der Pyramide vor, und ordnen Sie ihr die Farbe Gelb zu, die Ihre Geisteskräfte kennzeichnet. Teilen Sie diese Seite der Pyramide im Geist in vier Ebenen auf, wobei jede Ebene eine der vier Haupteigenschaften des Verstandes repräsentiert: Intelligenz, Gedächtnis, Wahrnehmung und Gefühl. Ordnen Sie den Elementen jeweils einen anderen Gelbton zu, wie z. B. kräftiges Gelb für Intelligenz, mittleres Gelb für Gedächtnis, Hellgelb für Wahrnehmung und sehr blasses Gelb für Gefühl. Stellen Sie sich abschließend vor, wie die vier Ebenen und ihre jeweiligen Gelbtöne sich langsam zu einer strahlenden, wirbelnden Mischung aus vieltöniger gelber Energie formen. Spüren Sie die wundervolle Gelassenheit und mentale Ausgeglichenheit, die mit der Vermischung Ihrer Geisteskräfte einhergeht.

Schritt 4: Der Körper. Denken Sie sich die abgewandte Seite der Pyramide als Repräsentation Ihres physischen Körpers mit seinen unzähligen Organen und Systemen. Errichten Sie im Geiste auf der entsprechenden Oberfläche der Pyramide eine Reihe geometrischer Figuren, Kreise, Quadrate, Dreiecke, Rechtecke usw. Ordnen Sie dieser Seite der Pyramide die Farbe Hellgrün zu, wobei jede geometrische Figur einen anderen Grünton vor blaßgrünem Hintergrund erhält. Stellen Sie sich vor, wie die einzelnen Figuren sich langsam ineinander verschieben und, während sie ihre jeweilige Gestalt beibehalten, ein helles, kaleidoskopartiges Muster von zusammenhängender grüner Energie bilden. Achten Sie auf das Gefühl körperlicher Ausgeglichenheit und Entspannung, das bei der Übung entsteht.

Schritt 5: Die Seele. Denken Sie sich die rechte Seite der Pyramide als Repräsentation ihres spirituellen Wesens. Stellen Sie sich auf der entsprechenden Oberfläche der Pyramide viele Säulen vor, jede in einer anderen Blautönung, die vor einem blaßblauen Hintergrund wie Suchlichter kreuz und quer in alle Richtungen strahlen. Stellen Sie sich vor, daß die vielen Säulen Ihre spirituellen Interessen und Ziele repräsentieren. Eine bestimmte Säule kann Ihre Suche nach spirituellem Wissen symbolisieren, eine andere Ihre altruistischen Bemühungen. Wieder andere können Ihre verschiedenen spirituellen Wachstumsbedürfnisse darstellen. Stellen Sie sich vor, wie die Säulen sich miteinander verweben, langsam eine Gitterform bilden und eine vieltönige blaue Spirale aus heller, fließender Energie ergeben. Weil jede spirituelle Komponente zu der nach oben gerichteten Spirale spiritueller Kraft beiträgt, werden Sie ein wunderbares Einströmen von Energie in Ihrem ganzen Körper spüren.

Schritt 6: Die Interaktion. Konzentrieren Sie Ihre ganze Aufmerksamkeit auf die Seite der Pyramide, die Ihnen zugewandt ist. Stellen Sie sich vor, wie reine kosmische Energie aus dem Zentrum der Pyramide gezogen wird und sich auf der vorderen Fläche der Pyramide in einem dynamischen Lichtwirbel zeigt. Visualisieren Sie dann, wie der kosmische Wirbel reiner Energie die vielfältigen Schattierungen des Gelb, Grün und Blau von den anderen Seiten der Pyramide anzieht, sie filtert und mit reiner kosmischer Energie aufhellt, so daß sie auf der Frontseite der Pyramide eine glänzende Farbmischung bilden. Stellen Sie sich schließlich vor, wie der kosmische Wirbel helle, vom Kosmos aufgeladene Energie über die ganze Pyramide verteilt. Spüren Sie, wenn Sie das durch die Pyramide repräsentierte neue Strahlen geistiger, körperlicher und spiritueller Energie erleben, die kraftvolle Erneuerung in Ihrem Geist, Ihrem Körper und in Ihrer Seele. Ihr gesamtes Energiesystem ist jetzt ausgeglichen und in Einklang – geistig, körperlich und spirituell.

Schritt 7: Abschluß. Wenden Sie, um die Übung zu beenden, Ihre Handflächen der Pyramide zu, und spüren Sie ihre pulsierende Energie. Stellen Sie sich bei geschlossenen Augen vor, wie die leuchtende Energie der Pyramide in Ihre Handflächen eintritt und sich über Ihr ganzes Wesen ausbreitet. Lassen Sie zu, daß die Energieaufladung noch einige Zeit fortdauern kann, drehen Sie dann Ihre Hände nach oben, und bilden Sie mit Ihren Unterarmen ein X. Legen Sie Ihre gekreuzten Arme an den Brustkorb und Ihre Handflächen auf Ihren Körper. Achten Sie auf die pulsierende Energie, die von Ihren Handflächen ausstrahlt und Ihr ganzes Wesen mit Energie versorgt und ins Gleichgewicht bringt. Bekräftigen Sie: *Ich bin jetzt ausgeglichen und geistig, körperlich und spirituell in Einklang. Ich fühle mich völlig eins mit dem Kosmos.*

Im Anschluß an die Übung werden die Farben der Aura strahlender, und verfärbte Bereiche verlieren sich allmählich. Bei wiederholter Durchführung der Übung werden leere Räume kleiner und schwinden schließlich ganz.

Der Quarzkristall

Der Quarzkristall ist wie die Pyramide ein Kraftgegenstand für alle Zwecke. Er kann zur Einleitung einer hypnotischen Trance benutzt werden sowie als konkretes Zeichen, um posthypnotische Suggestionen zu aktivieren. Er kann außerdem als konkretes Element in viele der methodisch aufgebauten Kräftigungstechniken eingebaut werden. Es gibt deutliche Hinweise dafür, daß er programmiert werden kann, um die sensitive Entwicklung anzuregen und die Erfolgsaussichten beim Erreichen persönlicher Ziele zu erhöhen, wie Gewichtskontrolle, Angstüberwindung und das Ablegen schlechter Angewohnheiten. Unsere Untersuchungen ergaben, daß ein Kristall, wenn er bei Universitäten in Prüfungssituationen dabei war, Studenten motivieren und ihre Prüfungsleistungen verbessern konnte. In sportliche Trainingsprogramme integriert, kann der Quarzkristall sowohl sportliche Einzelleistungen als auch Mannschaftsleistungen verbessern. Der Quarzkristall ist bei der Feinabstimmung der Bewegungskoordination, die bei manchen komplexen Sportarten erforderlich ist, besonders erfolgreich. Einen Quarzkristall einfach als Anhänger zu tragen ist oft ausreichend, um eine Höchstleistung anzuregen.

Gelegentlich kommt ein Kristall ganz zufällig in unser Leben, als ob er eine bestimmte machtverleihende Mission zu erfüllen hätte. Vor einigen Jahren tauchte unerklärlicherweise ein Quarzkristall von ungewöhnlicher Klarheit und einzigartiger Formgebung auf meinem Schreibtisch in der *Athens State University* auf, wo ich

Psychologie unterrichtete und ein parapsychologisches Forschungsprogramm leitete. Der Kristall erschien zu einem Zeitpunkt, als
zentrale Fördermittel fast völlig erschöpft waren. Der Fortbestand
der parapsychologischen Forschung war in Frage gestellt, und mehrere laufende Forschungsprojekte, wie eine wichtige Untersuchung
über veränderte Bewußtseinszustände, waren in Gefahr, weil keine
neuen Geldquellen in Sicht waren. Fast unmittelbar nach dem Auftauchen des Kristalls wurde eine größere Untersuchung über Rückführungen in frühere Leben von der Stiftung für Parapsychologie in
New York (*Parapsychology Foundation of New York*) gefördert.
Kurz darauf wurden weitere parapsychologische Lehrveranstal-
tungen in den Lehrplan aufgenommen, und es wurde eine Stif-
tungskampagne »Eine Million Dollar für Parapsychologische
Forschung« initiiert. Der Kristall blieb an seinem Platz, bis das
parapsychologische Unterrichts- und Forschungsprogramm fest am
College etabliert war, woraufhin er auf genauso rätselhafte Weise
verschwand, wie er gekommen war. Ein derart unvorhersehbares
Erscheinen legt nahe, daß ein Kristall mehr ist als nur ein schöner
Gegenstand, nämlich möglicherweise ein Mittel der Kraft.

Daß ein Kristall wie viele andere sensitive Gegenstände Kraft
verleihen kann, könnte entweder auf eine dem Gegenstand innewohnende Kraft selbst oder auf die Assoziationen zurückzuführen
sein, die wir mit ihm verbinden. Unsere Untersuchungen ergaben,
daß wir beide Faktoren ansprechen müssen, um die Kraft des Kristalls maximal zu nutzen. Es gibt Hinweise, daß ein Kristall ebenso
wie eine Pyramide allein schon durch seine körperliche Anwesenheit
Macht verleiht. Wenn wir jedoch aktiv mit dem Kristall in Beziehung treten, vergrößern wir seinen Einfluß, weil wir verborgene
Kräfte in uns anregen. Deshalb ist es nicht überraschend, daß die
zwei wesentlichen Bestandteile aller Kristall-Kräftigungstechniken
folgende sind: 1. das dem Kristall innewohnende Kräftigungspotential anzuerkennen und 2. gezielt mit dem Kristall als Kraftgegenstand zu interagieren.

Bei unseren ersten Experimenten mit einem Kristall fanden wir
heraus, daß schon der körperliche Kontakt mit dem Kristall, z. B.
wenn man ihn in der Hand hält, einen beruhigenden Effekt auf
einige physiologische Funktionen ausübte, wie Blutdruck oder
Schweißdrüsenaktivität. Bei geeigneter Schulung und der Einführung strukturierter Methoden erhöhten sich die beruhigenden Wirkungen des Kristalls auf den Körper deutlich. Ausgehend von diesen

Ergebnissen, entwickelten wir mehrere Streßbewältigungstechniken mit Hilfe des Kristalls, darunter Methoden zur Überwindung von Lampenfieber, Verhinderung von Panikattacken, Steigerung der Konzentrationsfähigkeit und Aufbau von Selbstvertrauen. Unsere späteren Untersuchungen richteten sich vor allem auf Techniken, die den Kristall dahingehend programmiert haben, persönliches Wachstum und Erfolg zu ermöglichen. Aus diesen Untersuchungen gingen einige im Labor getestete Methoden zur Förderung der Karriere, der körperlichen Fitneß und der Weiterbildung hervor.

Unsere jüngsten Forschungen in Zusammenhang mit dem Kristall richteten sich auf seine Bedeutung für die menschliche Aura. Unsere Untersuchungen zeigten durchgängig eine starke Sensitivität der Aura für einen Kristall. Weitere Untersuchungen ergaben nicht nur eine hohe Empfindsamkeit des Kristalls für die Aura, sondern auch für einige andere entscheidende Faktoren, die wir schließlich jeweils in Methoden zum Einsatz dieses Gegenstandes integrierten.

Die Wirksamkeit des Kristalls als Objekt zur Kräftigung der Aura hängt zum einen von der Wahl eines geeigneten Kristalls und zum anderen vom wirksamen Einsatz zum Erreichen unserer Kräftigungsziele ab. Die drei Haupttechniken – »Kristallscan«, »Kristallprogrammierung« und »Farbübertragung« – sind dazu gedacht, die Wirksamkeit eines Kristalls als Objekt zur Kräftigung der Aura aufs höchste zu steigern. Mit Hilfe des Kristallscans wird ein Kristall ausgewählt, die Kristallprogrammierung richtet das Objekt auf ein Ziel aus, und der Farbtransfer wird benutzt, um der Aura nach der Kristallprogrammierung Farbe hinzuzufügen.

Kristallscan

Jeder Kristall ist wie jedes menschliche Wesen eine einzigartige Schöpfung mit ihren individuellen Merkmalen. Kristalle variieren in ihrer Struktur sowie in der Qualität und Intensität ihrer Schwingungen. Sie unterscheiden sich auch in der Art ihrer kraftverleihenden Interaktionen mit dem menschlichen Energiesystem. Ein Kristall, der bei einem Menschen eine starke kräftigende Reaktion hervorruft, ist für ihn der ideale. Weil sich die Bedürfnisse jedoch voneinander unterscheiden, gibt es nicht den einen Kristall, der sich für alle unsere Kräftigungsziele gleichermaßen eignet. Der eine Kristall mag für unsere Gesundheit und Fitneß ideal sein, während ein anderer mit ganz anderen Merkmalen eher unsere beruflichen Ziele fördern kann.

Als allgemeine Regel gilt, daß Kristalle, die als Geschenke zu uns kommen, gewöhnlich vielen Zwecken dienen und uns besonders viel Kraft schenken. Aber die meisten von uns, die beschlossen haben, einen Kristall zur Kräftigung einzusetzen, müssen aus einem Angebot gezielt einen geeigneten Kristall aussuchen. Ein derartiges Auswählen ist normalerweise ein wechselseitiger Prozeß. Derjenige Kristall, der unsere Aufmerksamkeit fesselt oder uns zu »rufen« scheint, ist für gewöhnlich der ideale für den Augenblick. Ein klarer Kristall scheint für die meisten Zwecke, die wir mit der Stärkung verfolgen, am besten geeignet zu sein.

Der Kristallscan ist eine Auswahlmethode für Kristalle, die nicht nur die Qualität unserer allgemeinen Interaktion mit dem Kristall berücksichtigt, sondern auch das Ziel, das wir durch die Kräftigung erreichen wollen. Gehen Sie folgendermaßen vor, um aus einem größeren Sortiment einen geeigneten Kristall auszuwählen.

Schritt 1: Zielformulierung. Legen Sie Ihr Ziel definitiv fest, und verbinden Sie es mit dem Kristall als Kraftgegenstand. Beispiel: *Mein Ziel ist es, durch Interaktion mit dem Kristall als Kraftgegenstand mein Aurasystem in Einklang zu bringen.*

Schritt 2: Abtasten mit den Augen. Behalten Sie Ihr Ziel vor Ihrem inneren Auge, und tasten Sie mit den Augen das Sortiment von Kristallen von links nach rechts ab. Das ist die Richtung, die es leichter zu machen scheint, die kraftverleihenden Merkmale des Kristalls wahrnehmen zu können. Dann tasten Sie das Sortiment von rechts nach links ab. Schenken Sie Kristallen, die Ihnen vertraut erscheinen oder Ihre Aufmerksamkeit auf sich ziehen, besondere Beachtung.

Schritt 3: Abtasten mit Hilfe sinnlicher Wahrnehmung. Halten Sie eine Hand mit der Handfläche nach unten wenige Zentimeter über die Kristalle, und tasten Sie das Sortiment langsam von links nach rechts, dann von rechts nach links ab. Denken Sie an Ihre Kräftigungsziele, und spüren Sie die unterschiedlichen Energiefrequenzen, die von den Kristallen ausgehen, sowie Ihre Interaktionen mit ihnen. Setzen Sie das sinnliche Abtasten fort, bis ein

bestimmter Kristall aus der Kollektion sich als für Ihr erklärtes
Ziel geeignet hervortut.

Schritt 4: Festhalten des Kristalls. Nachdem Sie die Empfänglichkeit eines bestimmten Kristalls gespürt haben, nehmen Sie ihn in
Ihre Hand und achten auf seine positiven Energien als Bestätigung seiner Eignung für Ihre Zwecke.

Kristallprogrammierung

Ein Kristall ist mehr als ein Werkzeug; er ist ein komplexer
Mechanismus mit interaktiven Fähigkeiten und der Möglichkeit,
programmiert zu werden. Wenn er unversehens zu uns kommt, ist er
wahrscheinlich entweder allgemein oder auf ein bestimmtes Ziel hin
vorprogrammiert. Es reicht im allgemeinen aus, einen Kristall nur
zu berühren, um die Harmonie seiner Schwingungen zu spüren, die
aus seiner positiven Vorprogrammierung herrühren.

Nachdem der Kristall aus einem Sortiment ausgewählt worden
ist, muß man ihn normalerweise entladen, um mögliche Reste einer
vorhergehenden Programmierung oder eine Energiekonzentration
an seiner Oberfläche zu entfernen. Dieses Deprogrammieren bzw.
Entfernen wird manchmal »Reinigen« genannt, ein falscher Begriff,
da der Kristall nicht »schmutzig« ist, sondern nur ein mögliches
Depot von fremden Schwingungen oder unwichtigen Energien darstellt. Eine Programmentladung ist deshalb wichtig, weil dadurch
sichergestellt wird, daß der Kristall auf unsere Programmierungsbe-
mühungen optimal vorbereitet ist.

Es gibt verschiedene Methoden, um einen Kristall zu deprogrammieren oder zu klären, von denen einige recht faszinierend sind:
Man kann einen Kristall z. B. in feuchtem Sand eingraben, ihn in
Salz- oder Regenwasser legen, ihn einige Tage lang den Elementen
oder eine Nacht lang dem Licht des Vollmonds aussetzen oder ihn in
ein Vakuum legen. Zwar können diese phantasievollen Rituale
recht wirkungsvoll sein, der Schlüssel zur Deprogrammierung des
Kristalls liegt jedoch nicht in dem Ritual, sondern in unserer Beziehung zum Kristall während des Deprogrammierungsprozesses.
Deshalb überrascht es nicht, daß zu den wirkungsvollsten Depro-
grammierungen ein gewisser Grad an körperlichem und geistigem
Kontakt mit dem Kristall während des Prozesses gehört. Einfach

kaltes Wasser über den Kristall laufen zu lassen und ihn dabei festzuhalten, ihn sanft zu streicheln und Ihre Verbundenheit mit ihm zum Ausdruck zu bringen ist eine hervorragende Deprogrammierungs- oder Klärungsstrategie.

Die Programmierung eines Kristalls beginnt in dem Moment, wo wir einen aufnahmebereiten Kristall aussuchen, und setzt sich fort, wenn wir ihn deprogrammieren. Zu dem gesamten Programmierungsprozeß für ein bestimmtes Ziel gehören jedoch eine schrittweise, wechselseitige Interaktion sowie die sorgfältige Eingabe der geeigneten Komponenten. Als allgemeine Regel gilt, daß ein klarer Kristall für eine Programmierung empfänglicher ist als ein farbiger. Wir empfehlen nach einer hinreichenden Deprogrammierung des Kristalls das folgende Verfahren für die Programmierung.

Schritt 1: Vorbereitungen für das Programmieren. Halten Sie den deprogrammierten Kristall locker in Ihrer Hand, und betrachten Sie ihn als Ihren Kräftigungspartner und nicht nur als einen inaktiven, konkreten Gegenstand. Beobachten Sie seine körperlichen Eigenschaften, besonders seine charakteristischen inneren Merkmale. Schließen Sie kurz Ihre Augen, und machen Sie sich ein detailliertes mentales Bild von dem Kristall.

Schritt 2: Die Programmierung. Streichen Sie sanft über den Kristall, und fühlen Sie seine Energien. Achten Sie auf die positiven Wechselwirkungen Ihrer Energien mit dem Kristall. Stellen Sie sich vor, wie die Energien aus dem innersten Teil des Kristalls sich mit den Energien verbinden, die aus dem innersten Teil Ihres Wesens hervorgehen.

Schritt 3: Programmierungsgespräch. Artikulieren Sie das Ziel Ihrer Kräftigung, indem Sie den Kristall direkt ansprechen und bekräftigen: *Zusammen werden wir* (nennen Sie das Ziel) *erreichen*. Halten Sie den Kristall weiter fest, und spüren Sie seine Empfänglichkeit für das von Ihnen erklärte Ziel.

Schritt 4: Abschließende Affirmation. Indem wir den Kristall programmieren, bestätigen wir nochmals unsere Kräftigungsziele und verpflichten uns darüber hinaus, sie zu erreichen. Beenden Sie den Programmierungsvorgang mit der einfachen Affirmation: *Ich bin gestärkt.*

Wie bereits erwähnt, ist die Programmierung eines Kristalls ein wechselseitiger Vorgang. Wenn Sie einen Kristall als Partner programmieren, der Ihnen Kraft verleiht, programmieren Sie zugleich auch sich selbst für den Erfolg. Die Kraft des Kristalls ist immer auch eine Folge unserer Interaktion mit ihm. Der programmierte Kristall, ob am Körper getragen oder zum Anschauen aufgestellt, ist ein interaktiver Partner bei unseren wechselseitigen Bemühungen.

Was auch immer unsere Ziele sind, im Aurasystem werden gewisse Wirkungen der Kristallprogrammierung für gewöhnlich sofort sichtbar. Drei entscheidende Veränderungen, die auf einen bedeutenden Energetisierungseffekt hinweisen, treten fast immer auf: 1. die inneren Bereiche der Aura werden zunehmend glänzender, 2. die äußeren Bereiche der Aura dehnen sich aus und 3. es treten feine Veränderungen in der Färbung auf.

Die unmittelbaren Folgen der Kristallprogrammierung für die Aura sind die Vorbereitungen für die nachfolgenden wechselseitigen Aktionen mit dem Kristall sowie die zusätzlichen Veränderungen in der Aura in Zusammenhang mit dem erklärten Kräftigungsziel. Außer den sofortigen Wirkungen werden als Folge der anfänglichen Programmierung bestimmte Veränderungen im Hinblick auf Ihre Ziele auftreten, so daß keine weiteren Anstrengungen nötig sind. Um aber die Kraft der Kristallprogrammierung maximal auszunutzen, müssen wir ergänzende Methoden einsetzen und zusätzliche Eingriffe vornehmen, die sich gezielt auf unsere Zwecke richten.

Wie wir bereits wissen, ist Farbe in der Aura eine Manifestation von Energie, wobei jede Farbvariation eine besondere energetische Funktion bezeichnet. Wie zu erwarten, stehen die spontanen Farbveränderungen, die aus der Kristallprogrammierung resultieren, normalerweise mit den Kräftigungszielen in Zusammenhang. Sie stellen eher eine Stärkung oder einen Zusatz dar, als daß es zu drastischen Veränderungen in der Aura käme. Sie wirken Schwächen entgegen, beheben Funktionsstörungen und füllen die Energiereserven der Aura wieder auf. Wir haben festgestellt, daß die Ziele der Kräftigung fast immer erreicht waren, wenn die Veränderungen in der Farbgebung beendet waren.

In Experimenten haben wir festgestellt, daß die spontanen Veränderungen in der Aurafärbung, die auf die Kristallprogrammierung zurückzuführen waren, mit unseren vorhergehenden Beobachtungen übereinstimmten, wonach die Aurafarben bestimmten Persönlichkeitsmerkmalen entsprechen. So überrascht es nicht, daß eine

Programmierung mit Bezug auf gesundheitliche Ziele der Aura normalerweise grüne Farbe hinzufügte. Gesellschafts- und karrierebezogenes Programmieren führte dagegen für gewöhnlich einen leuchtendgelben Farbton in die Aura ein. Programmieren, das auf Verjüngung abzielte, erzeugte fast immer eine neue Schicht Pink in der inneren Auraregion, während eine Programmierung, die die Aura ausgleichen und in Einklang bringen sollte, im allgemeinen Verfärbungen beseitigte und eine blau schillernde Farbschicht in die mittlere Auraregion einführte.

Sollte eine Programmierung das Aurasystem schützen, dann entstand oft ein dünner, aber kraftvoller Schild aus schimmerndem Weiß, der die ganze Aura umgab. Der Schild schützt das Energiesystem vor jeglichem Eindringen negativer Kräfte, die die Aura schädigen oder ihren Energievorrat ausbeuten könnten. Obwohl der Schild für Bedrohungen von außen undurchlässig ist, behindert er nicht unsere Fähigkeit, mit anderen Energiequellen, wie z. B. anderen Aurasystemen, zu interagieren.

Die Langzeitwirkungen der Kristallprogrammierung auf die Aura hängen von den Zielen der Programmierung ab. Bei Kurzzeitzielen kann die Programmierung zu sehr guten Erfolgen führen, die aber nur von kurzer Dauer sind. Zum Beispiel kann eine wichtige berufliche Aufgabe oder eine Krisensituation zeitweilig ein großes Maß spezieller Energie erfordern. Wenn die Aufgabe erledigt oder die Krisensituation gemeistert ist, kehrt die Energie der Aura zum normalen Niveau zurück. Dagegen können Langzeitziele, die persönliches Wachstum und Engagement beinhalten, dauerhafte Veränderungen in der Struktur und den Merkmalen der Aura erfordern.

Farbübertragung

Bei der Farbübertragung handelt es sich um eine weitere Methode, die die Wirkung der Kristallprogrammierung aufs höchste steigern soll, indem der programmierte Kristall benutzt wird, um die Aura mit zusätzlicher Energie, die mit dem Kräftigungsziel in Verbindung steht, zu bereichern. Das Verfahren wurde von uns im Anschluß an unsere Beobachtungen spontaner Veränderungen in der Farbausstattung der Aura, die aus der Kristallprogrammierung resultierten, entwickelt. Die Farbübertragung beruht auf der Annahme, daß von dem programmierten Kristall verschiedene Energieformen mit jeweils unterschiedlicher Farbe auf die Aura übertragbar sind. Die Methode wird erst dann eingesetzt, wenn die spontanen Farbveränderungen, die von der Kristallprogrammierung stammen, in der Aura deutlich sichtbar sind. Die Farbe, die durch diese Technik hinzukommt, stimmt immer mit den Farbveränderungen überein, die bereits in der sichtbaren Aura einsetzen. Für diese Methode ist es erforderlich, daß wir die Aura sehen. Mit Hilfe der Vorstellungskraft visualisieren wir dann, wie die Farbe aus dem Kristall als eine Manifestation spezieller Energie austritt, bereit für eine Übertragung in das Aurasystem.

Schritt 1: Aurawahrnehmung. Betrachten Sie Ihre Aura mit Hilfe der »Methode der sensitiven Selbstwahrnehmung«, wie in Kapitel 3 beschrieben. Richten Sie Ihre Aufmerksamkeit auf die Stellen in Ihrer Aura, die nach der Kristallprogrammierung noch auffällig sind, wie z. B. eine Lücke, die noch nicht geschlossen ist, oder eine neue Farbschicht, die noch nicht vollständig ist.

Schritt 2: Zielbekräftigung. Nehmen Sie den programmierten Kristall in Ihre Hand, denken Sie an Ihr Kräftigungsziel, und bekräftigen Sie Ihren Willen, es zu erreichen.

Schritt 3: Energiewahrnehmung. Spüren Sie die Energie, die von dem Kristall ausgeht. Visualisieren Sie die Farbmanifestation der Energie, und spüren Sie, wie Ihr eigenes Energiesystem mit ihr in Kontakt tritt.

Schritt 4: Energieübertragung. Stellen Sie sich Ihre Aura vor, und denken Sie sich die Bereiche, die einer Veränderung unterzogen werden, als »Baustellen«. Visualisieren Sie kraftvolle Energie, die vom Kristall zu Ihrer Aura gelenkt wird. Richten Sie einen ständigen Energiestrom zwischen dem Kristall und den »Baustellen« in Ihrer Aura ein.

Schritt 5: Nochmalige Bekräftigung des Ziels. Verbinden Sie den Energiefluß zwischen dem Kristall und Ihrer Aura mit Ihrem festgesetzten Ziel. Bekräftigen Sie noch einmal Ihr Ziel und Ihre Kraft, es zu erreichen.

Schritt 6: Kraftverstärkung. Verstärken Sie den Energieaustausch, indem Sie immer wieder über den Kristall streichen und dabei das Band, das Sie mit ihm verbindet, visualisieren. Spüren Sie den anhaltenden Energiefluß zwischen dem Kristall und Ihrem Energiesystem.

Es ist von ausschlaggebender Bedeutung, daß die Farbübertragung nur mit einem angemessen programmierten Kristall durchgeführt wird.

Edelsteine

Als Objekte von ausgefallener Schönheit und großem Wert haben Edelsteine in vielen Kulturen eine kräftigende Bedeutung. Sie werden oft mit den zartesten Ausdrücken menschlicher Gefühle in Verbindung gebracht, wie Liebe, Treue, Ehre und Verherrlichung. Ironischerweise können Edelsteine auch die Schattenseiten menschlichen Verhaltens hervorrufen – Neid, Gier und Ausbeutung. In der Geschichte seltener und berühmter Edelsteine lassen sich oft Unglücke und tragische Tode finden. Trotz seines materiellen Werts oder seiner Herkunft bleibt ein Edelstein jedoch nur ein konkreter Gegenstand. Nach dem Konzept der Stärkung des sensitiven Potentials können Edelsteine nur dann Macht verleihen, wenn sie den Wachstumsprozeß erleichtern.

Anders als bei einem Quarzkristall ist das Energiemuster von Edelsteinen oder Halbedelsteinen ziemlich, um nicht zu sagen völlig, festgelegt und folglich für eine Programmierung nicht aufnahmebereit. Trotzdem scheinen viele Edelsteine ein bedeutendes Kräftigungspotential zu besitzen. Einige scheinen z. B. dadurch eine innewohnende Fähigkeit zur Kräftigung zu haben, daß sie spontan mit der menschlichen Aura in Kontakt treten. Andere Edelsteine dagegen erfordern systematisches Vorgehen, wenn man sich ihren stärkenden Fähigkeiten nähern bzw. sie aktivieren möchte. Wieder andere verleihen uns vor allem aufgrund ihrer psychologischen Bedeutung Macht, wozu auch die Auswirkungen der Assoziationen gehören, die wir mit ihnen verbinden. Wie auch immer der Edelstein beschaffen ist, unsere Erwartungshaltung ihm gegenüber ist eine entscheidende Kraft, die sein Kräftigungspotential beeinflußt. Dieser Einfluß kann dazu führen, daß der Edelstein uns, unabhängig von seinen natürlichen Eigenschaften, in bedeutendem Maße Kraft verleiht. Als allgemeine Regel gilt, daß die machtverleihenden Wirkungen des Edelsteins dann am größten sind, wenn er körperlich anwesend ist oder getragen wird.

Smaragd

Als ein Kraftgegenstand wird der Smaragd vor allem wegen seiner verjüngenden Eigenschaften anerkannt. Es mag unwahrscheinlich erscheinen, daß ein einfacher Edelstein die komplexen geistigen und körperlichen Dynamiken des Alterns beeinflussen könnte. Dennoch scheint der Smaragd allein durch seine Anwesenheit genau das zu erreichen. Bei einer Untersuchung Hundertjähriger zeigte sich, daß der Smaragd mit Abstand ihr Lieblingsstein war. Obwohl sie ihre Langlebigkeit selten nur dem Edelstein zuschrieben, berichteten die Hundertjährigen oft, daß lange positive Verbindungen zu ihm bestünden, besonders als Schmuckstück. Unter den vielen Rücksendern unseres Fragebogens war die Eigentümerin einer Einzelhandelskette, die im Alter von 103 Jahren erzählte, daß sie sich nicht »vollständig angezogen« fühlte, wenn sie nicht ihre Smaragdbrosche als Markenzeichen trug. Ähnlich verhält es sich mit einem Firmeninhaber, der sowohl seine ausgezeichnete Gesundheit als auch seinen beruflichen Erfolg auf eine Krawattennadel mit einem Smaragd zurückführte, die er in jungen Jahren von seinem Vater geschenkt bekommen hatte. Im Alter von 101 Jahren trägt er den Smaragd weiterhin täglich und behauptet, daß er ihm immer Glück bringt.

Auf der Grundlage einer umfassenden Analyse der zahlreichen Berichte über die besonderen verjüngenden Eigenschaften eines Smaragds entwickelten wir die Smaragd-Verjüngungstechnik – eine Methode zum Umgang mit dem Altern, die die verjüngenden Eigenschaften des Smaragds mit der Kraft in uns selbst verbinden soll, um dadurch den normalen Alterungsprozeß zu beeinflussen. Aurabetrachtungen vor und nach der Behandlung offenbaren bedeutende Veränderungen sowohl im Glanz als auch in der Farbgebung. Normalerweise wird die innere Auraregion durch schillernde smaragdgrüne Energie aufgehellt.

Die Methode berücksichtigt drei Möglichkeiten für den Umgang mit dem Altern: 1. der Smaragd für sich ist als Kraftgegenstand in der Lage, das Altern direkt zu beeinflussen; 2. wir besitzen in uns selbst die Kraft, den Alterungsprozeß zu verlangsamen, aufzuhalten oder sogar rückgängig zu machen, und 3. indem wir mit dem Smaragd in Kontakt treten, können wir diese beiden Kraftquellen aktivieren, wobei unerschöpfliche Verjüngungsenergie mit dem Potential, das Altern aufzuhalten und sogar umzukehren, freigesetzt wird.

Schritt 1: Die Verjüngungs-Berührung. Berühren Sie den Smaragd, und spüren Sie seine Energien. Lassen Sie Ihre Energiefrequenzen mit denen des Smaragds interagieren. Achten Sie auf die Art der Schwingungen des Smaragds und Ihren geistigen und körperlichen Kontakt mit ihnen.

Schritt 2: Energieverteilung. Schließen Sie die Augen, halten Sie den Smaragd, und fühlen Sie, wie seine Energie Ihren physischen Körper durchtränkt. Absorbieren Sie langsam die Energie des Smaragds in die tieferen Regionen Ihres Körpers.

Schritt 3: Imagination zur Verjüngung. Halten Sie weiterhin den Smaragd, und stellen Sie sich vor, wie Sie selbst in Ihrer frühen Jugend vielleicht unbekleidet vor einem körpergroßen Spiegel stehen. Spüren Sie, wie die Energie des Smaragds Ihren Körper mit einem jugendlichen Leuchten umgibt und dabei sanft alle körperlichen Anzeichen des Alterns beseitigt werden.

Schritt 4: Abschließende Affirmation. Beenden Sie die Übung, indem Sie folgende Affirmation aussprechen: *Ich bin von gesunder, verjüngender Energie durchströmt. Allein indem ich den Smaragd berühre, kann ich seine Verjüngungskraft jederzeit aktivieren.*

Diese Technik wird nicht nur wegen ihrer verjüngenden, sondern auch wegen ihrer gesundheitsfördernden Wirkungen geschätzt. Wir können die unmittelbaren Folgen der Behandlung einschätzen, indem wir die Aura mit Hilfe einer der Aurabetrachtungsmethoden für die Hand vor und nach der Übung anschauen. Häufiger körperlicher Kontakt mit dem Smaragd stellt sicher, daß uns ununterbrochen verjüngende Energie zufließt.

Amethyst

Der Amethyst ist für seine guten Eigenschaften in Hinblick auf die geistige und körperliche Gesundheit bekannt. Er scheint das Aurasystem zu harmonisieren und eine gesunde Beziehung zwischen Geist und Körper zu fördern. Er hat die Tendenz, der Aura pink- oder rosafarbene Farbtöne hinzuzufügen, besonders im Bereich des Kopfes, der Schultern und der Brust. Seine Energien können gezielt zu bestimmten Aurabereichen geschickt werden, je nachdem, welche körperlichen oder geistigen Gesundheitsprobleme wir haben. Verfärbungen in der Aura, die mit körperlichem und geistigem Streß zusammenhängen, können durch stabilisierende Maßnahmen, bei denen ein Amethyst zum Einsatz kommt, reduziert werden.

Der Amethyst wird nicht nur mit Wohltaten für die Gesundheit assoziiert, sondern auch mit sensitivem Wachstum und geistigem Wissen. Als Objekt, das die medialen Fähigkeiten stärkt, hat sich der Amethyst als sehr erfolgreich erwiesen, wenn er in Programme integriert war, die dazu dienten, verschiedene sensitive Fähigkeiten zu entwickeln. Bei unseren Experimenten zeigte sich der Amethyst besonders erfolgreich bei der Anregung der PK (Psychokinese). Anspruchsvollere Gesundheits- und Fitneßprogramme erkennen die psychokinetischen Kräfte des Geistes an, biologische Funktionen zu beeinflussen. Die ungewöhnliche Wirksamkeit des Amethysts zur Steigerung der Gesundheit und des Wohlbefindens mag zu einem großen Teil darauf zurückzuführen sein, daß er die psychokinetischen Fähigkeiten des Geistes aktiviert, die biologischen Funktionen gesund zu erhalten.

Die Amethyst-Technik, die wir auf der Grundlage von Experimenten entwickelt haben und die in unserem Gesundheits- und Fitneßprogramm zum Einsatz kommt, basiert auf drei Voraussetzungen: 1. Ein großer innerer Bereich unseres Gesundheits- und Fitneßpotentials wartet darauf, von uns entdeckt zu werden; 2. der Geist besitzt die höchste Macht über den Körper und ist in der Lage, unerschöpfliche Energie für Gesundheit und Fitneß freizusetzen, und 3. der Amethyst kann als Kraftgegenstand wirksam mit unserem gesamten Energiesystem in Kontakt treten, um unsere verborgenen inneren Ressourcen zu aktivieren. Die Auswirkungen des Edelsteins auf die Aura halten wegen ihrer Fähigkeit, die grundlegende Struktur der Aura zu kräftigen, im allgemeinen lange Zeit an.

Schritt 1: Durch Berühren in Kontakt treten. Halten Sie den Amethyst in einer Hand, und richten Sie Ihre ganze Aufmerksamkeit auf seine verschiedenen Charakteristika, wie Farbe, Gewicht und Temperatur. Spüren Sie die Schwingungen seiner Energie und seine Wechselwirkungen mit Ihrem Aurasystem. Legen Sie den Amethyst in Ihre andere Hand, und achten Sie wieder auf Ihre Interaktionen mit ihm.

Schritt 2: Energieaustausch bei gefalteten Händen. Falten Sie Ihre Hände, und halten Sie den Amethyst zwischen Ihren Handflächen. Spüren Sie den Energieaustausch zwischen Ihren Händen und dem Amethyst. Achten Sie auf das Gefühl der Erneuerung, wenn unerschöpfliche Energie sich in Ihrem ganzen physischen Körper ausbreitet.

Schritt 3: Kräftigung des Solarplexus. Richten Sie Ihre Aufmerksamkeit auf den Energiekern in Ihrem Solarplexus, der jetzt mit neuer Kraft pulsiert und glänzende neue Energie und Vitalität in Ihrer Aura verteilt.

Schritt 4: Energieausgleich. Stellen Sie sich vor, wie der Amethyst in Ihren Händen Sie geistig, körperlich und spirituell ausgleicht. Nehmen Sie wahr, wie alle negativen Einflüsse und jegliche Verfärbung aus Ihrem Aurasystem verschwinden. Konzentrieren Sie sich speziell auf funktionsgestörte Bereiche, und baden Sie sie in heilender Energie.

Schritt 5: Abschließende Affirmation. Beenden Sie die Übung, indem Sie affirmieren: *Alle Systeme meines Wesens sind ausgeglichen und mit allem in Einklang. Ich bin von gesunder Energie durchströmt. Geistig, körperlich und spirituell bin ich völlig gestärkt.*

Wie beim Smaragd können die Wirkungen des Amethysts durch Betrachtungsmethoden für die Handaura überprüft werden, die Sie vor und nach der Übung durchführen. Häufiger Kontakt mit dem Amethyst erhöht seine Energien und verstärkt seine speziellen Wirkungen.

Topas

Die positiven Eigenschaften, die dem Topas zugeschrieben werden, ähneln denen des Amethysts, mit einer Ausnahme – der Topas ist sehr darauf spezialisiert, seine kräftigende Energie auf das Immunsystem des Körpers zu richten. Er führt einen schillernden Glanz in die Aura ein, im allgemeinen in Form einer leuchtenden Hülle, die den Körper im innersten Aurabereich umgibt. Regelmäßiger körperlicher Kontakt mit dem Topas, entweder als Anhänger oder als Ring, erhält die Hülle und ihre Kraft, das Immunsystem des Körpers zu schützen.

Die Kraft des Topas kann durch eine einfache Technik maximiert werden. Dabei werden seine Funktionen visualisiert und seine Fähigkeit bekräftigt, das Immunsystem zu stärken:

Schritt 1: Partnerschaft mit dem Topas. Bauen Sie eine Partnerschaft zu dem Topas auf, indem Sie ihn einige Tage als Anhänger oder Ring tragen. Spüren Sie Ihre zunehmende Verbundenheit mit dem Topas, und geben Sie ihm Ihre Zustimmung, Ihren Körper zu beschützen, indem er eine Abwehr gegen Krankheiten errichtet.

Schritt 2: Berührung des Topas. Halten Sie den Topas zwischen Ihren Händen, und spüren Sie seine Schwingungen. Stellen Sie sich vor, wie der Edelstein leuchtende Energie ausstrahlt und einen glänzenden Schild um Ihren physischen Körper bildet. Betrachten Sie den Edelstein als einen Gesundheits- und Fitneßpartner mit unerschöpflichen schützenden Ressourcen. Sprechen Sie die Affirmation: *Die gesunden Energien, die von diesem Edelstein ausgehen, verleihen mir Kraft.*

Schritt 3: Aurabetrachtung. Sehen Sie mit Hilfe einer der Aurabetrachtungstechniken für die Hände, wie sie oben beschrieben sind, Ihre Aura an, und achten Sie auf den leuchtenden Energieschild um Ihre Hand.

Schritt 4: Bestätigung der Partnerschaft. Bekräftigen Sie noch einmal die Partnerschaft mit dem Topas als einem Gegenstand zur Stärkung Ihres Immunsystems.

Auch wenn der Topas ein wichtiges gesundheitsförderndes Mittel ist, ersetzt er nicht einen gesunden Lebensstil. Eine ausgewogene Ernährung, körperliche Betätigung, Erholung, ein gesundes Sexualverhalten sowie eine positive Lebenseinstellung gehören weiterhin zu den wesentlichen Bestandteilen einer gesunden Lebensführung.

Saphir

Saphire gibt es in allen Farben des Regenbogens, aber die bekannteste Sorte dieses Edelsteins hat blaue Farbtöne. Den Sternsaphir charakterisiert eine Kristallstruktur, die Licht als funkelnde Strahlen reflektiert. Saphire mit dieser Eigenschaft, »Asterismus« genannt, sind dafür bekannt, der Aura eine ätherische Reinheit geben zu können.

Als Mittel zur Kräftigung des sensitiven Potentials wird der Saphir normalerweise mit Liebe, Zuneigung und Mitgefühl in Verbindung gebracht. In unserer Untersuchung von Collegestudenten strebten diejenigen Frauen und Männer, die den Saphir als ihren Lieblingsedelstein oder als denjenigen bezeichneten, den sie am liebsten tragen würden, überwiegend eine Karriere in den sogenannten »helfenden Berufen« an, wie z.B. Lehrer, Psychologe, Sozialarbeiter und Berater. Fast kein Student, der im Hauptfach Natur-, Ingenieur- oder Wirtschaftswissenschaften studierte, gab als seinen Lieblingsedelstein den Saphir an.

Der Saphir wird oft als eine wichtige Verbindung zum Universum betrachtet. Weil der Saphir die Fähigkeit zu kosmischer Resonanz besitzt, glaubt man, daß er die Aura verstärkt und einen Zustand des Einklangs mit dem Kosmos fördert. Unausgeglichene Aurabereiche werden mit dem inneren Selbst und dem Kosmos in Harmonie gebracht. Zu den psychologischen Effekten, die mit diesem Edelstein assoziiert werden, gehören ein Gefühl von Geborgenheit, Selbstvertrauen und ein Zustand erhöhter geistiger Wachsamkeit.

Ein Saphir bringt, wenn er anwesend ist, im allgemeinen einen gewissen Glanz in die Aura, was sich unabhängig von jeglichem Bemühen unsererseits zu ereignen scheint. Wenn der Saphir aber in eine geeignete Methode integriert wird, ruft er in der ganzen Aura einen leuchtenden Glanz hervor, wobei funkelnde blaue Strahlen vom zentralen Energiekern der Aura nach außen auszugehen scheinen.

Die Saphir-Sterntechnik ist entwickelt worden, um die unmittelbaren Funktionen des Saphirs als Kraftgegenstand noch zu steigern. Die Methode berücksichtigt die lange Geschichte des Saphirs als Liebeszauber, richtet sich aber vor allem auf die Bedeutung des Edelsteins für die psychologische Stärkung und die Einstimmung auf den Kosmos.

Schritt 1: Berührung. Halten Sie den Saphir in Ihrer Hand, und achten Sie auf die unterschiedlichen Merkmale des Edelsteins, besonders seine Farbgebung. Streicheln Sie den Edelstein sanft, und spüren Sie seine Energien.

Schritt 2: Physischer Kontakt. Der Edelstein ruht weiterhin in Ihrer Hand. Schließen Sie Ihre Augen, und stellen Sie sich vor, wie er funkelnd-leuchtende Energie ausstrahlt. Spüren Sie Ihre Beziehung zum Edelstein und seinen Energien. Beachten Sie die beruhigende Wirkung des Edelsteins auf Ihren physischen Körper.

Schritt 3: Wechselwirkung mit Ihrer Aura. Spüren Sie, wie der innere Kern Ihrer Aura mit dem Saphir interagiert und kristallblaue Energie erzeugt, die Ihre ganze Aura aufhellt. Stellen Sie sich vor, wie glänzende Strahlen blauer Energie sich bis in die äußersten Bereiche Ihrer Aura ausdehnen.

Schritt 4: Kontakt mit dem Kosmos. Stellen Sie sich vor, wie eine höhere Ebene kosmischer Kraft mit Ihrem glänzenden Kern strahlende Energie in Form kraftvoller Säulen erzeugt, die mit Ihrem Energiesystem in Kontakt treten. Achten Sie auf das wunderbare Gefühl neuer Kraft und neuen Gleichgewichts in Ihrem ganzen Wesen.

Schritt 5: Bekräftigung der Stärkung. Streicheln Sie den Saphir noch einmal, und sagen Sie sich: *Ich bin von neuer Kraft erfüllt und befinde mich im Einklang mit dem Universum.* Vielleicht möchten Sie den Saphir als ständige Erinnerung und Manifestation Ihres Kontakts zur kosmischen Quelle reiner Energie bei sich tragen.

Sie können die Auswirkungen dieser Technik auf Ihre Aura beobachten, indem Sie die Methode zur Betrachtung der Handaura, die wir oben beschrieben haben, durchführen. Beachten Sie besonders, daß Strahlen leuchtendblauer Energie sich bis in die äußeren Aurabereiche erstrecken. Weil die Aura um Ihre Hand für die gesamte Aura recht repräsentativ ist, können Sie mit Hilfe der »Handaura-Betrachtungsmethode« die Auswirkungen der Übung auf ihr gesamtes Aurasystem sofort überprüfen.

Dies sind nur einige Beispiele von Edelsteinen, die als mögliche Kraftgegenstände dienen können. Sie wundern sich vielleicht, daß wir den Diamanten nicht mit bei den kräftigenden Edelsteinen behandelt haben. Im Gegensatz zu anderen Edelsteinen jedoch scheint der Diamant, der die härteste Substanz in der Natur besitzt, nur wenige, wenn nicht sogar überhaupt keine kräftigenden Eigenschaften zu besitzen. Obwohl er in unserer Gesellschaft als Symbol unsterblicher Liebe und ewiger Treue gehandelt wird, zeigten unsere Untersuchungen zu unserer Überraschung, daß dieser kostbare Edelstein tatsächlich oft entkräftend wirkt. Unsere Experimente, bei denen wir mit Hilfe von Biofeedback-Methoden Messungen vorgenommen haben, wiesen darauf hin, daß der Streß zunahm und der Körper geschwächt wurde, wenn ein Diamant in den Versuchsablauf kam. Bei Männern ging die Griffstärke, die mit einem Handkraftmesser (Lafayette Instrument Co.) gemessen wurde, um durchschnittlich fünf Kilogramm und bei Frauen um sieben Kilogramm zurück, wenn sie vor der Messung etwa fünf Minuten lang einen Diamanten in der Hand gehalten hatten. Nach längerem Kontakt mit dem Diamanten fiel die Griffstärke noch weiter ab. Bei einem anderen Labortest wurde mit Hilfe eines Rotometers die Ruhe der Hand gemessen. Es zeigte sich, daß es zunehmend schwieriger war, einen Stift ruhig auf ein sich bewegendes Ziel zu halten, wenn ein Diamant hinzukam.

Einige Profisportler haben zufällig die Tendenz des Diamanten entdeckt, Ihren Energievorrat zu erschöpfen und ihre Leistung zu begrenzen, besonders bei Sportarten, die Ausdauer oder besondere technische Fertigkeiten erfordern. Bei sportlichen Betätigungen von Gymnastik bis zu Autorennen, kann der Diamant entscheidend dazu beitragen, daß die Leistungskurve abfällt. Gleichgewicht, Konzentration und Bewegungskoordination reagieren besonders empfindlich auf den Einfluß eines Diamanten. Die sich summierenden Auswirkungen des Diamanten können im Sport direkt zu Verletzungen bzw. zu Fehleinschätzungen kritischer Situationen führen.

Der Einfluß eines Diamanten ist in der menschlichen Aura sofort
sichtbar. Kennzeichnend für den Diamanten ist, daß sich die Aura
zusammenzieht und der Glanz der Farben allmählich nachläßt. Der
Diamant akzentuiert funktionsgestörte Aurabereiche und erschwert
unsere Bemühungen, selbst dort Einfluß zu nehmen.

Stoffe

Wir sind eine modebewußte Gesellschaft. Magazine, die sich vor
allem den Modetrends widmen, sind äußerst beliebt. Wir lernen
bereits in jungen Jahren Designerkleidung und zeitgenössische
Mode zu schätzen. Wenn sich Modevorstellungen ändern, ändern
wir uns mit ihnen. Modebewußtsein bei der Kleidung steht auf
unserer Werteskala ganz oben.

Kleidung hat aber nicht nur kulturelle Bedeutung, sondern kann
auch wichtige psychologische Bedeutungen haben. Ein neues Kleidungsstück kann uns vorübergehend ein Hochgefühl vermitteln
und unser Selbstwertgefühl steigern. Die wichtigen Ereignisse in
unserem Leben werden durch die Kleidung, die wir bei der Gelegenheit getragen haben und an die wir uns erinnern, noch zusätzlich
hervorgehoben. Unsere Untersuchungen ergaben, daß bei Rückführungen Farbe, Stil und Material der Kleidung zu den ersten Dingen
gehörten, die die Aufmerksamkeit unserer Testpersonen fesselten,
als sie sich in früheren Leben erlebten. Sogar unauffällige Stile und
langweilige Farben entgingen den wachsamen Augen während der
Rückführung nicht. Diese Bilder scheinen als bedeutende Botschaften aus der Vergangenheit weiterzubestehen.

Während die gesellschaftliche und psychologische Bedeutung von
Kleidung allgemein anerkannt ist, wurde dem Einfluß der Kleidung
auf das menschliche Aurasystem bisher nur wenig Aufmerksamkeit
geschenkt. In unseren Untersuchungen haben wir festgestellt, daß
die Aura äußerst empfindsam auf Stoffe und ihre Farben reagiert.
Wie bereits angemerkt, behaupten viele Auraspezialisten, daß es
wegen des Einflusses der Kleidung auf die sichtbare Aura für eine
präzise Aurabetrachtung ideal wäre, wenn die betreffende Person
unbekleidet wäre, was allerdings nicht immer durchführbar ist. Wir
haben allerdings klargestellt, daß der erfahrene Auraseher im allgemeinen in der Lage ist, den Einfluß der Kleidung auf die Aura zu
erkennen und ihn daher während der Betrachtung auszublenden.

Unsere Studien zeigten, daß die Auswirkungen der Kleidung auf die Aura sowohl positiv als auch negativ sein können, abhängig von dem Stoff und unserem Kontakt mit ihm. Obwohl die Empfindlichkeitsgrade auch bei Stoffen von Person zu Person (und von Aura zu Aura) variieren, haben natürliche Fasern und Kombinationen von ihnen, wie Baumwolle, Seide, Wolle und Leinen die Tendenz, der Aura Energie und Glanz zu geben, während Synthetik und Synthetikmischungen die Aura entweder einschnüren oder aufwühlen.

Außer auf Fasern reagieren manche Auren auch sehr empfindlich auf Farben. Die überwiegend orangefarbene Aura gehört zu den farbempfindlichsten, besonders bei warmen Farben und einigen Grüntönen. Die Regenbogen- und die überwiegend hellblauen Auren sind dagegen im allgemeinen nicht farbempfindlich. Topmodels haben fast immer eine Regenbogen- oder vorwiegend hellblaue Aura, die durch Kleidung jeglicher Farbe oder Farbkombinationen ergänzt wird. Als allgemeine Regel gilt, daß Stoffarben, die unsere körperliche Erscheinung vergrößern, auch unsere Aura vergrößern. Blaue, weiße und naturfarbene Gewebe sind für gewöhnlich kompatibel mit Auren jeder Farbe.

Die Auswirkungen von Stoffen reichen sowohl hinsichtlich der Farbe als auch der Beschaffenheit offensichtlich bis zur Schlafbekleidung und Bettwäsche. Bei unseren Schlafstudien zeigte sich, daß Schlafbekleidung und Bettwäsche aus Baumwolle oder Seide entweder in weiß, natur oder blaßblau mit Auren in allen Farben oder Energiefrequenzen vereinbar sind. Dunkle Stoffe, besonders Synthetik und Synthetikmischungen sind bezeichnenderweise dem Schlaf weniger dienlich als Pastelltöne. Schwarze, dunkelbraune und rote Stoffe, ob natürlich oder synthetisch, scheinen in fast allen Fällen einen gesunden Schlaf zu beeinträchtigen.

Weil die Wechselwirkung zwischen Aura und Bekleidung für gewöhnlich sofort Wirkung zeigt, kann man jede Methode zur Betrachtung der Handaura anwenden, um die Folgen eines Kontakts auf das Aurasystem zu überprüfen. Wenn man ein neues Kleidungsstück auswählt, kann man die Interaktion zwischen der Aura und dem Kleidungsstück schnell einschätzen, indem man es über den bloßen Arm hängt und die Handaura betrachtet. Dieser einfache Test ist besonders beim Kauf von Kleidung wichtig. Ein Kleidungsstück ist dann ideal, wenn es die Aura ergänzt, anstatt die Aufmerksamkeit von ihr abzulenken. Sie sollten keine Kleidungsstücke anziehen, die nicht zu Ihrer Aura passen, weil ihre negativen

Wirkungen sich ansammeln und vermehren können, wenn wir die Kleidung tragen. Die meisten haben schon einmal ein nicht zu ihnen passendes Kleidungsstück ausgewählt und, nachdem sie es nur kurze Zeit getragen haben, seine negativen Einflüsse auf das Energiesystem gespürt (und es dann in einen Schrank gehängt, um es nie wieder anzuziehen). Unser Körper kann mit Erschöpfung, Anspannung und sogar Erkrankung reagieren, wenn wir ständig Kleidungsstücke anziehen, die sich nicht mit unserer Aura vertragen.

Unsere Ergebnisse bezüglich der Auswirkungen von Stoffen und Farben auf das menschliche Energiesystem haben wichtige Folgen für die berufliche und häusliche Umgebung. Geschäfts- und Wohnhäuser können so konstruiert sein, daß sie uns guttun und uns Kraft schenken. Als allgemeine Regel gilt, daß große, offene und übersichtliche Lebens- und Arbeitsräume, die die natürliche Umgebung ergänzen und integrieren, die menschliche Aura stärken und zu wohltuenden Wechselwirkungen führen. Die optimale Gebäudestruktur und Ausstattung besteht aus natürlichen Materialien, wobei Holz, Stein, Marmor, Metall, Glas und Naturfasern von Menschen hergestellten Materialien wie Plastik, Synthetik und anderen vorzuziehen sind. Synthetische Teppiche schwächen besonders die Auren, die sehr sensitiv auf Stoffe reagieren.

Wünschelrute

Ohne die Wünschelrute erwähnt zu haben, wäre unsere Untersuchung der Gegenstände, die die Aura kräftigen, unvollständig. In bezug auf die menschliche Aura ist Wünschelrutengehen vor allem eine Meßmethode, die hauptsächlich zu drei Zwecken angewendet wird: 1. Es lassen sich in der Aura Problembereiche ausmachen; 2. mit Hilfe der Wünschelrute lassen sich die äußeren, unsichtbaren Grenzen des Aurasystems feststellen und 3. es läßt sich der Entwicklungsstand der Frequenzmuster der Aura beurteilen. Für diese Anwendungen benötigen wir L-förmige Wünschelruten, in jeder Hand eine, die parallel gehalten werden, wobei das längere Stück (ca. 25 Zentimeter) nach vorne zeigt und sorgfältig am Zeigefinger balanciert wird, um ein Ausschlagen der Wünschelrute ungehindert zuzulassen. Wenn für die kürzeren Stücke Schutzhüllen benutzt werden, sollten sie aus Metall und nicht aus Plastik bestehen, was das Ausschlagen der Wünschelrute beeinträchtigen kann.

Als ein Meß- oder Aufzeichnungsverfahren beruht Wünschelrutengehen auf der Voraussetzung, daß unterschiedliche Energiesysteme jeweils eigene Bereiche und Grenzen haben, auf die unsere
Sonden reagieren. Die menschliche Aura gehört zu den persönlich-
sten dieser Energiesysteme. Unter Zuhilfenahme von Wünschelruten zur Verlängerung ihres eigenen Körpers können erfahrene
Rutengänger die Energie, die einen menschlichen Körper umgibt,
erkennen, aufzeichnen und einschätzen.

Die Wünschelruten-Methode

Wird Rutengehen auf die Aura angewendet, dann geschieht dies
normalerweise in Verbindung mit Aurabetrachtungstechniken.
Weil man annimmt, daß die sichtbare Aura nur eine begrenzte
Repräsentation des gesamten Aurasystems darstellt, kann die Wünschelrute helfen, bestimmte Aspekte ihrer unsichtbaren Merkmale
zu erkennen, wie z. B. ihre weiter entfernt liegenden Grenzen. Auch
wenn die Energien der menschlichen Aura sich gemäß unserer Vorstellung bis in die Unendlichkeit ausdehnen können, besteht das
unmittelbare Aurasystem aus identifizierbaren konzentrischen Bereichen mit deutlichen äußeren Abgrenzungen, von denen mit Hilfe
der Wünschelrute im allgemeinen sieben ausfindig gemacht werden
können.

Es lassen sich mit Hilfe der Wünschelrute jedoch nicht nur die
Grenzen der konzentrischen Aurabereiche aufspüren, sondern auch
die Frequenzmuster jedes Bereichs beurteilen. Diese Anwendung
erfordert im allgemeinen viel Erfahrung durch das Erspüren und
Vergleichen von Aurafrequenzmustern bei vielen Menschen.

Diese Methode dient der Einschätzung und Diagnose der Aura
und bedient sich der Wünschelrute, um die Struktur- und Funktions-
merkmale der Aura zu beurteilen.

Schritt 1: Aurabetrachtung. Lassen Sie Ihre Versuchsperson sich
hinstellen, und betrachten Sie ihre Aura mit Hilfe einer der bereits
beschriebenen Techniken.

Schritt 2: Lokales Abtasten der Aura. Dieser Schritt ist in drei
Abschnitte unterteilt:

I. Frontales Abtasten. Stellen Sie sich vor Ihre Testperson, und halten Sie in jeder Hand eine L-förmige Wünschelrute aus Metall, mit der Sie die Aura, die den physischen Körper unmittelbar umgibt, abtasten. Beginnen Sie am Kopf, und halten Sie jeweils eine Wünschelrute einige Zentimeter neben dem Körper auf beiden Seiten der Testperson. Bewegen Sie sie langsam nach unten, und nehmen Sie alle Problembereiche oder plötzlichen Veränderungen in den Energiefrequenzen wahr, die von Ihren Wünschelruten angezeigt werden. Tasten Sie die Aura ein zweites Mal ab, während Sie sich gegenüberstehen, und achten Sie wieder auf die charakteristischen Energiemerkmale der Aura. Halten Sie Ihre Ergebnisse in dem Formular »Aurakarte und Analysebogen« fest (Abbildung 6, Seite 206).

II. Seitliches Abtasten. Stellen Sie sich seitlich neben die Versuchsperson, und tasten Sie die Aura wieder von oben nach unten ab, wobei Sie die eine Wünschelrute einige Zentimeter vor und die andere entsprechend hinter den Körper der Versuchsperson halten. Beachten Sie wie beim frontalen Abtasten alle Veränderungen der Energiefrequenzen und -muster. Halten Sie Ihre Resultate in dem Formular »Aurakarte und Analysebogen« fest.

III. Vergleich der beiden Scans. Vergleichen Sie die Ergebnisse des frontalen und des seitlichen Abtastens miteinander, wobei Sie den allgemeinen Energiemustern und spezifischen Frequenzmerkmalen besondere Aufmerksamkeit schenken.

Schritt 3: Abtasten der Bereichsgrenzen. Dieser Schritt besteht aus zwei Abschnitten:

I. Abfolge mehrerer Scans. Beginnen Sie im Abstand von sieben bis acht Metern, richten Sie die Wünschelrute auf Ihre Testperson, und bewegen Sie sich langsam vorwärts, bis die Wünschelruten sich voneinander wegbewegen, ein Zeichen dafür, daß sie sich dem Rand eines äußeren Energiebereichs genähert haben. Markieren Sie die Grenze mit einem Klebestreifen oder einem Kreidestrich auf dem Fußboden. Stellen Sie sich jetzt in den markierten Umkreis, lassen Sie die Wünschelrute wieder auf Ihre Testperson zeigen, und bewegen Sie sich langsam vorwärts, bis sich die Wünschelruten wieder voneinander trennen, was bedeutet, daß Sie den zweiten Rand des Energiesystems erreicht haben. Kennzeichnen Sie wie oben die Grenze mit Klebestreifen oder Kreide. Wiederholen Sie das Abtasten der Bereichsgrenzen, bis Sie den innersten Rand erreicht haben, der sich etwa 25 bis 40 Zentimeter von Ihrer Versuchsperson entfernt befinden sollte.

II. Wiederholung der Scans. Wiederholen Sie den letzten Schritt der Übung, um die Ränder, die Sie beim ersten Mal ausgemacht haben, zu bestätigen. Sie werden wahrscheinlich kleine Diskrepanzen zwischen den beiden Durchgängen feststellen, was vor allem auf die unbeständige Beschaffenheit des Aurasystems zurückzuführen ist. Sollten die Abweichungen jedoch sehr groß sein, dann führen Sie weitere Durchgänge durch, bis Sie eine nachvollziehbare Übereinstimmung erzielen.

Schritt 4: Analyse. Messen Sie den Abstand jedes Randes zu Ihrer Testperson, und tragen Sie die Ergebnisse in das Formular »Aurakarte und Analysebogen« ein. Vergleichen Sie die Ergebnisse der Bereichsmessungen und des lokalen Abtastens, und stellen Sie eine Verbindung mit Ihrer vorhergehenden Aurabetrachtung her. Ein hochentwickeltes Aurasystem wird im allgemeinen einen klar spürbaren Energiebereich von etwa sechs Metern Ausdehnung haben, wobei die darüber hinausgehenden Ränder noch ziemlich deutlich bleiben. Ein weniger hoch entwickeltes Aurasystem wird ein etwas beengteres Energiefeld mit weniger klar definierten Rändern aufweisen. Die konzentrischen Bereiche des Aurasystems werden zunehmend schwächer, je weiter sie sich vom Menschen aus ausdehnen.

Schritt 5: Stärkende Wechselwirkung. Dieser Schritt dient dazu, Ihrer Versuchsperson Kraft zu geben, indem Sie die Scan-Ergebnisse positiv interpretieren und die Wachstumspotentiale und die Kräftigungsmöglichkeiten, die von der Übung aufgedeckt worden sind, hervorheben. Weisen Sie, ohne sie zu bewerten, Ihre Versuchsperson auf Möglichkeiten der Stärkung hin, die ihr einschließlich der geeigneten Selbstbehandlungsmethoden zur Verfügung stehen.

Aurakarte und Analysebogen

Name der Testperson:

Geburtsdatum:

Datum der Betrachtung:	Ort der Betrachtung:	Betrachter:

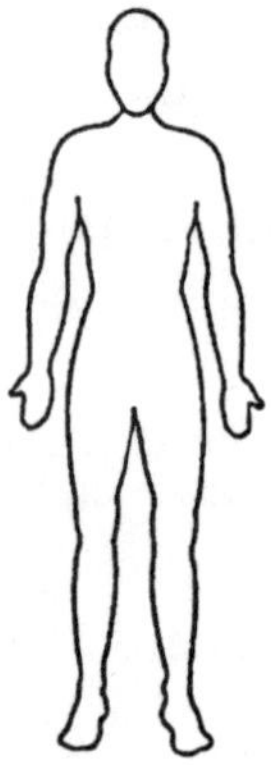

Muster in der Farbgebung:

Strukturmerkmale und -muster:

Schwingungseigenschaften:

Kommentare und Schlußfolgerungen:

Abbildung 6. Aurakarte und Analysebogen

Zusammenfassung

Unsere Untersuchungen sensitiver Objekte liefert wichtige Hinweise auf die unerschöpfliche Kraft und bemerkenswerte Elastizität der menschlichen Aura. Wir haben festgestellt, daß die Aura empfänglich ist für kräftigende Objekte, die von Bäumen bis zu Edelsteinen reichen. In die geeigneten Methoden eingebaut, werden die Objekte zu kraftvollen Hilfsmitteln, die uns nicht nur mit der Kraft in uns, sondern mit den höchsten Mächten des Kosmos verbinden.

8

Auren in Kontakt

Du bist am Ende – was du bist.

Goethe: Faust I, »Studierzimmer« (1808)

ALS MENSCHLICHE WESEN sind wir die Gesamtheit unserer geistigen, körperlichen und spirituellen Beziehungen, die von unserer nächsten realen Umgebung bis in die entferntesten Weiten des Kosmos reichen können. Zusätzlich zu den ständigen Kontakten mit uns selbst interagieren wir durch unsere Gedanken, Gefühle und Handlungen mit anderen. Wir interagieren mit unserer physischen Umgebung durch sinnliche Prozesse – Sehen, Hören, Riechen, Schmecken und Tasten. Mit Hilfe unserer sensitiven Fähigkeiten interagieren wir mit Realitäten, die jenseits der Schwellen unserer sinnlichen Wahrnehmung liegen. Wir stehen sensitiv und spirituell mit immateriellen Dimensionen und zeitlosen Quellen grenzenloser Kraft in Kontakt. Engel, dienstbare Geister, körperlose Entitäten und höhere astrale Ebenen sind alle innerhalb der Reichweite unserer interaktiven Kräfte.

Wegen ihrer feinen Sensitivität und Anpassungsfähigkeit ist die menschliche Aura eine entscheidende Komponente unserer interaktiven Natur. Die Aura ist in der Tat ein interaktives System. Sie transformiert unsere Erfahrungen, wie z. B. unsere Gefühle, Gedanken und Kontakte in sichtbare Energiemanifestationen. Wie wir bereits wissen, tendieren positive Erfahrungen dazu, die Aura zu erweitern und aufzuhellen. Daraus folgt logischerweise, daß eine positive Selbsteinwirkung zu den effektivsten Methoden der Kräftigung und Energetisierung der Aura gehört. Alle Mittel und Techniken zur Stärkung des sensitiven Potentials drehen sich um das Kernstück positiven menschlichen Ausdrucks, d. h. Gedanken, Bildvorstellungen, Affirmationen und Handlungen.

Im Gegensatz zu den positiven Erfahrungen, die die Aura kräftigen, tendieren negative Erfahrungen dazu, sie einzuschnüren und ihr Energie zu entziehen, was in der Aura sofort sichtbar wird. Negative persönliche Einstellungen, wie Feindseligkeit, Ärger, böser Wille, Sorge, Gefühlsaufruhr und Hoffnungslosigkeit schwächen und verfärben die Aura. Darüber hinaus entkräften die gleichen Einflüsse, die die Aura schwächen, auch Geist, Körper und Seele. Ein Hauptziel der Stärkung des sensitiven Potentials besteht deshalb darin, die entkräftenden Wirkungen unserer negativen Einstellungen rückgängig zu machen, indem wir unsere positiven Ressourcen entdecken und einsetzen, um uns unsere Macht zurückzugeben.

Genauso, wie es innerhalb unseres Selbst zu Wechselwirkungen kommt, können auch externe Faktoren mit der Aura interagieren und ihre Funktionen beeinflussen. Wie wir gesehen haben, können die Beziehungen mit den Gegenständen um uns herum, besonders in unserer natürlichen Umgebung, nicht nur die Aura, sondern auch Geist, Körper und Seele kräftigen. Sie können uns auf neue Bewußtseinsebenen heben und unserem Leben eine neue Bedeutung geben. Auf ähnliche Weise können unsere Kontakte mit der spirituellen Dimension unsere Aura direkt stärken, während sie uns zu einem tieferen Verständnis für unsere Existenz verhelfen. Diese Interaktionen tragen dazu bei, daß wir erleuchtet, inspiriert, voller Energie und in Einklang mit uns selbst sind, was sich sofort in der Aura widerspiegelt.

Zu den wichtigsten Faktoren, die unsere Aura beeinflussen, gehören unsere Kontakte zu anderen. Positive Sozialkontakte, entweder mit einzelnen oder mit Gruppen, energetisieren und erweitern das uns umgebende Energiefeld und hellen es auf. Bei einem Gruppentreffen können positive Beziehungen buchstäblich einen ausgedehnten Körper glänzender Energie erzeugen, der oft über der Gruppe schwebend zu sehen ist, ein synergistisches Phänomen, das jeder spüren kann, der zu der Gruppe stößt bzw. den Gruppenraum betritt, auch dann noch, wenn die Gruppe schon gegangen ist. Dagegen tendieren negative Sozialkontakte dazu, die Aura einzuschnüren, zu erschöpfen und zu verfärben. Niemand ist vor feindseligen Einflüssen aus dem sozialen Umfeld gefeit. Betrug und Täuschung z. B. können Mißtrauen und Angst hervorrufen; unangenehme Begegnungen lenken unsere Aufmerksamkeit ab und schränken unsere Fähigkeit ein, unsere Energien konstruktiv einzusetzen; zerstörte Beziehungen fordern einen schmerzhaften Tribut, was auf

Kosten unserer Energiereserven geht. Befindet man sich jedoch in einer Krisensituation, ist es wichtig, sich klarzumachen, daß auch negative Erfahrungen in Wachstumsmöglichkeiten verwandelt werden können. Sie fordern uns auf, dem Unglück entgegenzutreten und uns darüber hinaus zu erheben. Eine starke, gekräftigte Aura wird die Vorteile für das Wachstum, die sich aus überwundenen Krisen ergeben, sofort reflektieren.

Soziale Einflüsse sind oft so subtil, daß sie unserer bewußten Aufmerksamkeit entgehen. Dennoch können sie offensichtlich werden, nicht nur in der Aura, sondern auch in unserem Verhalten. Bei unseren Kontakten mit einzelnen Personen passen wir spontan den räumlichen Abstand zwischen uns und dem anderen an, ein subtiles Verhalten, das parallel zu den Interaktionen der beiden Energiesysteme zu laufen scheint. Einfacher gesagt, bewegen wir uns auf Menschen zu, deren Energien uns anziehen, und von denjenigen weg, deren Energien uns abstoßen. Wir verändern den räumlichen Abstand im allgemeinen nicht, wenn die Energien neutral sind.

Eine visuelle Kontrolle der Aura während positiver Sozialkontakte zeigt, daß die Systeme sehr energetisiert sind und sich ausdehnen, was auf gegenseitige Anziehung schließen läßt. In solchen Begegnungen scheinen die Auren sich auszustrecken, sich zu verbinden und in einigen Fällen buchstäblich zu umarmen. Umgekehrt führen negative Kontakte, die auf Gegenseitigkeit beruhen, zu eingeschnürten Auren mit einem Sicherheitsabstand dazwischen.

Bei einer Paarberatung kann man sehen, wie sich die Auren eines entfremdeten Paares gegenseitig abstoßen und sich einem Kontakt widersetzen. Veränderungen in den beiden Auren geben in fast allen Fällen deutlich wieder, ob das Paar bei der Lösung seiner Beziehungsprobleme Fortschritte macht oder nicht. Verlaufen die Interaktionen von Paaren oder in Gruppen angenehm, beginnt im allgemeinen bei allen Teilnehmern die ganze Aura zu leuchten. Die meisten bisher beschriebenen Methoden zur Stärkung der Aura, wie die »Ausrichtung auf den Kosmos« und »Die generelle Intervention«, können für Paare und Gruppen leicht abgewandelt werden. Allein schon, wenn man übt, die Aura zu sehen, werden die Aura energetisiert und gesunde Sozialkontakte angeregt. Ebenfalls sehr erfolgreich sind Kraftgegenstände und damit verbundene bereits beschriebene Techniken wie »Der kräftigende Spaziergang in der Natur«, »Die kraftvolle Begegnung mit Bäumen« und »Die Pyramide der Kraft«, wenn sie von Paaren und Gruppen durchgeführt werden.

Energiekontakte, die für beide Seiten positiv sind, trainieren die Fähigkeit der gestärkten Aura, nicht nur Energie zu erzeugen, sondern sie auch zu senden und zu empfangen. Die bereits gestärkte Aura wird durch positive Begegnungen mit anderen Aurasystemen weiter energetisiert. Eine geschwächte oder unterentwickelte Aura mit unzureichender Energie ist dagegen oft nicht in der Lage, Energie zu erzeugen, geschweige denn zu senden. Für Menschen, die keine wirksamen Selbstenergetisierungstechniken beherrschen, kann der Zufluß von Energien anderer, der nur in eine Richtung verläuft, die einzige Quelle für neue Energie darstellen. Diese Menschen werden sich folgerichtig Personen suchen, die entweder sehr viel Energie besitzen oder die von Natur aus fürsorglich sind und bereitwillig geben. Das kann zur Folge haben, daß sie sich von Menschen fernhalten, die nicht fürsorglich geben, oder eine Abhängigkeitsbeziehung mit Personen eingehen, die fürsorglich sind. Gelegentlich kommt es zu wechselseitigen Abhängigkeitsbeziehungen, in denen Menschen, die das Bedürfnis haben, sich um jemanden zu kümmern, von Personen abhängig sind, die das Bedürfnis haben, umsorgt zu werden, und umgekehrt. Langfristig wird so oft das Wachstum beider Partner gestoppt.

Psychischer Vampirismus

Gelegentlich gewöhnt sich ein Mensch mit einem unterentwickelten Aurasystem und ungenügenden Energiereserven an, in die Aurasysteme anderer Menschen einzudringen und ihnen Energie zu entziehen. Dieses Phänomen, das wir in Ermangelung eines besseren Begriffs bereits als »psychischen Vampirismus« bezeichnet haben, führt bei dem sogenannten »psychischen Vampir« zu einem sofortigen Schub an neuer Energie, bei dem Opfer dagegen zu einem deutlichen Energieverlust. Auch wenn der Kontakt mit dem Vampir normalerweise höchstens wenige Minuten währt, können die negativen Folgen für das Opfer, z. B. Schwindelgefühle, Energieverlust, Muskelverspannungen, Konzentrationsschwierigkeiten oder Übelkeit, einige Tage lang anhalten. Wiederholte Vampirangriffe können zu chronischer Erschöpfung, Schlafstörungen, Reizbarkeit, depressiver Stimmung und sogar körperlicher Erkrankung des Opfers führen.

Psychischer Vampirismus ist wahrscheinlich viel weiter verbrei-

tet, als gemeinhin angenommen. Wir haben alle schon Begegnungen
mit Menschen erlebt, die uns unsere Energie zu entziehen schienen,
und wir kennen alle Leute, die die Menschen um sich herum regelmäßig ermüden oder verschleißen. Selbst bei kurzen, zufälligen
Begegnungen kann ein geübter psychischer Vampir sich in unser
Energiesystem einklinken und unsere Energiereserven rasch auf-
brauchen. Auch wenn wir in diesen Situationen unseren Energieverlust nicht auf psychischen Vampirismus zurückführen würden, sind
wir wahrscheinlich bei zukünftigen ähnlichen Kontakten etwas vor-
sichtiger.

Psychische Vampire können sich hinsichtlich ihrer Persönlichkeitsmerkmale und ihrer Verhaltensweisen sehr voneinander unterscheiden. Viele von ihnen entsprechen dem Stereotyp des »geschick-
ten Taktierers«. Manche sind skrupellos und scheuen sich nicht, zu
allen erdenklichen Mitteln zu greifen, um ihre Bedürfnisse zu befriedigen. Sie wirken vielleicht passiv und zurückgezogen und tarnen
ihre Neigung zum Vampirismus erfolgreich, aber wenn es die Situation verlangt, dann können sie sehr fordernd werden und andere
sogar unter Druck setzen. Sie machen aktiv Jagd auf Schwachstellen
anderer, bereit, im geeigneten Moment zuzuschlagen, oder sie manipulieren das Opfer, auf das sie es abgesehen haben, dadurch, daß sie
behaupten, sie besäßen bestimmte Begabungen oder Kräfte. Es ist
im allgemeinen schwierig, mit ihnen zusammenzuarbeiten. In ihrer
beruflichen Leistung sind sie normalerweise unbeständig, oft
schwanken sie zwischen großer Effizienz und totaler Unproduk-
tivität.

Trotz ihrer Tarnung sind psychische Vampire im allgemeinen
unsicher und verletzlich. Sie mögen sich nach außen hin zwar über-
heblich zeigen, doch handeln sie aus einer Position der Schwäche,
nicht der Stärke heraus. Sie verfügen nur über begrenzte Selbsterkenntnis und sind schnell dabei, wenn es darum geht, Menschen um
sich herum zu verurteilen. Sie beklagen sich oft darüber, daß sie
unfair behandelt werden, während sie gleichzeitig egozentrisch und
rücksichtslos sind. Ihre persönliche Beziehungen sind instabil. Viele
von ihnen weisen Symptome von Persönlichkeitsstörungen auf, wie
emotionale Unsicherheit, Schwierigkeit, Zorn zu beherrschen, ein
gestörtes Selbstbild und ein schwaches Selbstwertgefühl. Unterschwellige Feindseligkeit wird oft unterdrückt, was von Zeit zu Zeit
zu einem Wutausbruch führen kann. Sie sind in allen Berufen zu
finden, auch an Colleges und Universitäten, wo sie als selbst-

ernannte »Gelehrte« dafür bekannt sind, ihre akademischen Qualifikationen überzubewerten. Pseudointellektuelle und die sogenannten »fachkundigen Entlarver« medialer Phänomene scheinen für psychischen Vampirismus besonders anfällig zu sein.

Die Aktion eines Vampirs kann entweder vorsätzlich oder spontan erfolgen, mit oder ohne Zustimmung von Seiten des Opfers. Der typische Vampirangriff erfolgt wahrscheinlich spontan, d. h., er erfordert geringe oder keine bewußte Vorbereitung, einen Kontakt zu initiieren oder aufrechtzuerhalten. Bei vielen spontanen Interaktionen sind sich weder das Opfer noch der Vampir darüber im klaren, daß ein Energietransfer stattfindet. Obwohl sich das Opfer normalerweise im Bereich des peripheren Blickfelds des Vampirs befindet, kann der Angriff selbst ohne oder mit nur kurzem Augenkontakt erfolgen.

Wenn psychische Vampire von ihrer Neigung zum Vampirismus erfahren, argumentieren viele, daß ihre Angriffe annehmbare Formen der Bedürfniserfüllung seien. Sie planen ihre Vampir-Rendezvous wie andere soziale Begegnungen auch. Ihre Taktik zielt darauf ab, den nichtsahnenden Partner vorübergehend räumlich einzuengen. Währenddessen ereignet sich dann die unerwartete Attacke. Psychische Vampire benutzen aufdringliche Schmeicheleien, übertriebene Freundlichkeit, übermäßige Großzügigkeit und geben in begrenztem Maße auch Dinge von sich preis, um das Opfer zu fesseln und die Interaktion für die Dauer des Angriffs aufrechtzuerhalten.

Zufälligen Vampirangriffen geht im Gegensatz zu geplanten oft nur geringer oder gar kein Sozialkontakt mit dem Opfer voraus, das einzig auf der Grundlage seiner Verfügbarkeit ausgewählt sein mag. Ein zufälliger Angriff fällt dem Opfer, dem das Eindringen nicht bewußt war, im allgemeinen nicht auf. Die Ergebnisse sind dennoch die gleichen wie bei einem geplanten Angriff: Der Energiebedarf des Vampirs ist gestillt, und das unwissende Opfer hat eine Menge Energie verloren. Diese zufälligen Kontakte können sich fast überall ereignen – in einem Klassenzimmer, im Büro, im Restaurant, im Flugzeug, in der Sporthalle oder in einer öffentlichen Versammlung.

Psychischer Vampirismus im Labortest

Wie andere Verhaltensweisen läßt sich psychischer Vampirismus mit Hilfe einer Skala messen. Fast jeder Mensch besitzt zwar wenigstens eines der Merkmale, die mit psychischem Vampirismus in Verbindung gebracht werden, das bedeutet jedoch nicht, das wir deswegen alle psychische Vampire sind. Nur wenn die Tendenzen, die den Vampirismus auszeichnen, so stark werden, daß sie unser Wohlbefinden oder das anderer beeinträchtigen, kann ein Mensch als aktiver psychischer Vampir bezeichnet werden.

In unserem Labor entwickelten wir zwei Fragebögen zur Einschätzung von psychischem Vampirismus, wobei wir dieses Phänomen nicht als eine psychische Erkrankung, sondern als einen Satz von Verhaltensweisen oder Neigungen betrachten. Der Interaktionsfragebogen I wertet psychischen Vampirismus in der Beziehung zu Mitmenschen generell aus. Der Interaktionsfragebogen II bezieht sich auf psychischen Vampirismus in der Beziehung zu einem bestimmten Partner. Beide Fragebögen, die selbst ausgefüllt werden können, beziehen sich nicht direkt auf psychischen Vampirismus.

Interaktionsfragebogen I

Name: _____ Alter: _____ Geschlecht: _____

Anweisungen: Dieser Fragebogen dient dazu, bestimmte Aspekte Ihrer Kontakte zu anderen Menschen auszuwerten. Lesen Sie jede Aussage sorgfältig. Wenn die Aussage richtig ist, d.h. auf Sie zutrifft, kreisen Sie R ein. Ist die Aussage falsch, trifft sie also nicht auf Sie zu, kreisen Sie F ein.

R F 1. Ich fühle mich von Leuten angezogen, die voller Energie sind.

R F 2. Ich rufe oft Menschen herbei, die für mich etwas erledigen sollen, was ich selbst tun könnte.

R F 3. Ich bekomme für gewöhnlich auf die eine oder andere Weise die Dinge, die ich möchte.

R F 4. Wenn es mir schlechtgeht, bekomme ich wieder Energie, wenn ich einfach mit Menschen zusammen bin.

R F 5. Ich werde normalerweise unruhig, wenn ich nicht umherziehe oder mit anderen Menschen zu tun habe.

R F 6. Manchmal befriedigt es mich, wenn ich Menschen ausnutze, die das mit sich machen lassen.

R F 7. Ich schließe oft Freundschaften, wenn sie auf irgendeine Weise für mich nützlich sind.

R F 8. Ich tue manchmal riskante Dinge wegen des damit verbundenen Nervenkitzels.

R F 9. Manchmal fühle ich mich auf eine faszinierende Art zu einem völlig fremden Menschen hingezogen.

R F 10. Ich neige dazu, von den Energien der Menschen um mich herum zu leben.

Zählen Sie zur Auswertung des Fragebogens einfach die Anzahl der R-Antworten (F-Antworten haben keine Bedeutung bei der Auswertung). Ein Ergebnis zwischen 1 und 5 deutet auf keinen signifikanten psychischen Vampirismus hin; 6 und 7 deuten auf milden psychischen Vampirismus hin, 8 und 9 auf gemäßigten, 10 auf ausgeprägten. Die Fragen 6 und 10 erwiesen sich als Schlüsselfragen zur Vorhersage von psychischem Vampirismus. Unsere Untersuchungen ergaben, daß Testpersonen, die eine dieser beiden Ziffern als auf sie zutreffend angekreuzt haben, unweigerlich im Bereich des ausgeprägten psychischen Vampirismus landeten.

Um psychischen Vampirismus in einer Partnerbeziehung zu bewerten, wird der unten abgebildete Interaktionsfragebogen II beiden Partnern ausgehändigt. Das Ausfüllen und Auswerten erfolgt wie beim Interaktionsfragebogen I.

Interaktionsfragebogen II

Name: _____ Alter: _____ Geschlecht: _____

Anweisungen: Dieser Fragebogen dient dazu, bestimmte Aspekte Ihrer Beziehungen zu anderen auszuwerten. Lesen Sie jede Aussage sorgfältig. Wenn die Aussage richtig ist, d. h. auf Sie zutrifft, kreisen Sie R ein. Ist die Aussage falsch, trifft sie also nicht auf Sie zu, kreisen Sie F ein.

R F 1. Ich kann meinen Partner im allgemeinen davon über-
zeugen, Dinge so zu sehen wie ich.

R F 2. Ich erhalte dadurch Energie, daß ich mit meinem Partner zusammen bin.

R F 3. Ich neige dazu, in der Beziehung zu meinem Partner
manipulativ oder kontrollierend zu sein.

R F 4. Ich finde es befriedigend, eine gewisse Macht über
meinen Partner auszuüben.

R F 5. Mein Partner beklagt sich oft über wenig Energie oder
Müdigkeit.

R F 6. Manchmal scheint mir mein Partner aus dem Weg zu
gehen.

R F 7. Ich rufe meinen Partner oft herbei, damit er für mich
etwas erledigt, was ich selbst tun könnte.

R F 8. Ich werde leicht unruhig, wenn ich für einige Tage von
meinem Partner getrennt bin.

R F 9. Wenn ich über längere Zeit von meinem Partner getrennt wäre, würde ich wahrscheinlich einen anderen
Menschen suchen, um mit ihm Kontakt zu haben.

R F 10. Ich bekomme in der Beziehung zu meinem Partner
wahrscheinlich mehr, als ich gebe.

In diesem Fragebogen waren die Fragen 3 und 10 die Indikatoren für
ausgeprägten psychischen Vampirismus in einer Partnerbeziehung.

Bei unserer Untersuchung von 200 Collegestudenten, die sich
freiwillig gemeldet haben, entsprach mehr als die Hälfte der Befragten (53 Prozent) den Kriterien für milden, gemäßigten oder ausgeprägten psychischen Vampirismus in ihrer Beziehung entweder zu
einem Partner oder zu Menschen generell. Auf acht Prozent trafen
die Kriterien für ausgeprägten psychischen Vampirismus in ihren
Beziehungen zu Menschen im allgemeinen zu. Der Prozentsatz stieg
auf 12 für ausgeprägten psychischen Vampirismus in den Beziehungen von Collegestudenten zu ihren Partnern. Sechs Prozent der
Befragten erfüllten die Kriterien für ausgeprägten Vampirismus sowohl in ihrer Partnerschaft als auch mit Menschen generell.

In den Gesprächen, die der Befragung folgten, akzeptierten die
Befragten, die im Bereich des ausgeprägten psychischen Vampirismus entweder in Bezug zu ihren Partnern oder zu Menschen im
allgemeinen lagen, die Vampirnatur ihrer Interaktionen, wiesen
aber die Bezeichnung »psychischer Vampir« zurück, weil sie ihn für

einen negativ belasteten Begriff hielten. Viele von ihnen berichteten von vampirartigen Interaktionen, die sie bereits in ihrer frühen Teenagerzeit erlebt hatten. Oft gaben sie bereitwillig zu, daß sie anderen, z. B. Partnern, Bekannten oder sogar Fremden, bewußt Energie abgezogen hatten. Einige der Befragten, deren Ergebnis in den Bereich des ausgeprägten Vampirismus fiel, bestanden bei ihrer Rechtfertigung ihres Vampirismus darauf, daß sie in den vampirartigen Beziehungen zwar Energie bekommen, daß sie ihrerseits aber auch eigene Energie investiert hätten, besonders in den Anfangszeiten beim Aufbau der Liebesbeziehung. Sie räumten allerdings ein, daß der Energietransfer, als die Beziehung einmal bestand, bald einseitig wurde, wobei sie der alleinige Empfänger waren.

Die in unserer Untersuchung Befragten entschuldigten ihr Verhalten oft damit, daß sie auf die angenehmen Nebeneffekte ihrer vampirartigen Interaktionen hinwiesen. Eine Befragte, die eine Dermatitis hatte, berichtete, daß eine längere Trennung von ihrem Partner die Hautirritationen immer aktivierte. Sie glaubte, daß sie aus der Beziehung zu ihrem Partner gesunde Energie zog. Ein anderer Befragter, der Bodybuilding machte, gab zu, daß er gezielt Energie aus den Körpern anderer Bodybuilder zog, unter ihnen auch seine Mitkonkurrenten bei Wettbewerben. Zu seiner Strategie gehörte, daß er sich vorstellte, wie ihm von seinem Gegner Energie zufloß.

Viele der von uns Befragten beharrten darauf, daß die Energie, die sie durch die vampirartigen Kontakte bekommen hatten, immer einem guten Zweck diente. Es handelte sich bei ihnen oft um sehr leistungsorientierte Menschen, die sich im klaren waren über ihre beruflichen Ziele. Manche von ihnen stammten aus wohlhabenden Familien und waren neben ihrem Studium sehr aktiv, z. B. in der studentischen Selbstverwaltung, im Sport oder in sozialen Organisationen. Einige von ihnen waren für ihre Führungsrollen, ihre sportlichen Leistungen oder ihre Beiträge zur Collegegemeinschaft ausgezeichnet worden.

Unverständlicherweise beruht psychischer Vampirismus gelegentlich auf gegenseitigem Übereinkommen von Vampir und Opfer. Derartige Vampirbeziehungen werden normalerweise von einem Partner dominiert, der die Rolle des Vampirs innehat. Der schwächere Partner kann das Vampir-Opfer-Verhältnis als Fürsorge oder als Rettung der Beziehung betrachten; der stärkere Partner redet sich oft ein, daß die Beziehung für beide Seiten befriedigend sei.

Es gibt Liebespaare, deren Beziehung Merkmale von auf Einver-

ständnis beruhendem psychischen Vampirismus aufweisen, was wir
das »romantische Vampirphänomen« nennen. Unsere Untersu-
chungen über diese interessante Erscheinung offenbaren mehrere
wichtige Geschlechtsunterschiede. Bei den Studentenpaaren, die
Vampirelemente in ihrer Beziehung eingeräumt hatten, war der
Vampir im allgemeinen männlich. Bei älteren Paaren, zu deren
Beziehung auch Vampirelemente gehörten, die auf gegenseitigem
Einverständnis beruhten, war der Vampir typischerweise weiblich.
Für diese Ergebnisse gibt es keine einfachen Erklärungen. Sie weisen
darauf hin, daß die männlichen Studenten und die älteren Frauen
größere Vampirbedürfnisse in ihrer Liebesbeziehung haben als
weibliche Studenten oder ältere Männer. Andere Erklärungen beziehen sich auf unterschiedliche Rollenerwartungen. Danach wird angenommen, daß ältere Frauen ihre Bedürfnisse klarer zum Ausdruck bringen als weibliche Studenten oder Männer überhaupt.

Es gibt zwar nur sehr wenige Forschungsdaten über Vampirbeziehungen, bei denen ein Partner zehn oder mehr Jahre älter ist, aber es
spricht einiges dafür, daß der viel ältere Partner, ob männlich oder
weiblich, in einer Vampirbeziehung, die auf gegenseitigem Einverständnis beruht, eher die aktive Rolle übernimmt. Unsere Untersuchungen von älteren Vampiren (40 Jahre und älter) ergaben, daß ein
älterer männlicher Vampir sich oft eine sehr junge Partnerin sucht,
die ihn, wie er meinte, durch ihre Jugend und Lebenskraft mit
Energie auflädt. Ein älterer weiblicher Vampir scheint viel weniger
über Altersunterschiede bei der Partnerwahl nachzudenken. (Als
Anmerkung sei hinzugefügt, daß ein Forschungspsychologe mit
ausgeprägten Vampireigenschaften im eigenen Interesse Statistiken
zitiert, die zeigen, daß der ältere Mann, wie er selbst, länger leben
und produktiver sein wird, wenn eine Partnerin wie seine eigene
deutlich jünger ist als er.)

In unserer Studie über psychischen Vampirismus sind wir objektiv vorgegangen, d.h., ohne einen der Beteiligten zu beurteilen. Die
Fragebogenergebnisse wurden im Zusammenhang mit anderen Daten, z.B. von Interviews und Aurabetrachtungen interpretiert. In
unseren Gesprächen mit den Befragten, die vampirartige Verhaltensweisen zeigten, betonten wir immer wieder den Entwicklungs-
charakter menschlichen Verhaltens und die uns innewohnende Fähigkeit zur Veränderung.

Die Aura eines Vampirs

Psychischer Vampirismus als Verhaltensweise eines Erwachsenen hat im allgemeinen eine lange Vorgeschichte, in der Symptome sowie die dazugehörigen Veränderungen in der Aura oft bereits in den frühen Teenagerjahren auftauchen. Mangelhafte soziale Kompetenz sowie unerfüllte Sozialbedürfnisse bilden im allgemeinen den Hintergrund für psychischen Vampirismus. Weil es psychischen Vampiren oft an Sozialkontakten und Vergleichsmöglichkeiten fehlt, entwickeln sie ihre eigenen Muster für die Erfüllung ihrer sozialen Bedürfnisse. Sie fangen früh an, die Energieaufnahmekapazität ihrer Aura zu trainieren. Wenn die Funktionen der Aura, die für die Aufnahme zuständig sind, die anderen Aurafunktionen dominieren, werden in der Aura tatsächliche strukturelle Veränderungen sichtbar.

Zu den Hauptmerkmalen der Aura, die auf psychischen Vampirismus hinweisen, gehören gehäuftes Auftreten von Lücken, von Bereichen mit ausgewaschener oder trüber Farbgebung sowie verschwommenen, äußeren Regionen. Bei weiterentwickelten psychischen Vampiren sind dunkle Strukturen zu sehen, manchmal »Vampirtentakel« genannt, die über den Bereich der normalen Aura-Aktivität hinausreichen. Man kann sehen, wie die Tentakel sich auf der Suche nach einem Opfer nach außen strecken, wenn sie sich auf eine Interaktion vorbereiten. Beim Kontakt mit dem Opfer schalten sich die Tentakel entweder zwischen die Auren, um die Energie langsam zu absorbieren, oder sie punktieren die andere Aura, um sofort von ihrem inneren Vorrat Energie abzuziehen. Die Folgen der Begegnung sind sowohl beim

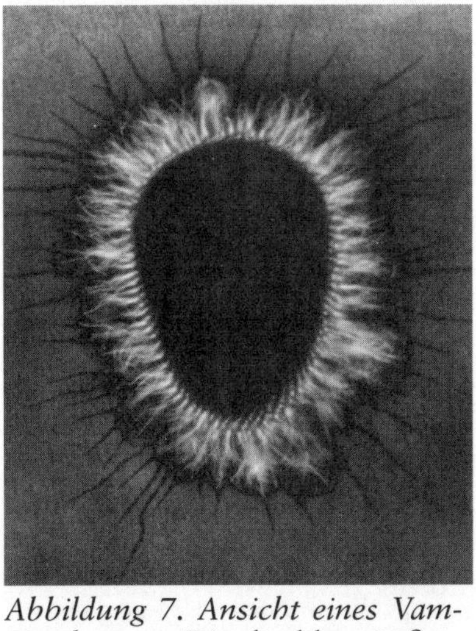

Abbildung 7. Ansicht eines Vampirschattens. Die dunklere äußere Region der Aura-Aktivität weist auf psychischen Vampirismus hin.

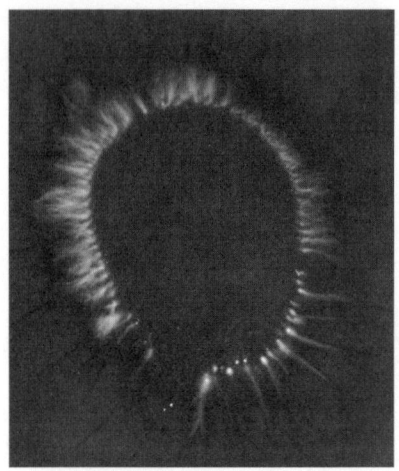

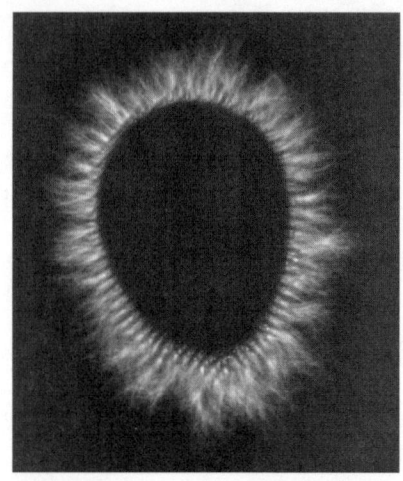

Abbildung 8. Der Vampir vor *dem Energiezufluß.* Das Foto, das vor einem Angriff aufgenommen wurde, veranschaulicht den schwachen Energievorrat des Vampirs.

Abbildung 9. Der Vampir nach *dem Energiezufluß.* Das Foto, das nach einem Angriff aufgenommen wurde, veranschaulicht den neuen Energiezufluß beim Vampir. Achten Sie in beiden Aufnahmen auf den äußeren Vampirschatten.

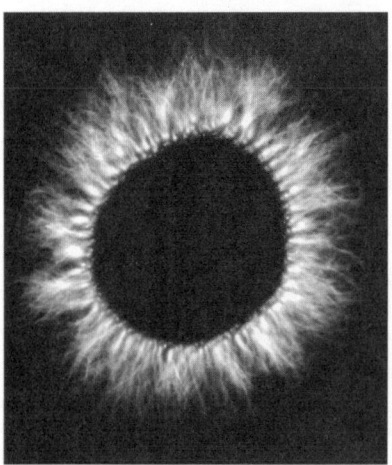

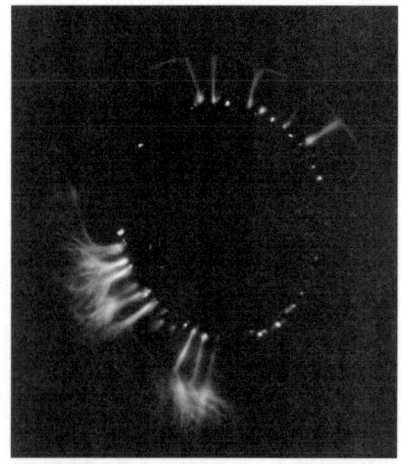

Abbildung 10. Das Opfer vor *dem Angriff des Vampirs.* Das Foto, das vor einem Vampirangriff aufgenommen wurde, veranschaulicht den normalen Energiezustand des Opfers.

Abbildung 11. Das Opfer nach *dem Angriff des Vampirs.* Das Foto, das unmittelbar nach einem Angriff aufgenommen wurde, veranschaulicht den schweren Energieverlust des Opfers.

Vampir als auch beim Opfer sofort zu sehen. Während die Aura des Opfers sich zusammenzieht und an Glanz verliert, erweitert sich die Aura des Vampirs und pulsiert mit neuer Energie.

In unserem Labor haben wir die Auswirkungen des psychischen Vampirismus auf die menschliche Aura mit Hilfe der Elektro-fotografie erforscht. Bei unseren Untersuchungen wendeten wir ein Verfahren an, das die Muster der Korona-Entladung um die Kuppe des rechten Zeigefingers von psychischen Vampiren, die sich zu ihrer Neigung bekannt haben, und von Nichtvampiren auf-zeichnete. Das verschwommene äußere Muster, das wir »Vampir-schatten« genannt haben, war auf den Fotos der Vampire deutlich sichtbar, aber nicht auf den Aufnahmen der Nichtvampire. Eine Sichtkontrolle der Aura unserer Testpersonen bestätigte die elektro-fotografischen Daten. Abbildung 7 gibt den charakteristischen Vampirschatten wieder. Sie können das innere Feld normaler Aura-Aktivität und das umgebende äußere Feld der Vampir-Aktivität erkennen.

Beim Vampirangriff erweitert sich das äußere Aktivitätsfeld, um mit dem Energiefeld des Opfers in Kontakt zu treten. Nach der Interaktion bekommt das innere Aktivitätsfeld des Vampirs einen bemerkenswerten Glanz, wie die Abbildungen 8 und 9 belegen, der aber nur kurz anhält. Dagegen haben der Glanz und die Aus-dehnung des Energiefeldes beim Opfer nach dem Angriff deutlich nachgelassen, wie die Abbildungen 10 und 11 belegen. Die Folgen des Vampirangriffs für Vampir und Opfer können einige Tage anhalten.

Die Fingerkette

Glücklicherweise sind wir Anschlägen von psychischen Vampiren auf unsere Aura nicht schutzlos ausgeliefert. Es sind Verfahren entwickelt worden, damit wir einem Angriff zuvorzukommen oder, wenn ein Anschlag bereits im Gange ist, ihn prompt beenden kön-nen, um weiteren Energieverlust zu verhindern. Schutzmaßnahmen für die Aura, besonders wenn sie dazu beitragen sollen, einen An-griff zu beenden, müssen rasch durchgeführt werden. Weil Vampir-angriffe im allgemeinen rasch erfolgen – sie dauern vielleicht nur wenige Sekunden –, muß schnell und mit sofortigem Ergebnis ge-handelt werden. Dieses Ziel erreichen wir mit der Fingerkette. Sie ist

eine leicht zu erlernende Methode, die einen Vampirangriff auf die
Aura entweder verhindern oder sofort beenden kann:

Schritt 1: Ineinandergreifen der Finger. Legen Sie, unmittelbar nach
Ihrem Verdacht, daß ein Vampirangriff droht (oder daß ein An-
griff bereits stattfindet), jeweils die Spitzen von Daumen und
Mittelfinger jeder Hand so aneinander, daß sie zwei Kreise bilden.
Führen Sie dann Ihre Hände zusammen, und lassen Sie die beiden
Kreise wie zwei Kettenglieder ineinandergreifen.

Schritt 2: Schutzschild aus Energie. Halten Sie weiterhin die Finger
verkettet, schließen Sie Ihre Augen, und visualisieren Sie, wie ein
Schild aus kraftvoller Energie Ihre ganze Aura umhüllt und jedes
Eindringen externer Kräfte erfolgreich abwehrt.

Schritt 3: Energiezufluß. Stellen Sie sich vor, wie das innere Zentrum Ihres Energiesystems kraftvoll pulsiert und Ihr ganzes Wesen mit unerschöpflicher Energie durchströmt.

Schritt 4: Affirmation. Geben Sie dem Energiezufluß Zeit, Ihr
Aurasystem ganz zu durchdringen, und sprechen Sie dann die
Affirmation: *Mein ganzes Wesen ist von kraftvoller Energie erfüllt. Ich bin von einem Schutzschild aus Kraft umgeben. Ich bin
sicher und geborgen.*

Sie verhindern mit der Fingerkette nicht nur einen drohenden Vampirangriff oder beenden einen, der bereits eingeleitet ist, sondern
diese Methode versorgt darüber hinaus die Aura sofort mit Energie
und errichtet einen äußeren Schutzschild, den wir den »Halo-Effekt«
nennen. Der Schild bleibt normalerweise mehrere Stunden wirksam,
um weitere Vorstöße des Vampirs erfolgreich abzuwenden. Die
Wirksamkeit der Fingerkette zeigen die Elektrofotografien in den
Abbildungen 12 und 13, die vor bzw. nach der Übung aufgenommen
worden sind. Achten Sie auf den Halo-Effekt und den damit einhergehenden Energiezufluß nach dem Einsatz der Fingerkette.
    Die Fingerkette nimmt nur wenige Sekunden in Anspruch und
kann fast überall durchgeführt werden. Sie war zunächst zwar dazu
gedacht, Anschläge von Vampiren abzuwehren, kann aber auch
dazu benutzt werden, die Aura mit Energie zu versorgen und sie
davor zu bewahren, daß irgendwelche negativen Kräfte von außen

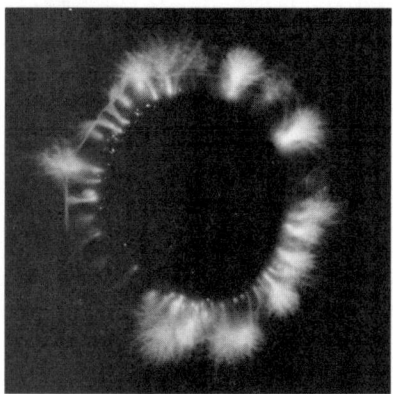

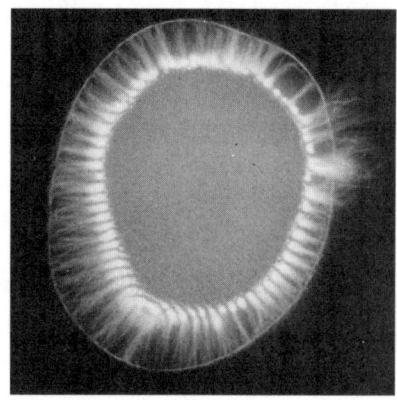

Abbildung 12. Vor dem Einschreiten. Das Foto, das vor Anwendung der Fingerketten-Technik aufgenommen wurde, veranschaulicht den Energieverlust, der durch den Angriff des psychischen Vampirs entstanden ist.

Abbildung 13. Der Halo-Effekt. Dieses Foto illustriert den Energiezufluß und den Halo-Effekt als Folge der Fingerkette.

eindringen. Mit ihrer Hilfe läßt sich ein entspannter, ruhiger Zustand erreichen oder ein erholsamer Schlaf fördern. Die Methode kann auch abgewandelt werden, um z. B. bei Vorstellungsgesprächen und Auftritten in der Öffentlichkeit Angst abzubauen. Studenten halten die Methode für sehr erfolgreich, um ihre Prüfungsangst zu verringern und die Gehirnaktivität anzuregen.

Die Vampirbefreiungsmethode

Zur Entwicklung von Antivampirtechniken wurden beträchtliche Anstrengungen unternommen. Wenig Aufmerksamkeit hingegen wurde möglichen Mitteln und Wegen geschenkt, psychische Vampire so zu stärken, daß sie ihre selbstzerstörerischen Vampirneigungen überwinden. Viele der bekennenden psychischen Vampire fühlen sich durch den Zwang, ihren Energiebedarf auf Kosten anderer Menschen zu stillen, unter Druck. Etliche versuchen, die Fesseln des Vampirismus abzustreifen, stellen dabei jedoch fest, daß sie die Sucht nicht mehr unter Kontrolle haben. Andere unterdrücken ihre Vampirtriebe, mit der Folge, daß sie sie indirekt über andere Kanäle ausleben. Nachdem sie ihre Neigung ins Unbewußte abgedrängt haben, suchen sie Erfüllung bei Aktivitäten, die auf den ersten Blick nicht mit ihren Neigungen zusammenhängen, und holen sich Energie durch übertrieben ehrgeizige Leistungen, Anerkennung und humanitäre Aktivitäten. Bekannt geworden sind auch Vampire, die ihre unterdrückten Neigungen durch suchtartiges Einkaufen, Spielen, Eßsucht oder Drogenmißbrauch abreagieren. Wenn sie ihre Unzulänglichkeiten zur Kenntnis genommen haben, kompensieren sie sie manchmal, indem sie sich übermäßig in Organisationen und Kirchengemeinden engagieren. Bei ihren Versuchen, vor sich selbst zu fliehen, können sie zu religiösen Extremisten werden. Als religiöse Fundamentalisten verurteilen sie gerne andere, die nicht ihrer Norm entsprechen oder ihre Ansichten teilen. Auf Vampire, die ihre Neigungen unterdrücken, paßt die biblische Beschreibung der Pharisäer und Schriftgelehrten: »die ihr die Becher und Schüsseln außen reinigt, innen aber sind sie voller Raub und Gier!« Sie sind ebenfalls dafür bekannt, daß sie ihren unterdrückten Vampirimpulsen durch Bigotterie und Vorurteile ein destruktives Ventil verschaffen. Sie sind schnell, wenn es darum geht, irgendwelche Gruppen zu tadeln oder sogar Organisationen zu boykottieren, weil sie sich bezüglich der Intoleranz nicht auf ihr Niveau hinabbegeben. Es mangelt ihnen im allgemeinen an Selbsterkenntnis, sie rationalisieren ihr Verhalten und widersetzen sich Veränderungen so lange, bis ihre unbewußten Vampirtaktiken schließlich scheitern.

Die entscheidenden Voraussetzungen, um Vampirismus bei sich selbst zu überwinden sind: 1. das Bewußtsein, daß die Neigung zu einem Vampirverhalten existiert, und 2. die Entschlossenheit, das zu ändern. Der Vampir muß sich darüber im klaren sein, daß psychischer Vampirismus wie alle anderen entkräftenden Verhaltensweisen nur durch Entschlossenheit und Willenskraft überwunden werden kann. Die Betroffenen müssen ihre Vampirneigungen erkennen und akzeptieren, und zwar nicht als etwas Abstoßendes und Widerwärtiges, sondern als etwas, das einfach nicht funktioniert. Selbstbezichtigung und Schuld, die den Kräftigungsprozeß beeinträchtigen können, sollten durch Motivation und Entschlossenheit ersetzt werden.

Die Vampirbefreiungstechnik wurde in unserem Labor entwikkelt und von einigen bekennenden psychischen Vampiren auf ihre Wirksamkeit hin getestet. Die Methode war fast immer erfolgreich, außer wenn die Testperson sich widersetzt hat oder unschlüssig war, ob sie ihr Vampirverhalten überhaupt aufgeben wollte. Die Methode erfordert planvolles Vorgehen: Die Übung sollte zweimal täglich (beim Aufwachen und beim Schlafengehen) über einen Zeitraum von mindestens zwei Wochen durchgeführt werden, wenn nötig länger, um die Vampirneigungen auszumerzen, indem neue Energiequellen aktiviert werden.

Schritt 1: Solarplexus/Fingerspitzenkontakt. Nehmen Sie eine bequeme, entspannte Position ein, und legen Sie die Fingerspitzen beider Hände über dem Solarplexus auf Ihren Bauch.

Schritt 2: Tiefes Atmen. Atmen Sie einmal tief ein, und halten Sie den Atem an, bis Sie bis drei gezählt haben, dann atmen Sie langsam aus. Wiederholen Sie die Atemübung einige Male, wobei Ihre Fingerspitzen weiterhin auf Ihrem Bauch ruhen.

Schritt 3: Energiezufluß. Schließen Sie Ihre Augen, und stellen Sie sich den innersten Kern Ihrer Aura vor, der im Bereich Ihres Solarplexus als kraftvoller Generator von unendlicher Energie angesiedelt ist. Spüren Sie, wie die Energie, die vom Zentrum der Aura erzeugt wird, bis in Ihre Fingerspitzen auf Ihrem Bauch ausstrahlt und sich über den ganzen Körper ausbreitet. Setzen Sie im Geiste die Energie frei, die in Ihnen blockiert ist. Lassen Sie Ihr ganzes Wesen geistig, körperlich und spirituell von Energie erfüllt werden. Erlauben Sie, daß die Energie weiterhin einströmt, bis Ihre Vorräte wieder ganz aufgefüllt sind.

Schritt 4: Kontakt zum Kosmos. Drehen Sie Ihre Handflächen nach oben, und stellen Sie sich vor, wie kosmische Energie in Ihre Hände eintritt, sich über Ihren ganzen Körper ausbreitet, sich mit Ihren Energien verbindet und sie ins Gleichgewicht bringt. Spüren Sie den damit einhergehenden Einklang zwischen Geist, Körper und Seele.

Schritt 5: Selbstaffirmation. Legen Sie Ihre Fingerspitzen aneinander, und sprechen Sie die folgenden Affirmationen: *Ich bin von unerschöpflicher Energie erfüllt. Geistig, körperlich und spirituell bin ich in Einklang mit mir selbst und dem Universum. Ich fühle mich geistig, körperlich und spirituell bestens gestärkt. Ich werde meine Energien dazu benutzen, mein Wachstum und das*

Wohlergehen der Menschen um mich herum zu fördern. Ich kann
zu jeder Zeit unendlich viel Kraft in mir selbst erzeugen, indem
ich meine Fingerspitzen berühre und mir sage: »Ich habe die
Macht dazu!«

Schritt 6: Affirmation nach der Übung. Legen Sie, um die kräftigen-
den Wirkungen dieses Verfahrens jederzeit aktivieren zu können,
Ihre Fingerspitzen aneinander, und sprechen Sie die Affirmation:
Ich habe die Macht dazu!

Zusammenfassung

Eine wichtige Voraussetzung für die Stärkung des sensitiven Potentials ist der feste Glaube an die menschliche Fähigkeit zu Erhabenheit und Veränderung. Wenn das Wachstum unterbrochen ist oder
wir von unserem Weg abgekommen sind, bleibt der innere Funke
der Erhabenheit intakt. Er erinnert uns ständig an die unermeßliche
Kraft, die jedem von uns offensteht.

Wenn wir unsere Kraft und die des Kosmos anzapfen, erfahren
wir den höchsten Gipfel menschlichen Erlebens. Mit der unerschöpflichen Kraft können wir jedes Hindernis überwinden und
jede Herausforderung meistern. Wenn Geist, Körper und Seele gestärkt sind, ist nichts unmöglich.

9

Ein Sieben-Tage-Programm zur Stärkung der Aura

Die höchsten Gebäude benötigen die tiefsten Fundamente.

George Santayana: *Winds of Doctrine* (1913)

VIEL ZU HÄUFIG ist die Aura lediglich als ein äußerliches Phänomen angesehen worden, daß nur eine geringe Bedeutung für die
persönliche Machtverleihung hat. Der Schwerpunkt lag vor allem
darauf, wie die Aura wahrgenommen und interpretiert werden
kann, aber ihrer komplexen Leistungsfähigkeit als einer kraftvollen
Macht in einem größeren kosmischen Energiesystem wurde nur
wenig Aufmerksamkeit geschenkt. Wir wissen jetzt, daß die sichtbare Aura die kraftvolle Manifestation einer inneren Lebenskraft
und die unzerstörbare Natur unserer Existenz als bewußte Wesen
ist. Darüber hinaus haben wir festgestellt, daß die Aura mit ihrem
inneren Kern unsere Verbindung zur höchsten Macht des Kosmos
ist. Sie ist ein Kraftwerk von Potentialen, aber um ihre Kräfte zu
aktivieren und – noch wichtiger – um ihre Fähigkeiten zu entwik-
keln, muß man überlegt, planvoll und konzentriert vorgehen.

Das Sieben-Tage-Programm zur Stärkung der Aura dient dazu,
eine völlig neue Wachstumsspirale in Gang zu setzen, die uns die
Kraft gibt, größere persönliche Erfüllung zu erreichen. Das Programm enthält einige der methodisch aufgebauten Techniken, die
wir bereits beschrieben haben und die so zusammenstellt werden,
daß unsere Fähigkeiten, zu wachsen und uns zu verändern, betont
werden. Das Programm vermittelt uns ein tieferes Verständnis der
Aura und ihrer Bedeutung für die Stärkung unserer Persönlichkeit.

Erster Tag

Die meisten Techniken zur Stärkung der Aura setzen die Fähigkeit voraus, die Aura zu sehen. Deshalb ist die Entwicklung Ihrer Fähigkeit, Ihre eigene Aura wahrzunehmen, eines der wichtigsten Ziele unseres Sieben-Tage-Programms. Am ersten Tag lernen Sie vier Selbstwahrnehmungstechniken kennen, die jeweils das Sehen der Aura um Ihren Kopf herum ermöglichen sollen. Bei jeder Übung sind nur wenige Sekunden nötig, um die Aura klar in den Blick zu bekommen. Zum Üben empfehlen wir bei allen Methoden entweder natürliche oder sanfte, indirekte Beleuchtung sowie einen naturweißen Schirm als Hintergrund. Sie werden feststellen, daß Sie Ihre Wahrnehmungsfähigkeiten später bei fast allen äußeren Bedingungen einsetzen können, wenn Sie sie erst einmal beherrschen.

1. Die Handaura-Betrachtungsmethode

Schritt 1: Entspannung. Entspannen Sie sich, indem Sie ein paar Mal tief ein- und langsam ausatmen und dabei alle Gedanken, die Ihnen durch den Kopf gehen, loslassen.

Schritt 2: Spreizen der Finger. Strecken Sie Ihre Hand aus, und halten Sie sie mit leicht gespreizten Fingern vor einen naturweißen Hintergrund.

Schritt 3: Visualisierung. Visualisieren Sie einen kleinen Punkt, der sich in dem Zwischenraum zwischen Ihrem Daumen und Ihrem Zeigefinger umherbewegt.

Schritt 4: Fixieren. Richten Sie Ihren Blick fest auf den imaginierten Punkt, bis, im allgemeinen innerhalb weniger Sekunden, die Aura erscheint, und zwar zuerst um Ihren Daumen und Ihren rechten Zeigefinger herum, dann um Ihre ganze Hand und den Unterarm.

Schritt 5: Aurasehen. Wenn die Aura einmal klar sichtbar ist, wenden Sie Ihren Blick direkt dorthin, und betrachten Sie ihre Merkmale.

Beachten Sie: Sollten Sie irgendwann bei dieser Übung ermüden, nehmen Sie sich ein wenig Zeit, sich zu entspannen, und machen Sie dann mit der Übung weiter.

2. Das Fingerzählen

Schritt 1: Finger zählen. Strecken Sie Ihre Hand aus, und spreizen Sie Ihre Finger. Jetzt zählen Sie Ihre Finger langsam einen nach dem anderen, wobei Sie mit dem Daumen beginnen. Betrachten Sie beim Zählen kurz die jeweilige Fingerspitze.

Schritt 2: Finger rückwärts zählen. Halten Sie Ihre Hand weiterhin ausgestreckt und Ihre Finger gespreizt, und zählen Sie jetzt langsam Ihre Finger rückwärts von fünf bis eins, wobei Sie mit dem kleinen Finger beginnen und beim Daumen enden. Schauen Sie wie in Schritt 1 beim Zählen kurz auf die jeweilige Fingerspitze.

Schritt 3: Finger betrachten. Betrachten Sie einige Augenblicke lang die Spitze Ihres Mittelfingers, und weiten Sie dann Ihr peripheres Sehen aus, bis Sie die ganze Hand erfassen. Fast augenblicklich wird ein sanftes weißes Leuchten um Ihre Hand herum erscheinen, dann eine farbige Aura.

Schritt 4: Aurasehen. Wenn Sie jetzt die Aura sehen, können Sie Ihre Aufmerksamkeit direkt auf sie richten und ihre Charakteristika im Detail betrachten.

3. Die Dreiecksbildung mit den Händen
(angepaßt für die Selbstbetrachtung)

Schritt 1: Dreieckserrichtung. Halten Sie Ihre Hände mit gestreckten Armen direkt vor einen Schirm, und bilden Sie ein Dreieck, indem Sie zuerst die Daumenspitzen als Basis des Dreiecks aneinanderhalten. Bringen Sie dann die Spitzen der Zeigefinger zueinander, um die Spitze des Dreiecks zu bilden.

Schritt 2: Visualisierung. Visualisieren Sie, während Sie das Dreieck vor dem naturweißen Hintergrund betrachten, einen kleinen

Punkt im Zentrum des Dreiecks, und konzentrieren Sie Ihre gesamte Aufmerksamkeit auf diesen imaginierten Punkt.

Schritt 3: Fixiertes Betrachten. Fixieren Sie Ihren Blick auf den imaginierten Punkt, und betrachten Sie ihn so lange, bis die Aura erscheint – was normalerweise innerhalb weniger Sekunden der Fall ist –, und zwar zuerst innerhalb des Dreiecks und dann um Ihre Hände und Ihre Unterarme herum.

Schritt 4: Aurasehen. Achten Sie, wenn die Aura sichtbar ist, auf ihre Färbung, Größe und andere charakteristische Merkmale.

Schritt 5: Mediale Aktivierung. Um Ihre sensitiven Fähigkeiten zu aktivieren, konzentrieren Sie Ihre ganze Aufmerksamkeit auf die Energiekonzentration in dem Dreieck Ihrer Hände, und erlauben Sie Ihrer sensitiven Erkenntnis, sich zu entfalten.

Schritt 6: Affirmation Ihrer Macht. Beenden Sie die Übung, indem Sie bekräftigen, daß Ihnen die Macht zuteil geworden ist, Ihre eigene Aura zu sehen und Ihre Aura-Energien als Kanäle für das Wachstum Ihrer sensitiven Fähigkeiten einzusetzen.

4. Das Handflächen-Reiben

Diese Technik dient dazu, eine zwar vorübergehende, aber deutlich sichtbare Energiekonzentration in den Händen zu erzeugen.

Schritt 1: Kontakt der Handflächen. Legen Sie Ihre Handflächen locker aufeinander, und reiben Sie sie vorsichtig aneinander, zuerst in kreisenden, dann in Hin- und Herbewegungen. Sie werden sehr schnell spüren, wie sich in Ihren Handflächen eine warme Energie aufbaut.

Schritt 2: Handflächen lösen. Lassen Sie Ihre Handflächen weiter aufeinanderliegen, und strecken Sie die Arme aus. Lösen Sie dann langsam Ihre Hände ein wenig voneinander. In dem entstandenen kleinen Zwischenraum werden Sie sofort ein sanftes Prickeln zwischen den Handflächen und Fingerspitzen spüren.

Schritt 3: Energiewahrnehmung. Richten Sie Ihre Aufmerksamkeit auf den schmalen Zwischenraum zwischen Ihren Händen, und achten Sie auf das weißliche Leuchten. Verändern Sie den Abstand zwischen Ihren Händen, bis Farbe erscheint.

Schritt 4: Handflächen wölben. Halten Sie Ihre Hände weiterhin ausgestreckt, und wölben Sie Ihre Hände etwas, so daß zwischen Ihren Handflächen ein größerer Abstand entsteht, während Ihre Fingerspitzen nahe beieinander bleiben.

Schritt 5: Energiekanal. Nachdem Sie sich für kurze Zeit auf den Zwischenraum zwischen Ihren Fingerspitzen konzentriert haben, legen Sie zunächst Ihre Fingerspitzen aneinander und lösen sie dann wieder langsam voneinander. Sie werden sofort ein Band aus leuchtender Energie zwischen Ihren Fingerspitzen sehen. Verändern Sie den Abstand zwischen Ihren Fingerspitzen, bis Sie eine Farbe wahrnehmen, die normalerweise derjenigen entspricht, die Sie in dem Zwischenraum zwischen Ihren Händen in Schritt 3 oben gesehen haben.

Schritt 6: Aurasehen. Fixieren Sie Ihre gewölbten Hände, die Sie immer noch gegeneinander halten, bis die Aura um sie herum erscheint, dann drehen Sie Ihre Hände so, daß Sie in Ihre Handflächen schauen. Achten Sie auf die alles umhüllende Aura und ihre verschiedenen Merkmale.

Bei Schritt 6 dieser Übung wird zwischen den gewölbten Händen oft eine Kugel aus schillernder Energie sichtbar.

Zweiter Tag

Die Übungen des zweiten Tages sind auf den Ausbau Ihrer Fähigkeit ausgerichtet, die Aura anderer Menschen zu sehen. Dies wird dadurch erleichtert, daß Sie die Übungen des ersten Tages zur Selbstwahrnehmung der Aura durchgeführt haben. Es sind drei Übungen zum Aurasehen vorgesehen, für die Sie jeweils einen Freiwilligen als Testperson benötigen. Für jede Methode empfehlen wir mehrere Übungssitzungen. Sie werden zwar feststellen, daß normalerweise ein einziger Versuch ausreicht, um die Aura zu sehen, aber Sie sollten häufiger üben, um dadurch Ihre Wahrnehmungsfähigkeiten zu verfeinern.

Für die drei Methoden empfehlen wir entweder natürliches Tageslicht oder sanfte, indirekte Bedeutung, wobei die Testperson etwa drei Meter vom Betrachter entfernt und ungefähr 60 Zentimeter vor einer naturweißen, nicht glänzenden Wand oder einem Schirm als Hintergrund stehen sollte. Bei jeder Methode dauert es nur wenige Sekunden, bis die Aura sichtbar wird.

1. Die Whiteout-Methode

Schritt 1. Körperliche Entspannung. Entspannen Sie sich körperlich mit Hilfe einer einfachen dreistufigen Technik, Körperscan genannt: 1. Schließen Sie die Augen, und tasten Sie mental Ihren Körper ab, wobei Sie bei der Stirn beginnen und nach unten hin fortfahren. 2. Stellen Sie sich vor, daß die Entspannung ein sanftes Strahlen ist, das beim Abtasten entsteht und schließlich Ihren ganzen Körper umhüllt. 3. Sagen Sie im stillen zu sich: *Ich bin jetzt ganz entspannt.*

Schritt 2. Der Whiteout. Richten Sie Ihren Blick fest auf die Stirn der Person, deren Aura Sie sehen wollen, und erweitern Sie langsam Ihr peripheres Sehen, um die gesamte Umgebung der betreffenden Person mit einzubeziehen. Wenn Ihr peripheres Sehen seine Grenzen erreicht, erlauben Sie Ihren Augen, sich ein wenig zu entspannen und den direkten Fokus loszulassen. Sie werden jetzt den »Whiteout-Effekt« erleben, eine Erscheinung, bei der die Umgebung Ihrer Testperson einen milchig-weißen Schimmer annimmt.

Schritt 3. Fokussieren. Fokussieren Sie Ihren Blick wieder, und konzentrieren Sie Ihre ganze Aufmerksamkeit auf die Stirn Ihrer Testperson. Die Aura wird fast unmittelbar danach zu sehen sein.

Schritt 4. Aurasehen. Sie sind jetzt darauf vorbereitet, die Aura zu betrachten und Ihre Aufmerksamkeit auf die Farbgebung und andere Merkmale zu konzentrieren. Sollten Ihre Augen beim Betrachten müde werden, schließen Sie sie einen Augenblick lang, oder richten Sie kurz Ihren Blick in eine andere Richtung, und schauen Sie in die Ferne. Sollte die Aura beim Betrachten zu verblassen beginnen, schließen Sie kurz Ihre Augen, und wiederholen Sie die Übung.

2. Die Dreiecksmethode

Schritt 1: Vorbereitungen. Lassen Sie Ihre Versuchsperson sich in etwa 60 Zentimeter Entfernung von dem Schirm aufstellen, und kennzeichnen Sie auf dem Schirm die drei Eckpunkte eines Dreiecks mit Aufklebern. Ein Punkt wird einige Zentimeter oberhalb des Kopfes angeklebt, zwei Punkte werden in Höhe der Taille rechts und links einige Zentimeter vom Körper entfernt angebracht.

Schritt 2: Körperscan. Begeben Sie sich in einen Abstand von etwa drei Metern zu Ihrer Versuchsperson, und führen Sie einen Körperscan durch, indem Sie für einen Moment Ihre Augen schließen und im Geiste Ihren Körper von oben bis unten abtasten und dabei jegliche Spannungen lösen.

Schritt 3: Dreieckserrichtung. Öffnen Sie Ihre Augen, und konzentrieren Sie Ihre ganze Aufmerksamkeit auf den Klebepunkt oberhalb des Kopfes Ihrer Versuchsperson. Starren Sie diesen Punkt einige Augenblicke an, und bringen Sie Ihre Aufmerksamkeit dann zu dem Klebepunkt links neben der Person. Betrachten Sie diesen Punkt wiederum einige Augenblicke lang, und bringen Sie dann Ihre Aufmerksamkeit zu dem Klebepunkt rechts von der Person. Schauen Sie auch diesen Punkt einige Augenblicke an, bevor Sie das Dreieck vervollständigen, indem Sie Ihre Aufmerksamkeit wieder zum Anfangspunkt – oberhalb des Kopfes – zurückbringen. Schauen Sie diesen Punkt so lange an, bis die Aura in Ihren Blick kommt; normalerweise geschieht das innerhalb weniger Sekunden. Beachten Sie: Einige Betrachter werden die Aura schon in einem frühen Stadium dieser Dreiecksübung sehen.

Schritt 4: Aurasehen. Nehmen Sie Ihren Blick von dem Klebepunkt oberhalb der Versuchsperson, und konzentrieren Sie Ihre Aufmerksamkeit direkt auf die Aura. Achten Sie auf besondere Auramerkmale oder Bereiche, die sehr aktiv sind oder sonst irgendwie hervorstechen. Sollte die Aura verblassen, während Sie schauen, konzentrieren Sie Ihre Aufmerksamkeit wieder auf den Punkt oberhalb des Kopfes, und wiederholen Sie die Dreieckserrichtungsübung.

Schritt 5: Mediale Aufnahmebereitschaft. Achten Sie auf die sensitiven Eindrücke, besonders Hellsichtigkeit, die bei dieser Methode oft auftreten.

Beachten Sie: Wenn Sie ein wenig Übung haben, werden Sie feststellen, daß Sie die Klebepunkte auf dem Hintergrund auch durch imaginierte Punkte ersetzen können.

3. Die Dreiecksbildung mit den Händen

Diese Methode ist wirksam, um 1. die Aura unter Bedingungen zu sehen, die keiner großen Vorbereitung bedürfen, und 2. wichtige sensitive Wahrnehmungen herbeizuführen, die die Testperson betreffen, wie z. B. Präkognition.

Schritt 1: Dreiecksbildung. Errichten Sie mit Ihren Händen ein Dreieck, indem Sie zuerst die Spitzen Ihrer Daumen zusammenbringen und damit die Basis eines Dreiecks bilden. Legen Sie dann die Spitzen Ihrer Zeigefinger aneinander, um so die Spitze des Dreiecks zu bilden.

Schritt 2: Rahmenanpassung. Benutzen Sie Ihr Dreieck als einen Rahmen, durch den hindurch Sie Ihre Testperson betrachten. Passen Sie den Rahmen an, indem Sie Ihre Hände vor- und zurückbewegen, bis Sie die Distanz gefunden haben, die Ihnen zur Betrachtung Ihrer Testperson den idealen Ausschnitt bietet.

Schritt 3: Aurasehen. Beobachten Sie Ihre Versuchsperson durch das Dreieck, bis – normalerweise innerhalb weniger Sekunden – die Aura erscheint. Entfernen Sie das Dreieck, indem Sie die Hände langsam voneinander lösen und sie entspannen. Sie können jetzt die Aura in ihrer ganzen Größe betrachten oder sich auf bestimmte Merkmale oder Bereiche besonderer Aktivität konzentrieren. Sollte die Aura verblassen, wiederholen Sie das Verfahren.

Schritt 4: Mediale Aufnahmebereitschaft. Achten Sie auf die sensitiven Eindrücke, besonders Präkognition, die während des Betrachtens oft spontan auftreten.

Dritter Tag

Der dritte Tag verfolgt zwei Ziele: 1. mit Hilfe der generellen Intervention einen voll energetisierten geistigen, körperlichen und spirituellen Zustand herbeizuführen und 2. mit Hilfe der Ausrichtung auf den Kosmos einen kosmisch zentrierten Zustand innerhalb des Selbst hervorzurufen. Etwa 30 Minuten sollten für jede Übung eingeplant werden.

1. Die generelle Intervention

Diese energetisierende Übung kann in Schritt 5 mit Imaginationen und Affirmationen ergänzt werden, um bestimmte Ziele zu erreichen, z.B. das Ablegen schlechter Angewohnheiten, Streßbewältigung oder der erfolgreiche Abschluß einer Aufgabe.

Schritt 1: Anfängliche Aurabetrachtung. Begeben Sie sich an einen ruhigen, angenehmen Ort, und betrachten Sie Ihre Aura mit Hilfe einer der vorangehend beschriebenen Selbstbetrachtungstechniken.

Schritt 2: Körperscan. Legen oder setzen Sie sich hin, und lassen Sie alle Gedanken, die Ihnen durch den Kopf gehen, ziehen. Schließen Sie Ihre Augen, und führen Sie einen tiefen Entspannungszustand herbei, indem Sie im Geist Ihren Körper von oben nach unten abtasten. Nehmen Sie jede Anspannung zur Kenntnis, und lassen Sie sie los. Beenden Sie den Körperscan, indem Sie dreimal tief einatmen und langsam ausatmen. Sagen Sie sich nach dem dritten Atemzug: *Ich bin jetzt völlig entspannt.*

Schritt 3: Energetisierende Imagination. Stellen Sie sich vor, wie ein kraftvolles Leuchten tief aus Ihrem Inneren hervortritt und langsam Ihren ganzen Körper mit erfrischender Energie durchströmt. Spüren Sie in Ihrer Körpermitte die warme, belebende Energie, die sich sanft in alle Richtungen ausbreitet und Ihren ganzen Körper mit einem leuchtenden Glanz umgibt.

Schritt 4: Energiezufluß. Nehmen Sie sich einige Augenblicke Zeit, damit genügend kraftvolle Energie einströmen kann. Konzentrieren Sie sich auf bestimmte Körperregionen, spezielle Gelenke oder kleine Muskelgruppen, und achten Sie auf das tiefe Einströmen der Energie. Sollten eine Schwachstelle oder eine Anspannung zurückbleiben, dann stellen Sie sich diese als eine Verfärbung vor, und ersetzen Sie sie sofort mit dem belebenden Leuchten der Energie.

Schritt 5: Affirmation. Bleiben Sie entspannt und voller Energie, und sprechen Sie folgende Affirmation: *Mein ganzes Wesen – geistig, spirituell und körperlich – ist von kraftvoller, positiver Energie durchströmt. Ich bin vom Licht der Liebe, des Friedens und der Kraft umgeben.* Benennen Sie jetzt Ihre Ziele, und stellen Sie sich diese als Realitäten vor. Bestätigen Sie sich, daß Sie die Macht haben, sie zu erreichen.

Schritt 6: Abschließende Aurabetrachtung. Beenden Sie die Übung, indem Sie noch einmal Ihre Aura mit Hilfe der gleichen Methode betrachten wie in Schritt 1. Achten Sie auf Veränderungen.

2. Ausrichtung auf den Kosmos

Diese Methode geht davon aus, daß wir zwei Kraftquellen haben: Eine hat ihr Zentrum im Höheren Selbst, die andere im höheren Teil des Kosmos. Indem wir uns auf den Kosmos konzentrieren, können wir uns sehr eng mit beiden verbinden. Dadurch erreichen wir einen kraftvollen Zustand völligen inneren und äußeren Einklangs. Wir empfehlen eine liegende Position, die Beine sollen nicht überkreuzt sein und die Arme locker seitlich liegen.

Schritt 1: Anfängliche Aurabetrachtung. Betrachten Sie Ihre Aura mit Hilfe einer der Selbstbetrachtungstechniken, die wir bereits detailliert beschrieben haben. Achten Sie auf die spezifischen Auramerkmale wie Färbung, Helligkeit und Ausdehnung.

Schritt 2: Körperliche Entspannung. Machen Sie es sich bequem, schließen Sie Ihre Augen, und konzentrieren Sie sich nur auf Ihre Atmung. Atmen Sie tief und rhythmisch, und entspannen Sie sich allmählich. Nehmen Sie sich einige Augenblicke Zeit, sich eine friedliche Szene vorzustellen, z. B. eine aufgebauschte Wolke, die sanft vor einem klaren blauen Himmel dahintreibt, und sprechen Sie dann die Affirmation: *Ich bin in Frieden mit mir selbst und dem Kosmos.*

Schritt 3: Innere Achtsamkeit. Richten Sie Ihre ganze Aufmerksamkeit auf den innersten Teil Ihres Selbst. Stellen Sie sich einen leuchtenden inneren Kern in Ihrem Solarplexus vor. Betrachten Sie ihn als ein Energiekraftwerk, das unerschöpfliche Energie ausstrahlt, die Ihr ganzes Wesen in Schwung hält – geistig, körperlich und spirituell.

Schritt 4: Energiezufluß. Achten Sie auf das kraftvolle Einströmen von glänzender Energie. Stellen Sie sich vor, daß Ihr Körper in ein strahlendes Leuchten eingehüllt ist, und sprechen Sie die Affirmation: *Ich bin von kraftvoller, strahlender Energie erfüllt.*

Schritt 5: Kosmische Imagination. Stellen Sie sich das entfernte Zentrum des Kosmos als einen strahlenden Kern kraftvoller Energie vor. Betrachten Sie diesen Kern als das kosmische Kraftwerk, das das Universum mit Energie versorgt. Konzentrieren Sie Ihre ganze Aufmerksamkeit auf seine grenzenlose Kraft.

Schritt 6: Kosmische Stärkung. Stellen Sie sich ein kraftvolles Band aus hellem Licht vor, das den leuchtenden Kern Ihres inneren Wesens mit dem strahlenden Kern des äußeren Kosmos verbindet. Stellen Sie sich weiterhin das leuchtende Band reinen Lichts vor, und lassen Sie sich ganz von reiner kosmischer Energie durchströmen. Sprechen Sie die Affirmationen: *Ich bin im Einklang mit dem Kosmos und habe durch unerschöpfliche kosmische Energie Macht verliehen bekommen. Ich bin voller Energie und geistig, körperlich und spirituell ausgeglichen.*

Schritt 7: Abschließende Aurabetrachtung. Beenden Sie die Übung, indem Sie noch einmal Ihre Aura betrachten und dabei besonders auf Veränderungen in der Färbung und Intensität achten.

Vierter Tag

Der vierte Tag unseres Programms beinhaltet zwei entscheidende Aura-Selbstmassagetechniken. Die X-Selbstmassage dient dazu, die Aura anzureichern und auszuweiten, indem die Energien gleichmäßig verteilt werden. Die Verjüngungsselbstmassage revitalisiert das Aurasystem und verjüngt die dem Altern zugrundeliegenden biologischen und psychologischen Faktoren. Jede Übung nimmt etwa 30 Minuten in Anspruch und wird mit geschlossenen Augen entweder in sitzender oder liegender Position ausgeführt.

1. Die X-Selbstmassage

Schritt 1: Die X-Position. Beginnen Sie die X-Selbstmassage, indem Sie Ihre Augen schließen, die Sie für die Dauer der Behandlung auch geschlossen halten, und Ihre Arme so kreuzen, daß sie über der Brust ein X bilden. Ihre gekreuzten Arme liegen auf Ihrer Brust auf. Legen Sie Ihre Hände auf die Schultern, und atmen Sie langsam, tief und regelmäßig. Nehmen Sie sich einige Augenblicke Zeit, um zu entspannen und die aktiven Gedanken aus Ihrem Kopf loszulassen.

Schritt 2: Aura-Imagination. Bleiben Sie in der X-Position, und stellen Sie sich Ihre ganze Aura vor; achten Sie dabei auf ihre Farben, Muster und ihre charakteristischen Merkmale. Schenken Sie dem Aurabereich um Ihren Oberkörper herum besondere Aufmerksamkeit.

Schritt 3: Zweiteilige Massage. *Teil 1.* Lassen Sie Ihre Arme gekreuzt, und heben Sie sie einige Zentimeter von Ihrem Körper ab; streichen Sie dann sanft mit langsam kreisenden Bewegungen über die Aura um Ihre Brust und Ihre Schultern. Stellen Sie sich die Aura um Ihre Hände und Arme vor, die mit der Aura, die Ihre Brust und Schultern umgibt, interagiert. Spüren Sie die energetisierende Wirkung der Massage tief in Ihrem Körper.
Teil 2. Lösen Sie das Kreuz Ihrer Arme auf, und legen Sie Ihre Hände neben Ihren Kopf. Wenden Sie Ihre Handflächen Ihren Schläfen zu, und massieren Sie die Aura sanft mit kreisenden

Bewegungen, wobei Sie körperliche Berührung sorgfältig vermeiden. Dehnen Sie die kreisende Massage aus, indem Sie nach und nach Schultern, Brust, Bauch und Hüften mit einbeziehen. Führen Sie dann abrupte, vertikale Bewegungen aus, die Energien vom Rumpf nach unten fegen. Verändern Sie die Richtung, und massieren Sie langsam aufwärts mit kreisendem Streichen, das schließlich im Kopfbereich endet.

Schritt 4: Affirmation zur Selbststärkung. Bringen Sie Ihre Arme wieder in die ursprüngliche, gekreuzte Position, und sprechen Sie, während Ihre Hände auf Ihren Schultern liegen, die Affirmationen: *Ich bin in positive, kraftvolle Energie gehüllt. Ich befinde mich geistig, körperlich und spirituell auf einem Höhepunkt. Ich habe die Macht, die höchsten Ziele zu erreichen.*

2. Die Verjüngungsselbstmassage

Schritt 1: Entspannung. Atmen Sie langsamer, und stellen Sie sich vor, daß um Sie herum sanfter Nebel aufsteigt, der Ihren ganzen Körper umgibt. In dem Maß, wie der Nebel sich langsam erhebt, entspannen Sie Ihren Körper. Machen Sie sich klar, daß der Dunst für eine höhere kosmische Energie steht, die Ihren physischen Körper und Ihr Aurasystem kräftigt. Ist Ihr Körper ganz umhüllt, dann lassen Sie es zu, daß sich der Nebel in ein schillerndes Leuchten verwandelt. Atmen Sie das Leuchten langsam ein, und sprechen Sie zu sich selbst: *Ich nehme mit meinem ganzen Wesen Frieden und Gelassenheit auf.*

Schritt 2: Verjüngungs-Rückführung. Versetzen Sie sich mental in der Zeit zurück, und stellen Sie sich vor, wie Sie selbst als Jugendlicher beispielsweise vor einem großen Spiegel stehen, nackt und vor jugendlicher Energie strahlend. Achten Sie besonders auf das strahlende Leuchten, das Ihren Körper umgibt, und das jugendliche Funkeln Ihrer Augen, wenn Sie die Affirmation sprechen: *Dies ist mein wahres Ich.* Konzentrieren Sie Ihre Aufmerksamkeit auf den Bereich Ihres Solarplexus, das Verjüngungszentrum Ihres Aurasystems. Atmen Sie das Leuchten der Jugend ein, das Ihren Körper umgibt, und nehmen Sie dadurch die verjüngende Energie tief in sich auf. Sprechen Sie die Affirmation: *Mein ganzes Wesen*

ist von verjüngender Energie ganz erfüllt. Spüren Sie, wie die
Energien der Jugend Ihren Körper durchströmen.

Schritt 3: Zweistufige Verjüngungsmassage. *Stufe 1.* Massieren Sie
die Aura, die aus Ihrer Körpermitte hervortritt, mit langsamen,
aufwärts gerichteten Streichbewegungen, die mit einer sanften
Wischbewegung nach außen enden. Konzentrieren Sie sich zunächst auf den unteren Bereich, und arbeiten Sie sich dann mit
vertikalen Streichbewegungen und nach außen gerichtetem
Wischen aufwärts, wobei Sie die ganze Zeit Körperkontakt vermeiden sollen. Stellen Sie sich die mit dem Altern in Verbindung
stehenden Energien als Verfärbungen vor, die aus Ihrem Aurasystem herausgefegt werden. Setzen Sie, wenn Sie den Kopfbereich erreichen, die aufwärts gerichteten Bewegungen fort, und
lassen Sie sie dann mit sanftem, nach hinten gerichteten Streichen
an den Seiten Ihres Kopfes ausklingen. Beenden Sie diese Phase
der Massage mit einem aufwärts gerichteten Streichen vor Ihrem
Gesicht, wodurch die Aura, die aus Ihrem Gesicht hervortritt,
sanft gestreichelt wird, und machen Sie dabei aufwärts gerichtete
Handbewegungen, die Sie über dem Kopf mit einem Streichen
nach hinten ausklingen lassen, während Sie sich ein strahlendes
Leuchten verjüngender Energie um Ihren Körper herum vorstellen.
Stufe 2. Reiben Sie sanft Ihre Hände aneinander, und stellen Sie
sich dabei vor, wie sich verjüngende Energie in der Form leuchtenden pinkfarbenen Lichts in Ihren Handflächen konzentriert.
Massieren Sie noch einmal Ihre Aura, wie in Stufe 1 beschrieben,
wobei Sie in der Mitte des Körpers beginnen und mit der Gesichtsmassage enden. Stellen Sie sich vor, wie Ihre Aura das pinkfarbene Leuchten der Jugend annimmt. Wenn Sie über die Aura
Ihres Gesichts streichen, dann beachten Sie das verjüngende Prikkeln. Lassen Sie zu, daß Ihre Gesichtsmuskeln auf die aufwärts
gerichteten Streichbewegungen reagieren, indem Sie die verjüngende Energie aufsaugen.

**Schritt 4: Abschließende Affirmationen und Hinweise, die sich aus
der Massage ergeben.** Dieser Schritt verfolgt zwei Ziele: Erstens
soll er die unmittelbaren Ergebnisse der Massage festigen, und
zweitens soll er die aufwärts gerichtete Streichbewegung vor dem
Gesicht als einen Impuls kenntlich machen, damit nach Aufforde-

rung Verjüngung sofort aktiviert wird. Stellen Sie sich, um dieses Ziel zu erreichen, noch einmal vor, wie Ihr Körper in strahlende Energie eingehüllt ist, und sprechen Sie dabei die Affirmation: *Mein ganzes Wesen ist neu belebt und verjüngt. Ich werde auf Kommando sofort Verjüngung aktivieren, indem ich die Energien, die aus meinem Gesicht hervortreten, nach oben streiche und mir dabei zugleich das strahlende Leuchten vorstelle, das meinen Körper umgibt.*

Das aufwärts gerichtete Streichen über das Gesicht als Maßnahme zur Verjüngung kann fast überall und so oft wie nötig eingesetzt werden. Der häufige Einsatz dieser Verjüngungsbewegung kann ein sichtbares Leuchten um das Gesicht hervorbringen, wobei es die Anzeichen des Alterns, wie z.B. Falten am Hals und im Gesicht, lindert oder ihnen vorbeugt.

Fünfter Tag

Die Aktivitäten des fünften Tags bauen auf unserer natürlichen Neigung auf, mit der Natur in Kontakt zu kommen, sowie auf dem Stärkungspotential dieser Begegnungen. Zwei Methoden werden vorgestellt, die dieses Potential aufs höchste steigern: »Der kräftigende Spaziergang in der Natur« und »Die kraftvolle Begegnung mit Bäumen«.

1. Der kräftigende Spaziergang in der Natur

Diese Übung dient dazu, die Aura mit Energie zu versorgen und zugleich unser Selbstbewußtsein zu stärken, so daß wir durch geführte Begegnungen mit der Natur persönliche Ziele erreichen. Für diesen Spaziergang ist zwar jede geschützte natürliche Umgebung geeignet, zu empfehlen ist jedoch ein schöner Ausblick oder ein Wald mit altem Baumbestand.

Schritt 1: Vorherige Aurabetrachtung. Schauen Sie vor dem Spaziergang Ihre Aura mit Hilfe einer der Selbstbetrachtungstechniken an, die wir bereits besprochen haben.

Schritt 2: Zielformulierung. Lehnen Sie sich zurück, formulieren Sie mit geschlossenen Augen Ihre nächsten Ziele, und benennen Sie sie so präzise wie möglich. Fragen Sie sich: »Was hoffe ich, mit diesem Spaziergang in der Natur zu erreichen?« Ihr Ziel kann einfach sein, Ihr Aurasystem mit Energie aufzuladen oder den Spaziergang nur zu genießen. Aber vielleicht wollen Sie auch eine bestimmte Wachstumsblockade in Ihrem Leben überwinden, Erkenntnis über sich selbst erlangen, eine Lösung für ein bestimmtes Problem finden oder einen persönlichen Konflikt lösen.

Schritt 3: Der Spaziergang. Suchen Sie sich für Ihren Spaziergang einen sicheren, vertrauten Ort aus. Gehen Sie in einem angenehmen Tempo, und nehmen Sie sich Zeit für Ihre Umgebung. Stellen Sie sich die Elemente um Sie herum – Pflanzen, Tiere, Steine und Flüsse – als energetisierte Geschöpfe der Natur vor, die Kraft besitzen, um sie weiterzugeben. Lassen Sie sie zu sich sprechen, wenn Sie die vibrierende Energie, die sich um Sie herum ansammelt, absorbieren. Betrachten Sie Ihre Umgebung als Partner, und genießen Sie die Sie umgebenden Wunder des Lebens. Achten Sie auf das Gefühl des Einsseins mit der Natur, und sagen Sie zu sich: *Ich bin ein integraler Bestandteil von allem, was existiert.* Überdenken Sie noch einmal die Ziele, wie Sie sie in Schritt 1 formuliert haben, und bestätigen Sie sich die Kraft, sie zu erreichen.

Schritt 4: Reflexion. Schauen Sie am Ende des Spaziergangs auf Ihr Erlebnis zurück, und denken Sie noch einmal über die Begegnungen nach, die sich ereignet haben. Lassen Sie im Geiste detaillierte Bilder von diesem Spaziergang entstehen, und legen Sie sie in Ihrem Gedächtnis als Schnappschüsse ab, auf die Sie in Zukunft zurückgreifen können. Überprüfen Sie die kraftverleihende Wirkung des Spaziergangs, und sprechen Sie die Affirmation: *Ich habe durch dieses Erlebnis Kraft bekommen. Indem ich die entsprechenden Bilder wachrufe, kann ich in jedem Augenblick meines Lebens einen Strom pulsierender Energie freisetzen.*

Schritt 5: Abschließende Aurabetrachtung und Auswertung. Schauen Sie noch einmal Ihre Aura mit Hilfe der gleichen Selbstbetrachtungsmethode an wie in Schritt 1, und achten Sie auf die Veränderungen. Bestätigen Sie noch einmal die kräftigenden Wirkungen des Erlebnisses.

2. Die kraftvolle Begegnung mit Bäumen

Hierbei handelt es sich um eine spezielle methodisch aufgebaute Übung mit Bäumen als konkreten interaktiven Objekten. Entscheidend für den Erfolg der Übung ist die Formulierung der Ziele, die mit der Stärkung erreicht werden sollen, und die Auswahl eines für diese Ziele geeigneten Baums.

Schritt 1. Aurabetrachtung. Betrachten Sie Ihre Aura mit Hilfe einer der Selbstbetrachtungsmethoden, die wir bereits besprochen haben. Achten Sie besonders auf Farbe, Helligkeit und Größe Ihrer Aura.

Schritt 2. Zielformulierung. Formulieren Sie Ihr(e) Ziel(e) der Begegnung. Ihr Ziel kann es sein, Ihre Aura mit gesunder Energie zu durchtränken, eine inaktive Region in Ihrem Energiesystem energetisch aufzuladen, Ihrer Aura eine weitere Farbe hinzuzufügen, eine Funktionsstörung zu beheben oder die ganze Aura aufzuhellen, um nur einige Möglichkeiten zu nennen. Weitere Ziele, die nicht direkt mit der Aura verbunden sind, können dem breiten Spektrum persönlicher Themen entstammen: Gesundheit, Gefühle, Sozialkontakte, Beruf.

Schritt 3. Die Auswahl des Baums. Die Auswahl eines Baumes eröffnet den interaktiven Prozeß. Es ist wichtig, einen Baum auszuwählen, der Sie persönlich anspricht und für Ihre besonderen Ziele geeignet erscheint. Es kann ein Ihnen vertrauter Baum sein oder einer, der Ihnen zum ersten Mal auffällt. Er kann vereinzelt stehen oder von anderen Bäumen dicht umgeben sein. Wenn Sie einen Baum ausgewählt haben, achten Sie auf das Gefühl der Verbundenheit mit ihm. Bevor Sie sich dem Baum nähern, nehmen Sie Kontakt zu ihm auf, indem Sie sich seine Unterscheidungsmerkmale, z.B. Höhe, Proportionen und Struktur, anschauen. Verpflichten Sie den Baum im Geist zu einem aufnahmebereiten Partner bei Ihren Kräftigungsbemühungen. Respektieren Sie den Baum als herrliche Schöpfung der Natur mit einem unendlichen Energievorrat.

Schritt 4. Einströmen der Kraft. Spüren Sie, wenn Sie sich dem Baum nähern, wie das ihn umgebende Energiefeld mit Ihrem Energiefeld interagiert. Berühren Sie den Baum zuerst mit Ihren Fingerspitzen, wodurch Sie sich mit den Antennen Ihres Körpers mit dem Baum als der kraftvollen Antenne der Erde verbinden. Beachten Sie das Einströmen kosmischer Energie, die Ihr gesamtes Energiesystem durchtränkt. Legen Sie Ihre Handflächen gegen den Baum, und nehmen Sie einen noch größeren Zufluß intensiver Kraft wahr. Ihr ganzes Wesen ist jetzt nicht nur mit dem Baum, sondern mit der grenzenlosen Kraft des Kosmos verbunden.

Schritt 5. Begegnung mit der Kraft der Bäume. Halten Sie Ihre Handflächen weiterhin gegen den Baum, und visualisieren Sie, wie Ihr Aurasystem mit dem Energiesystem des Baums interagiert. Nehmen Sie die starken Veränderungen an Ihrer Aura von ihren äußeren Rändern bis zum innersten Kern wahr. Streicheln Sie den Baum sanft, und lassen Sie ihn zu sich sprechen. Bestätigen Sie Ihre Verbindung zur unendlichen Kraft des Kosmos.

Schritt 6. Reflexion. Lösen Sie sich von dem Baum, und falten Sie Ihre Hände. Denken Sie über die kraftvolle Begegnung nach. Schauen Sie an dem Baum hoch, und gehen Sie noch einmal Ihre Kräftigungsziele durch. Sprechen Sie den Baum an, und affirmieren Sie Ihre Ziele als gegenwärtige Realität. Wenn es z.B. Ihr Ziel ist, Ihre Aura mit Energie zu versorgen, bekräftigen Sie: *Ich bin geistig, körperlich und spirituell völlig von unerschöpflicher Energie durchströmt.* Zugleich stellen Sie sich vor, daß Ihre Aura vor heller Energie leuchtet. Wenn Ihr Ziel eine bessere Gesundheit ist, sprechen Sie die Affirmation: *Ich bin jetzt ganz von gesunder Energie erfüllt.* Wenn es Ihr Ziel ist, das Rauchen aufzugeben, bestätigen Sie: *Ich bin jetzt Nichtraucher.* Selbst Ziele, die in einer fernen Zukunft liegen, können als gegenwärtige Realitäten bekräftigt werden. Wenn Sie Student sind und Ihr Ziel eine bevorstehende erfolgreiche Karriere ist, affirmieren Sie: *Eine erfolgreiche Karriere ist mir vorbestimmt.* Bilden Sie zusätzlich zu Ihren Affirmationen Imaginationen, die mit dem Ziel verbunden sind, um die machtverleihenden Folgen der Übung weiter zu stärken.

Schritt 7. Abschließende Aurabetrachtung und Bewertung. Betrachten Sie Ihre Aura, und vergleichen Sie sie mit der Betrachtung vor Beginn der Übung. Achten Sie auf die Veränderungen, besonders in Farbgebung, Helligkeit und Größe.

Später können die kräftigenden Resultate der Methode wieder aktiviert werden, indem Sie sich die Bilder, die Sie sich vom Baum gemacht haben, immer wieder ins Gedächtnis rufen.

Sechster Tag

Zwei zentrale Übungen – »Die Kraft des Mondes« und »Die Kraft der Sterne« – werden am sechsten Tag unseres Programms vorgestellt. Mit Hilfe der Methode »Die Kraft des Mondes« können Sie wichtige Veränderungen in der Farbgebung und Struktur Ihrer Aura herbeiführen, je nachdem, welche Ziele Sie erreichen wollen. Die Technik erfordert als konkreten Gegenstand den Vollmond oder, wenn er nicht zu sehen ist, eine bildliche Vorstellung des Mondes. Mit Hilfe der Technik »Die Kraft der Sterne« können Sie einen Zustand völligen inneren Einklangs mit dem Kosmos herbeiführen. Diese Technik benutzt einen Stern als Verbindung zur kosmischen Dimension unserer Existenz. Je häufiger Sie diese Übungen durchführen, desto größer ist der Erfolg.

1. Die Kraft des Mondes

Schritt 1: Anfängliche Aurabetrachtung. Schauen Sie Ihre Aura mit Hilfe einer der Betrachtungsmethoden für die gesamte Aura an (siehe Kapitel 3). Schenken Sie der Färbung der Aura und ihrem Bedürfnis nach Eingriffen besondere Aufmerksamkeit.

Schritt 2: Zielformulierung. Benennen Sie Ihre Ziele, die Sie mit der Beeinflussung der Aura erreichen wollen, und affirmieren Sie: *Ich möchte diese Übung nutzen, um diese Ziele zu erreichen.*

Schritt 3: Mondbetrachtung. Betrachten Sie den Vollmond, oder, wenn er nicht zu sehen ist, visualisieren Sie ihn. Lassen Sie es zu, daß sich das Bild des Mondes in Ihrem Kopf festsetzt.

Schritt 4: Mondvorstellung. Stellen Sie sich bei geschlossenen Augen den Vollmond vor, und richten Sie Ihre Aufmerksamkeit auf ihn. Schieben Sie alle anderen Bilder in Ihrem Kopf beiseite. Nehmen Sie sich genügend Zeit, damit der Mond anschaulich wird.

Schritt 5: Die Kräftigung. Behalten Sie das Bild des Vollmonds fest vor Ihrem inneren Auge, erinnern Sie sich an jedes Ihrer Ziele, und verpflichten Sie den Mond als Ihren Partner zur Kräftigung. Wenn es Ihr Ziel ist, Ihre Aura mit Leuchtkraft zu versehen, dann stellen Sie sich vor, daß der Mond leuchtende Energie aussendet und Ihr Aurasystem sie absorbiert. Wenn es Ihr Ziel ist, einem genau bezeichneten Bereich Ihrer Aura eine bestimmte Farbe hinzuzufügen, dann stellen Sie sich vor, wie der Mond diese Farbe annimmt und sie entweder als Mondstrahlen oder als eine Farbkugel auf Ihr System überträgt und dabei die bezeichnete Region mit neuer Energie versorgt. Wenn es Ihr Ziel ist, eine neue Farbschicht in Ihre Aura einzuführen, dann stellen Sie sich vor, wie der Mond diese Farbe annimmt und sie als leuchtende Energie in Ihrer ganzen Aura verteilt.

Schritt 6: Abschließende Aurabetrachtung. Betrachten Sie noch einmal Ihre Aura mit Hilfe der gleichen Methode wie in Schritt 1. Achten Sie auf die Änderungen in Ihrer Aura. Beenden Sie die Übung mit einer einfachen Affirmation: *Ich bin völlig gestärkt.*

2. Die Kraft der Sterne

Schritt 1: Körperscan. Lehnen Sie sich zurück, atmen Sie einige Male tief ein, und lassen Sie Ihren Geist zur Ruhe kommen, indem Sie aktive Gedanken einfach ziehen lassen. Wenn Ihr Kopf frei ist, tasten Sie im Geiste Ihren Körper von oben nach unten ab. Achten Sie auf jede Anspannung, und lösen Sie sie mental auf.

Schritt 2: Aurascan. Dieser Schritt erfordert drei mentale Scans der Aura – den Energiescan, den Farbscan und den Strukturscan. Schließen Sie Ihre Augen, und stellen Sie sich vor, wie Ihre Aura Ihren ganzen physischen Körper umhüllt. Beginnen Sie dann oberhalb Ihres Kopfes, Ihre Aura mental abzutasten, und nehmen

Sie ihre energetischen Schwingungen wahr. Achten Sie auf jede Unterbrechung oder Störung in den Schwingungsmustern. Führen Sie nach dem Energiescan einen Farbscan durch, indem Sie wieder an der höchsten Stelle der Aura beginnen und die Aura langsam nach unten hin abtasten. Lassen Sie es zu, daß während des Scans in Ihnen Bilder von der Farbzusammensetzung der Aura entstehen, sowohl aus den Bereichen und umhüllenden Schichten, die mit Farbe versehen sind, als auch aus den verfärbten Bereichen. Führen Sie abschließend einen Strukturscan, ebenfalls wieder von oben nach unten, durch. Achten Sie auf besondere Strukturmerkmale, die Ihre Aufmerksamkeit auf mögliche Störungen, wie Lücken, Brüche oder Risse lenken.

Schritt 3: Sternbetrachtung. Betrachten Sie den Nachthimmel, und wählen Sie sich einen Stern zum Anschauen aus. Wenn kein Stern zu sehen ist, stellen Sie sich im Geist einen vor. Richten Sie Ihre ganze Aufmerksamkeit auf den Stern, gleichgültig, ob er real oder imaginär ist, und spüren Sie Ihre innere Verbundenheit mit ihm. Geben Sie dem Stern einen Namen – irgendeinen, der Ihnen einfällt –, und wenden Sie sich an den Stern als Ihre vertraute Verbindung zum Kosmos. Betrachten Sie ihn als ein sehr kleines, aber kraftvolles Ebenbild des kosmischen Zentrums. Stellen Sie sich vor, daß der Stern durch einen Lichtstrahl mit dem Zentrum des Kosmos verbunden und mit der gleichen unbegrenzten Kraft ausgestattet ist wie der Nabel des Universums.

Schritt 4: Energie holen. Stellen Sie sich Ihre Aura und einen Lichtstrahl vor, der sie mit Ihrem Stern verbindet. Visualisieren Sie leuchtende kosmische Energie, die vom Stern kommend in Ihr Aurasystem einströmt, wobei sie zunächst in die oberen Regionen Ihrer Aura fließt und sich allmählich nach unten ausbreitet. Spüren Sie, wie die pulsierende Energie Ihre Aura füllt, in Lücken einfließt und funktionsgestörte oder beschädigte Bereiche repariert. Spüren Sie die harmonischen Schwingungen in Ihrer Aura, wenn sie sich mit vibrierender kosmischer Energie füllt.

Schritt 5: Abschließender Aurascan. Wenn Sie spüren, wie die pulsierende kosmische Energie in Ihr Aurasystem einströmt, tasten Sie im Geiste Ihre Aura von oben nach unten ab. Achten Sie auf ihre Schwingung, Ausgeglichenheit und Harmonie. Spüren Sie die harmonischen Frequenzen in Ihrem ganzen Aurasystem. Sie befinden sich jetzt im Einklang mit dem innersten Kern Ihres Wesens und dem kraftvollen Zentrum des Kosmos.

Schritt 6: Abschluß. Beenden Sie die Übung mit einer einfachen Affirmation: *Mein ganzes Wesen ist von reiner kosmischer Energie erfüllt und gestärkt.*

Siebter Tag

Unser Programm zur Kräftigung der Aura wäre unvollständig ohne die Techniken, die die Aura wirksam vor Angriffen schützen. Ein zentrales Anliegen unseres Programms ist es, eine starkes Aurafeld aufzubauen. Das stellt unseren besten Schutz vor jeder möglicherweise schwächenden Kraft um uns herum dar, einschließlich sogenannter »psychischer Vampire«. Da aber selbst die stärkste Aura angegriffen werden kann, benötigen wir eine praktische, wirksame Strategie, mit der wir einen Anschlag entweder verhindern oder ihn, wenn er bereits stattfindet, sofort beenden können. Mit der Fingerkette erreichen wir dieses Ziel, weil sie die Aura sofort mit Energie auflädt und ein äußeres Schutzschild errichtet wird, der sogenannte »Halo-Effekt«, der normalerweise mehrere Stunden lang erhalten bleibt und weitere Angriffe abwehren kann.

Die Fingerkette

Schritt 1: Ineinandergreifen der Finger. Unmittelbar nachdem sie den Verdacht geschöpft haben, daß ein Vampirangriff droht (oder daß ein Angriff bereits stattfindet), legen Sie jeweils die Spitzen von Daumen und Mittelfinger jeder Hand so aneinander, daß sie zwei Kreise bilden. Führen Sie dann Ihre Hände zusammen, und lassen Sie die beiden Kreise wie zwei Kettenglieder ineinandergreifen.

Schritt 2: Schutzschild aus Energie. Halten Sie weiterhin die Finger verkettet, schließen Sie Ihre Augen, und visualisieren Sie, wie ein Schild aus kraftvoller Energie Ihre ganze Aura umgibt und jedes Eindringen externer Kräfte erfolgreich abwehrt.

Schritt 3: Energiezufluß. Stellen Sie sich vor, wie das innere Zentrum Ihres Energiesystems, das kraftvoll pulsiert, Ihr ganzes Wesen mit unerschöpflicher Energie durchströmt.

Schritt 4: Affirmation. Geben Sie dem Energiezufluß Zeit, Ihr Aurasystem ganz zu durchdringen, und sprechen Sie dann die Affirmation: *Mein ganzes Wesen ist von kraftvoller Energie erfüllt. Ich bin von einem Schutzschild aus Kraft umgeben. Ich bin sicher und geborgen.*

Die Fingerkette nimmt nur wenige Sekunden in Anspruch, und sie kann fast überall durchgeführt werden. Abgesehen davon, daß sie die Aura energetisch auflädt und schützt, kann sie Entspannung und Gelassenheit herbeiführen, Selbstvertrauen aufbauen und unsere höchsten Gedankenprozesse anregen. Wenn man ein wenig Übung hat, reicht das Ineinandergreifen der Finger (Schritt 1), um die stärkenden Wirkungen dieser Übung sofort zu aktivieren.

Schlußbetrachtung

Wir haben unsere Untersuchung der menschlichen Aura mit der Formulierung eines Ziels begonnen: die zugrundeliegende Natur und die Ausstattung der Aura zu erforschen und darüber hinaus geeignete Methoden zu entwickeln, mit deren Hilfe wir die Aura nicht einfach als eine Energieressource, sondern als unsere Verbindung zur kosmischen Quelle unserer Existenz nutzen. Während wir dieses Ziel verfolgten, orientierten wir uns zugleich ständig an der Stärkung des Selbst. Wir haben entdeckt, daß in jedem von uns ein fähiger Auraspezialist steckt, der über die Macht verfügt, die Aura zu sehen, zu interpretieren, in ihre Funktionen einzugreifen und, was am wichtigsten ist, sie als ein interaktives Energiesystem so einzusetzen, daß es unser geistiges, körperliches und spirituelles Wohlbefinden fördert.

Wenn wir zurückblicken, müssen wir jedoch zugeben, daß wir nur an der Oberfläche dieses großartigen, unerschöpflichen Phänomens gekratzt haben. Wir haben nur wenige Möglichkeiten entdeckt, aber hoffentlich haben wir die Tür für viele weitere Neuentdeckungen geöffnet. Während wir mit Volldampf ins nächste Jahrhundert starten, liegt die größte Herausforderung in uns selbst – unsere höchsten Fähigkeiten zu entwickeln und sie dazu einzusetzen, uns Kraft zu verleihen. Wenn wir uns dieser Aufgabe verpflichten, können wir, jeder für sich und alle weltweit, die Größe erreichen, die uns bestimmt ist.

Glossar

AKE – Siehe: *außerkörperliche Erfahrung.*

allgemeine Auramassage – Eine Auramassage, die in der Aura neue Energie freisetzen soll, wodurch sie für speziellere Massagetechniken vorbereitet wird.

Amethyst-Technik – Eine Technik zur Kräftigung der Aura, die mit Hilfe eines Amethysts als konkretem Gegenstand Gesundheits- und Fitneßenergie freisetzt und das Aurasystem ausgleicht.

Astralprojektion – Siehe: *außerkörperliche Erfahrung.*

Astralreise – Siehe: *außerkörperliche Erfahrung.*

ASW – Siehe: *außersinnliche Wahrnehmung.*

Aura-Elastizitätsmassage. Eine spezielle Auramassagetechnik, die dazu dient, genügend Flexibilität in der Aura zu erzeugen, damit Lücken geschlossen werden können und die normale Funktion der Aura wiederhergestellt werden kann.

Aurafarbmassage – Eine spezielle Auramassagetechnik, die dazu dient, die Farben der Aura zu sättigen oder der Aura ganz neue Farben hinzuzugeben.

Auraheilmassage – Eine spezielle Auramassagetechnik, die dazu dient, eine beschädigte Aura zu reparieren, besonders wenn Risse oder dunkle Punkte vorhanden sind.

Aurakarte und Analysebogen – Ein Formular, das dazu dient, die Meßergebnisse der Wünschelruten-Methode aufzuzeichnen.

Auramachtmittel – Konkrete Gegenstände, die eingesetzt werden, um die Aura zu stärken.

Auramassage – Ein Energieaustausch zwischen einem Massagespezialisten, der die Aura mit Hilfe von Handmassagetechniken stärkt, und einem Patienten.

Auramassage zur Schmerzbewältigung – Eine spezielle Technik, die dazu dient, Schmerz zu lindern oder zu beseitigen und ihn durch Heilenergie zu ersetzen.

Aurascan – Eine Methode, bei der im Geiste die Aura abgetastet wird, normalerweise von den oberen Bereichen ausgehend nach unten.

Aura-Selbstheilungsmassage – Eine spezielle Massagemethode, die dazu dient, neue Heilungsenergie in den physischen Körper einfließen zu lassen und, wenn nötig, die normalen Funktionen bestimmter Organe und Systeme wiederherzustellen.

Auraselbstmassage – Mehrere spezielle Massagemethoden, die dazu dienen, die eigene Interaktion mit der Aura zu fördern, um die höchste Fähigkeit der Aura, dem Menschen Macht zuwachsen zu lassen, zu aktivieren.

Aurasignatur – Die Konstellation der Merkmale, die eine recht stabile Repräsentation der Aura eines Menschen darstellen.

Aurastreicheln – Eine Handauflege-Methode, mit der der Schwingungsgrad der Aura eingeschätzt werden soll.

Ausrichtung auf den Kosmos – Eine Methode, in die Aurafunktionen einzugreifen; die Aura wird gekräftigt, indem das Selbst mit den höheren kosmischen Quellen der Kraft verbunden wird.

außerkörperliche Erfahrung (AKE) – Ein Bewußtseinszustand, bei dem die Wahrnehmungsperspektive sich derart verschiebt, daß das bewußte Gefühl entsteht, sich in räumlicher Entfernung vom physischen Körper zu befinden. Auch bekannt als »Astralreise« oder »Astralprojektion«.

außersinnliche Wahrnehmung (ASW) – Das Wahrnehmen von oder Reagieren auf Informationen über Ereignisse, Verhältnisse und Situationen, das nicht durch bekannte Sinnesorgane erfolgt.

Bodybuildingmassage für die Aura – Eine spezielle Auramassagetechnik, die dazu dient, bestimmte Auraschwächen zu beheben und bestimmte Funktionen oder angegriffene Bereiche mit Energie zu versorgen.

Brennpunkt-Methode – Eine Aurabetrachtungsmethode, bei der man einen glänzenden Gegenstand fokussiert, der auf einem Schirm hinter der Testperson befestigt ist.

4-D-Formel. Eine Kräftigungstechnik, die das Modell einer Pyramide als Mittel einsetzt, um nicht nur die Aura, sondern die gesamte Person auszugleichen und in Einklang mit sich selbst zu bringen.

Dreiecksbildung mit den Händen – Eine Aurabetrachtungsmethode, bei der die Daumen und Zeigefinger ein Dreieck bilden, durch das die Testperson angeschaut wird. Die Methode läßt sich abgewandelt auch für die Selbstbetrachtung anwenden.

Dreiecksmethode – Eine Aurabetrachtungstechnik, bei der mit Hilfe markierter Punkte auf einem Schirm hinter der Versuchsperson im Geiste ein Dreieck errichtet wird.

Drittes Auge – Eine mentale Begabung, die mit Hellsehen und Fernwahrnehmung in Verbindung gebracht wird.

Einssein mit dem Kosmos – Der Zustand totalen Einsseins, in dem der Mensch in seinem Selbst völlig ausgeglichen ist und eine innige Verbundenheit mit dem Universum spürt.

Elektrofotografie – Ein fotografisches Verfahren, bei dem eine Korona-Entladung um ein Testobjekt herum erzeugt wird, die dann auf Film festgehalten wird. Auch bekannt als »Kirlian-Fotografie« und »Korona-Entladungs-Fotografie«.

Farbübertragung – Eine Methode zur Aurastärkung, die dazu dient, die Wirkung des Kristallprogrammierens zu maximieren, indem der betreffende programmierte Kristall eingesetzt wird, um die Aura mit zusätzlicher Energie anzureichern, die in Beziehung zu den speziellen Zielen der Stärkung steht.

Fingerkette – Eine Selbstschutzmethode, um die Aura vor einem psychischen Vampir zu schützen oder einen derartigen Angriff sofort zu beenden.

Fingerspreizen – Ein Verfahren, sich selbst in Hypnose zu versetzen sowie die Aura zu kräftigen. Dabei wird die Aura betrachtet und die Fähigkeit zur Psychokinese aktiviert, um die Aura zu kräftigen.

Fingerzählen – Eine Selbstbetrachtungsmethode der Aura, bei der die Finger der ausgestreckten Hand gezählt werden, um dann die Aura in den Blick zu bekommen.

Geburtszahl – Eine einstellige Zahl, die das Geburtsdatum eines Menschen repräsentiert.

generelle Intervention – Eine Technik, sich selbst Macht zu verleihen, indem körperliche Entspannung, Imagination und positive Affirmationen eingesetzt werden, um die Aura energetisch aufzuladen.

Halo-Effekt – Ein äußerer Schutzschild, der mit Hilfe der Fingerkette um die Aura herum errichtet wird. Siehe: *Fingerkette*.

Handaura-Betrachtungsmethode – Eine Aura-Selbstbetrachtungsmethode, die mit Hilfe von Fingerspreizen und Visualisation die Aura, die die Hand und den Unterarm umgibt, in den Blick bringt.

Handflächen-Reiben – Eine Selbstbetrachtungsmethode der Aura, die dazu dient, eine vorübergehende, aber deutlich sichtbare Energiekonzentration in den Händen zu erzeugen.

Hellsehen – Die sensitive Wahrnehmung von Gegenständen, Verhältnissen, Situationen und Ereignissen.

Hypnose – Ein Trancezustand, bei dem die Empfänglichkeit für Suggestion erhöht ist.

Interaktionsfragebogen I – Ein Fragebogen, der dazu dient, in seinen Beziehungen zu anderen Menschen eine Neigung zu psychischem Vampirismus einzuschätzen.

Interaktionsfragebogen II – Ein Fragebogen, der dazu dient, in seiner Beziehung zu einem bestimmten Partner eine Neigung zu psychischem Vampirismus einzuschätzen.

interdimensionale Materialisation – Ein Phänomen, bei dem körperlose Energie in sichtbarer Form erscheint.

Kirlian-Fotografie – Siehe: *Elektrofotografie*.

Korona-Entladung – Siehe: *Elektrofotografie*.

Körperscan – Ein Verfahren, bei dem im Geist der physische Körper abgetastet wird, vom Kopf ausgehend nach unten, um Spannung abzubauen und einen entspannten Zustand herbeizuführen.

kosmischer Genotyp – Die kosmische Anlage, die die Einzigartigkeit eines jeden Menschen als spirituelle Entität schützt; die kosmische Entsprechung des biologischen Genotyps.

Kraft des Mondes – Eine Methode der Aurastärkung, die den Vollmond oder eine Vorstellung von ihm als konkretes Hilfsmittel benutzt, um eine Veränderung in der Aura herbeizuführen.

Kraft der Sterne – Eine Aurakräftigungstechnik, die einen Stern als Kräftigungsgegenstand einsetzt, um einen Zustand vollständigen Einsseins mit dem Kosmos herbeizuführen.

kräftigender Spaziergang in der Natur – Eine systematisch aufgebaute Methode, die unsere Aura energetisch aufladen und uns Macht verleihen soll, damit wir spezifische persönliche Ziele mit Hilfe geführter Interaktionen mit der Natur erreichen.

kraftvolle Begegnung mit Bäumen – Eine spezielle, methodisch aufgebaute Technik, die jeweils einen Baum als konkreten, interaktiven Gegenstand einsetzt, um die Aura zu kräftigen.

Kristallprogrammierung – Eine methodisch aufgebaute Technik, die dazu dient, einen Kristall mit Hilfe der sorgfältigen Eingabe von geeigneten Zielvorgaben zu programmieren.

Kristallscan – Eine Methode, um einen Kristall auszuwählen, die die Art unserer Wechselwirkungen mit dem Kristall sowie die Art der Ziele, die wir mit der Kräftigung erreichen wollen, berücksichtigt.

Kugeltherapie – Ein Verfahren, das die mediale Manifestation einer Kugel aus offensichtlicher Heilenergie einsetzt.

Leuchtmassage – Eine spezielle Auramassagetechnik, die Leuchtkraft und unerschöpfliche Energie in das ganze Aurasystem einfließen läßt.

Methode des Hineingehens – Eine interaktive Aurabetrachtungstechnik, die den Betrachter immer weiter in die Energiezonen seiner Testperson hereinführt, bis die Aura sichtbar wird.

Methode der sensitiven Selbstwahrnehmung – Eine Aura-Selbstbetrachtungstechnik, die dazu dient, die Selbstwahrnehmung der Aura zu ermöglichen, indem innere sensitive Fähigkeiten aktiviert werden.

Methode der sensitiven Wahrnehmung – Eine Methode, die dazu dient, die Aura unabhängig von sinnlicher Wahrnehmung zu betrachten.

Methode der unterschwelligen Wahrnehmung – Eine Aurabetrachtungsmethode, um unterschwellige Wahrnehmungen der Aura in das Wachbewußtsein zu holen.

Nahtoderfahrung – Die Erfahrung des unmittelbar bevorstehenden Todes, die oft von dem Gefühl begleitet wird, daß sich das Bewußtsein vom biologischen Körper löst.

Numerologie – Das Studium von Zahlen und ihrer Bedeutung, die über den reinen Ausdruck einer Quantität hinausgeht.

peripheres Leuchten – Eine Methode zur Selbstinduktion hypnotischer Trance und zur Stärkung der Aura, bei der die Aura betrachtet wird und Eingriffe vorgenommen werden.

Phantomblatteffekt – Ein relativ seltenes Phänomen, das mit Hilfe der Elektrofotografie aufgezeichnet wird und bei dem das Energiemuster, das ein ganzes Blatt umgibt, intakt bleibt, nachdem ein Teil des Blattes entfernt worden ist.

PK – Siehe: *Psychokinese.*

Präkognition. Sensitive Wahrnehmung der Zukunft, Vorherwissen.

psychischer Vampir – Ein Mensch, der psychischen Vampirismus betreibt. Siehe: *Psychischer Vampirismus.*

psychischer Vampirismus – Ein Phänomen, bei dem ein unterentwikkeltes Aurasystem mit unzureichenden Energieressourcen sich angewöhnt hat, in die Aurasysteme anderer einzudringen und ihnen Energie abzuziehen.

Psychokinese (PK) – Die Fähigkeit des Geistes, Gegenstände, Ereignisse und Vorgänge ohne Zuhilfenahme physikalischer Energie oder vermittelnder Apparate zu beeinflussen.

Pyramide der Kraft – Eine Methode, die das Modell einer Pyramide als Mittel benutzt, um das gesamte Aurasystem zu energetisieren, zu erweitern und zu kräftigen.

romantisches Vampirphänomen – Eine Liebesbeziehung, die die Charakteristiken eines auf gegenseitiger Zustimmung beruhenden psychischen Vampirismus aufweist.

Saphir-Sterntechnik – Eine Kräftigungstechnik, die einen Saphir einsetzt, um Einklang mit dem Kosmos und Harmonie innerhalb des Selbst herbeizuführen.

Schattenphänomen – Das verschwommene äußere Muster, das bei der Korona-Entladungs-Fotografie der Aura von psychischen Vampiren zu sehen ist.

Schmerzintensitäts-Skala – Eine Skala, die bei der Schmerzbewältigung zur Einschätzung der Schmerzen dient.

Selbsthypnose – Ein selbstinduzierter Trancezustand, in dem die Empfänglichkeit für die eigenen Suggestionen erhöht ist.

Smaragd-Verjüngungstechnik – Eine Methode zur Bewältigung des Alterns, die dazu dient, die verjüngenden Eigenschaften eines Smaragds mit der Kraft in uns zu verbinden und den normalen Alterungsprozeß zu beeinflussen.

spezielle Auramassage – Jede Auramassagetechnik, die dazu dient, eine bestimmte Aurafunktion zu stärken oder eine bestimmte Auraschwäche oder -störung zu beheben.

Telepathie – Das Senden und Empfangen von Nachrichten mit kognitiven und affektiven Inhalten.

Tischerücken – Eine Gruppenprozedur, bei der ein kleiner Tisch die Aufgabe hat, einen Kontakt auszulösen und Zugang zu Informationen, besonders aus der körperlosen Dimension, zu verschaffen.

unterschwellige Wahrnehmung – Die Wahrnehmung von und die Reaktion auf Reize, die unterhalb der Schwelle bewußter Wahrnehmung liegen.

Vampiraura – Ein Auramuster, das von dunklen Tentakeln gekennzeichnet ist, die über den Bereich der normalen Aura-Aktivität hinausreichen.

Vampirbefreiungstechnik – Eine Methode, die dazu dient, einen psychischen Vampir von seinen Vampirneigungen und -verhaltensweisen zu befreien.

Vampirtentakel – Bei einem psychischen Vampir die dunklen Strukturen, die über den Bereich der normalen Aura-Aktivität hinausreichen.

Verjüngungsselbstmassage – Ein spezielle Methode der Selbstmassage, die das Altern entweder verlangsamen oder rückgängig machen soll, indem die verjüngenden Energien der Aura aktiviert und zu den beabsichtigten Zielen gelenkt werden.

Whiteout-Effekt – Ein kurzlebiger optischer Effekt, der durch ein ausgedehntes, milchig-weißes Feld, das einen Brennpunkt umgibt, gekennzeichnet ist. Siehe: *Whiteout-Methode.*

Whiteout-Methode – Eine Aurabetrachtungsmethode, die mit Hilfe eines erweiterten peripheren Sehens einen optischen Effekt herbeiführt, der dem Sichtbarwerden der Aura vorausgeht. Siehe: *Whiteout-Effekt.*

Wünschelruten-Methode – Eine Technik zum Bewerten und Diagnostizieren, die mit Hilfe einer Wünschelrute die innere und äußere Struktur der Aura analysiert.

X-Selbstmassage – Eine selbstenergetisierende Auramassagemethode, die die Aura anregen und ihre Energien gleichmäßiger über die Aura verteilen soll.

Empfohlene Literatur

Andrews, Ted: *Die Aura sehen und lesen.* Freiburg i. Br.: Hermann Bauer, 7. Aufl. 1999.

Antonovsky, Aaron: *Health, Stress, and Coping.* San Francisco: Josey-Bass, 1979.

Bagnall, Oscar: *The Origins and Properties of the Human Aura.* New York: University Books, 1970.

Baruss, Imants: *The Personal Nature of Notions of Consciousness.* New York: University Press of America, 1990.

Becker, Ernst & Goleman, Daniel P.: *The Denial of Death.* New York: Free Press, 1973.

Bergin, Allen E. & Garfield, Sol L. (Hgg.): *Handbook of Psychotherapy and Behaviour Change.* New York: Wiley, 1994.

Bowers, Barbara: *What Colour is Your Aura?* New York: Pocket Books, 1989.

Butler, Walter E.: *Die Aura sehen und deuten.* Basel: Sphinx, 3. Aufl. 1993.

Cayce, Edgar: *Auras.* Virginia Beach: A.R.E. Press, 1945.

Claxton, Guy: *Die Macht der Selbsttäuschung. Der gesunde Menschenverstand und andere Irrtümer.* München, Zürich: Piper, 1997.

Crabtree, B. F. & Miller, W. L. (Hgg.): *Doing Creative Research.* Newbury Park, CA: Sage, 1992.

D'Aquili, E. G. & Newburg, A. B.: *Consciousness and the Machine.* Zygon 1996, S. 31, 235-252.

Dennett, Daniel Clement: *Philosophie des menschlichen Bewußtseins.* Hamburg: Hoffmann & Campe, 1994.

Fordor, N.: *Handbook of Psychic Science.* New York: University Books 1966.

Gergen, Kenneth J.: *Toward Transformation in Social Knowledge.* New York: Springer Verlag, 1985.

Gödel, Kurt: *Collected Works* (Vol. 2). New York: Oxford Press, 1990.

Held, Barbara S.: *Back to Reality. A Critique of Postmodern Theory in Psychotherapy.* New York: Norton, 1995.

Jones, Alex: *Die Geheimnisse der Farben. Wie Farben wirken, heilen, harmonisieren und stimulieren.* Aitrang: Windpferd, 2. Aufl. 1993.

Joy, William Brush: *Der Weg der Erfüllung. Selbstheilung durch Transformation.* Interlaken: Ansata, 2. Aufl. 1987.

Leder, Drew: *The Absent Body.* Chicago: University of Chicago Press, 1990.

Lewis, Roger: *Color and the Edgar Cayce Readings.* Virginia Beach, VA: A.R.E. Press, 1973.

Merleau-Ponty, Maurice: *Phänomenologie der Wahrnehmung.* Berlin: de Gruyter, 1974.

Nelson, T. O.: »Consciousness and Metacognition«. *American Psychologist* 1996, S. 51, 102–115.

Ostrander, Sheila & Schroeder, Lynn: *PSI-Training. Das umfassende Handbuch mit praktischen Anleitungen zur Aktivierung des eigenen PSI Potentials.* München: Goldmann, 1993.

Ostrander, Sheila & Schroeder, Lynn: *Psychic Discoveries Behind the Iron Curtain.* New York: Bantam Books, 1971.

Ostrom, Joseph: *Understanding Auras.* London: HarperCollins, 1993.

Panchadasi, Swami: *The Human Aura.* Chicago: Yoga Publication Society, 1950.

Powell, Arthur E.: *The Etheric Double.* Wheaton, IL: Theosophical Publishing House, 1983.

Schultz, Duane P. & Schultz, Sydney Ellen: *A History of Modern Psychology* (6th ed.). Fort Worth, TX: Harcourt Brace, 1996.

Slate, Joe H.: *Astral Projection and Psychic Empowerment.* St. Paul: Llewellyn Publications, 1997.

Slate, Joe H.: *Investigations into Kirlian Photography: Final Technical Report.* Huntsville: U. S. Army Missile Research and Development Command, 1977.

Slate, Joe H.: *Psychic Empowerment: A 7-Day Plan for Self-Development.* St. Paul: Llewellyn Publications, 1994.

Slate, Joe H.: *Psychic Empowerment for Health and Fitness.* St. Paul: Llewellyn Publications, 1996.

Slate, Joe H.: *Psychic Phenomena: New Principles, Techniques and Applications.* Jefferson, NC: McFarland, 1988.

Slate, Joe H.: *Self-Empowerment: Strategies for Success.* Bessemer, AL: Colonial, 1991.

Slate, Joe H.: *The Kirlian Connection: Final Technical Report.* New York: Parapsychogy Foundation, 1985.

Taylor, Shelley E.: *Mit Zuversicht. Warum positive Illusionen für uns so wichtig sind.* Reinbek: Rowohlt, 1995.

Taylor, Shelley E.: *Positive Illusionen. Produktive Selbsttäuschung und seelische Gesundheit.* Reinbek: Rowohlt, 1993.

Über den Autor

Joe H. Slate, Ph. D. (Alabama), ist amtlich zugelassener Psychologe mit eigener Praxis. Sein umfassender akademischer Hintergrund veranlaßte ihn zu wegweisenden Forschungen über veränderte Bewußtseinszustände und mediale Prozesse. Er ist Autor von *Psychic Empowerment, Psychic Empowerment for Health and Fitness* und *Astral Projection and Psychic Empowerment.*

Schreiben Sie dem Autor

Wenn Sie gerne mit dem Autor Kontakt aufnehmen oder etwas mehr Informationen über dieses Buch bekommen möchten, dann schreiben Sie dem Autor bitte über den Verlag Llewellyn Worldwide – Ihr Anliegen wird weitergeleitet. Autor und Verleger wissen es zu schätzen, wenn sie von Ihnen hören, ob Ihnen das Buch gefallen und wie es Ihnen weitergeholfen hat. Llewellyn Worldwide kann nicht garantieren, daß jeder Brief an den Autor beantwortet werden kann, aber alle werden weitergeleitet. Bitte schreiben Sie an folgende Adresse, und legen Sie einen adressierten Rückumschlag sowie bei der Post erhältliche internationale Antwortscheine bei:

Joe H. Slate
c/o Llewellyn Worldwide
P.O. Box 64383, Dept. K637-8
St. Paul, MN 55164-0383
USA

Abbildungen

Index

Verlag Hermann Bauer · Freiburg im Breisgau

Ted Andrews

Die Aura sehen und lesen

180 Seiten mit 52 Abb., kart.; ISBN 3-7626-0477-0

»Jeder kann die Aura sehen und lesen«, dies behauptet Ted
Andrews. In seinem Übungsbuch zeigt er, wie jeder von uns fein-
stoffliche Energien, Farben und Störungen in der Aura wahrnehmen kann. Sie lernen, die Aura zu messen, sie mit Pendel und
Wünschelrute zu untersuchen, die Farben zu interpretieren, Ge-
sundheitsaspekte zu erkennen und wie Sie Ihre eigene Aura stärken und schützen können. Die Übungen sind einfach und sehr
effektiv. Wer die Anweisungen befolgt, beginnt ein faszinierendes
Abenteuer und findet Zugang in eine neue Welt des Geistes und
der Seele. Anfängern ermöglicht das Buch eine gründliche Ausbildung, langjährige Praktiker werden noch das eine oder andere
daraus lernen.

Verlag Hermann Bauer · Freiburg im Breisgau

Verlag Hermann Bauer · Freiburg im Breisgau

Bob Lancer

Das Kabbala-Orakel

Geheimes Wissen als Hilfe in jeder Lebenslage

Set mit 36 Kabbalakarten und Deutungshandbuch,
190 Seiten mit 35 s/w-Abb. und 2 Tabellen,
kart.; ISBN 3-7626-0726-5

Konkrete Lebensfragen selbst beantworten – und das auf geradezu
spielerische Weise: mit den 32 Kabbala-Karten und dem dazugehörigen Deutungshandbuch von Bob Lancer kein Problem!
Das Kabbala-Orakel überzeugt durch die Einfachheit der Anwendung und ermöglicht ein tieferes Verständnis für das eigene Leben.
Sowohl Leser, die erstmals mit der Kabbala und der Kunst der
Weissagung in Kontakt kommen, als auch Fortgeschrittene lernen
durch die klare Anleitung Bob Lancers rasch, die Karten und somit
den Baum des Lebens – dieses faszinierende Symbol der Kabbala –
zu befragen. Durch den uralten Weisheitsschatz der Kabbalisten
erhalten sie Ratschläge und Entscheidungshilfen für ihre Gesundheit, ihre Finanzen, Liebe und Beruf, und sie erhalten Orientierungs-
hilfen für ihr Lebensziel, die Zielverwirklichung und die spirituelle
Weiterentwicklung. Dieser Weisheitsschatz ist jetzt mit den vom
Autor selbst entwickelten einfachen Kabbala-Karten und dem leicht
verständlich geschriebenen Handbuch für jedermann zugänglich.
Die im Buch zusammengefaßten Kartenbedeutungen stellen die
Synthese von über 20 Jahren intensiver Beschäftigung mit der Kabbala, Befragung der Kabbala-Karten und kontinuierlicher Erpro-
bung dar. *Das Kabbala-Orakel*: eine klare Hilfe in den Wirren des
Alltags, zur Bewältigung von großen und kleinen Problemen, zum
kraftvollen Beschreiten des eigenen Lebensweges.

Verlag Hermann Bauer · Freiburg im Breisgau

Verlag Hermann Bauer · Freiburg im Breisgau

Soror A. L.

Die magische Pforte

Die geheime Kraft von Tattwas,
magischen Quadraten, Talismanen und Mandalas

247 Seiten mit 34 fbg. und 22 s/w-Abb., 19 Tab., geb.;
ISBN 3-7626-0731-1

Die magische Pforte ist ein bahnbrechendes Werk zeitgenössischer Magie. Es enthüllt – in moderner Sprache – die Geheimnisse magischer Symbolik, die einst nur Eingeweihten zugänglich waren. Durch praktische Erfahrung an unserer Zeit angepaßt und ausgefeilt, steht dem Leser mit diesem Buch heute die ganze faszinierende Welt von Talismanen, magischen Quadraten (Kameas), Tattwas, Mandalas, Sigillen und Siegeln zur Verfügung.
Unter fachkundiger Anleitung der Autorin Soror A. L. lernt der Leser völlig neue magische Methoden kennen, die aus bisher unveröffentlichten Materialien des Kabbalisten Paul Foster Case entwickelt wurden, dem Begründer der *Builders of the Adytum*, einer neuzeitlichen Mysterienschule in der Tradition des *Golden Dawn*. 220 s/w-Abbildungen und Entsprechungstafeln, 34 in allen Farben leuchtende Tattwas und Kameas veranschaulichen, wie diese kraftvollen Bilder in allen Details erschaffen und zu positiven Veränderungen im Leben eingesetzt werden können.
Von grundlegenden magischen Konzepten bis zu fortgeschrittenen Theorien führt Soror A. L. den Leser durch den Prozeß der Erschaffung planetarer, zodiakaler, kabbalistischer und anderer Bilder für den Einsatz in Meditation, Ritual, Magie und Heilung.
Diese neue, faszinierende Arbeit mit Zahlen, Symbolen, Tattwas und Mandalas, wie sie an der vordersten Front zeitgenössischer Magie praktiziert wird, kann das Leben radikal verändern. *Die magische Pforte* führt den Leser zu den Geheimnissen, die den Suchenden jenseits der Grenzen des gewöhnlichen Daseins erwarten.

Verlag Hermann Bauer . Freiburg im Breisgau

Verlag Hermann Bauer · Freiburg im Breisgau

Franz Bardon

Der Weg zum wahren Adepten

360 Seiten, 1 Farbtafel, gebunden
ISBN 3-7626-0004-X

Es ist nicht einfach, eine so anspruchsvolle Thematik wie die Magie in derart schlichte Worte zu fassen, daß sie jedermann verständlich wird. Dies ist dem Autor in diesem Klassiker der Esoterik gelungen.

Vielfach wurde schon darüber geklagt, daß Interessenten und Schülern der Geheimen Wissenschaften keine Möglichkeit geboten sei, von einem persönlichen Meister oder Guru eingeweiht zu werden. Viele von den wahren Suchenden mußten ganze Berge von Büchern durcharbeiten, um wenigstens hin und wieder eine Perle der Wahrheit zu erhaschen. Wem es jedoch ernstlich um seine persönliche Einweihung geht und wer heiliges Wissen nicht nur aus purer Neugier verfolgt, der wird in diesem Buch einen zuverlässigen Wegbegleiter finden.

Das mit großer Sorgfalt aufgebaute System ist das Ergebnis dreißigjährigen eigenen Erlebens und Forschens, praktischer Übungen und wiederholten Vergleichens mit vielen anderen Systemen der verschiedensten Logen, geheimen Gesellschaften und des orientalischen Wissens, das nur einzelnen Auserkorenen zugänglich ist, zu denen der Autor sich zählen darf. *Der Weg zum wahren Adepten* stellt die Eingangspforte zur wahren Einweihung dar, es ist der Schlüssel zum Tor der Universalgesetze.

Verlag Hermann Bauer · Freiburg im Breisgau